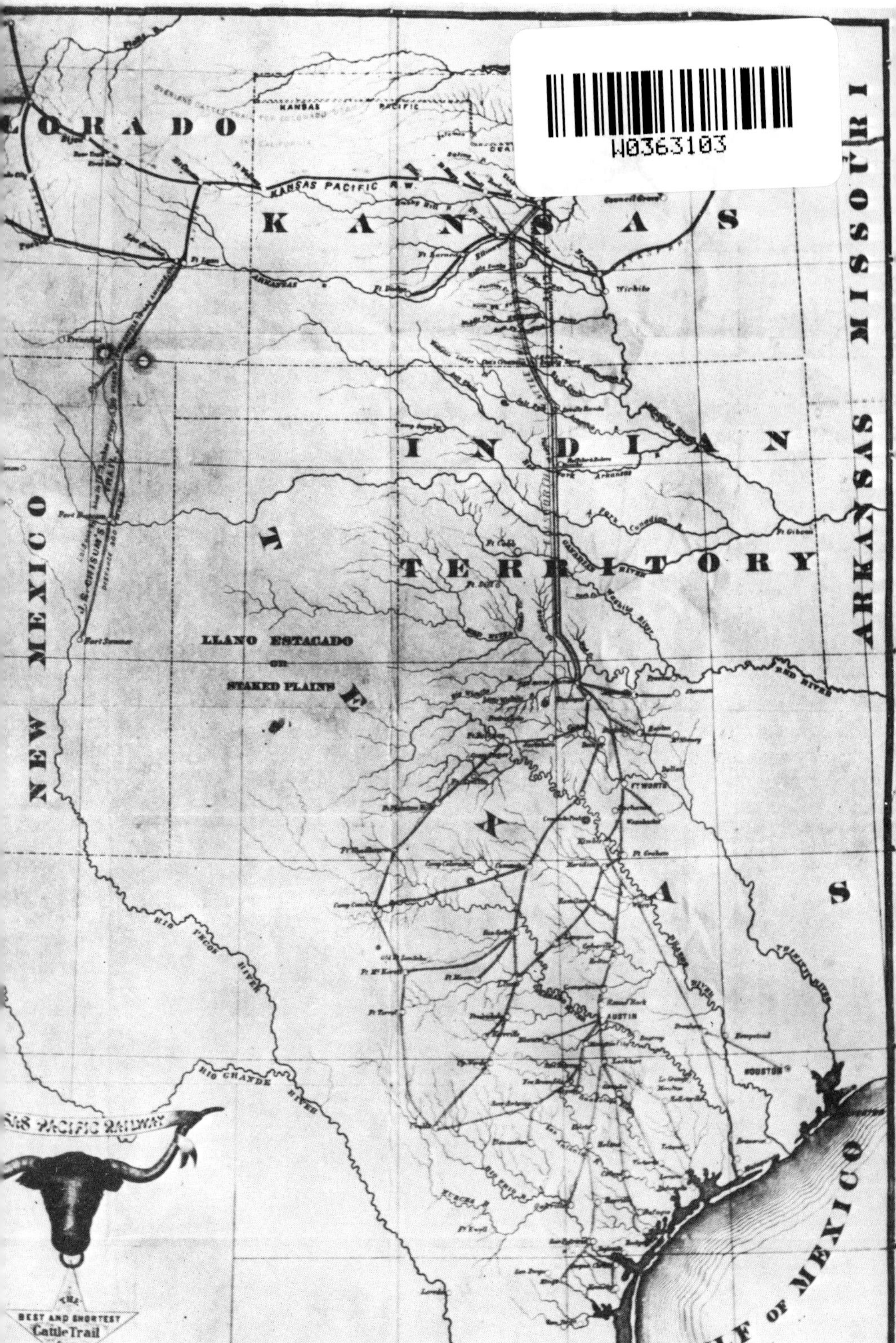
CORADO
KANSAS PACIFIC R.W.
KANSAS
INDIAN
TERRITORY
MISSOURI
ARKANSAS
NEW MEXICO
TEXAS
LLANO ESTACADO
OR
STAKED PLAINS
J. S. CHISUM'S TRAIL
Fort Sumner
Fort Bascom
Wichita
RED RIVER
AUSTIN
HOUSTON
FT WORTH
RIO GRANDE RIVER
RIO PECOS RIVER
GULF OF MEXICO
THE BEST AND SHORTEST Cattle Trail from TEXAS

SIE STARBEN IN DEN STIEFELN

DIETMAR KÜGLER

SIE STARBEN IN DEN STIEFELN

MOTORBUCH VERLAG STUTTGART

Einband und Schutzumschlag: Siegfried Horn

Bildnachweis:

Sammlung und Archiv D. Kügler
Sammlung K. H. Thiele, Wyk
Sammlung G. Schmitt, Düren
N. H. Rose Collection, Texas

ISBN 87943-415-8

1. Auflage 1976

Eine Abteilung des Buch- und Verlagshauses Paul Pietsch GmbH & Co KG.

Satz: Bauer & Bökeler, 7306 Denkendorf
Druck: Thümmler-Druck, 7306 Denkendorf
Bindung: Großbuchbinderei Ernst Riethmüller & Co., 7 Stuttgart.

Printed in Germany

INHALTSVERZEICHNIS

Herzlichen Dank für freundschaftliche Hilfe
und Unterstützung:
Herrn Heinrich Kronen, Photograph in Heidelberg,
Herrn Karl Heinz Thiele, Journalist in Wyk auf Föhr,
Herrn Günter Schmitt, Autor in Düren.
Meiner Mutter.

BIBLIOGRAPHIE

Bartholomew, Ed.; WYATT EARP, THE UNTOLD STORY, 1963
Bartholomew, Ed.; WYATT EARP, THE MAN AND THE MYTH, 1964
Blumenfeld, H. C.; WANTED, 1970
Breihan, Carl; GREAT LAWMEN OF THE WEST, 1958
Brown, M. H., Felton, W. R.; THE FRONTIER YEARS, 1955
Croy, Homer; TRIGGER MARSHAL, THE STORY OF CHRIS MADSEN, 1958
Drago, H. S.; OUTLAWS ON HORSEBACK, 1964
Fielder, Mildred; WILD BILL AND DEADWOOD, 1965
Fisher, O. C., Dykes, J. C.; KING FISHER, HIS LIFE AND TIMES, 1966
Garrett, Pat; THE AUTHENTIC LIFE OF BILLY THE KID, 1882
Graves, R. S.; OKLAHOMA OUTLAWS, 1915
Hagen, Ch. S.; FAUSTRECHT UND STERNENBANNER, 1967
Hanauer, E. V.; THE OLD WEST, PEOPLE AND PLACES, 1969
Harmon, S. W.; HELL ON THE BORDER, 1898
Hertzog, P.; LITTLE KNOWN FACTS ABOUT BILLY THE KID, 1964
Hetmann, F.; DIE PINKERTON STORY, 1971
Horan, J. D., Sann, P.; PICTORIAL HISTORY OF THE WILD WEST, 1954
Horan, J. D.; THE GREAT AMERICAN WEST, 1959
Howard, R. W. (Herausg.); THIS IS THE WEST, 1964
Hunter, Marvin; Rose, Noah; THE ALBUM OF GUNFIGHTERS, 1955
Huntington, George; ROBBER AND HERO, 1895
Jahns, Pat; THE FRONTIER WORLD OF DOC HOLLIDAY, 1957
Loomis, N. M.; WELLS FARGO, 1968
MacPherson, Malcolm; ED JUDSON, ALIAS NED BUNTLINE, 1971
Martin, D. D.; SILVER, SEX AND SIX-GUNS, 1962
Martin, G. (Herausg.); GUNS OF THE GUNFIGHTERS, 1975
Masterson, Bat; FAMOUS GUNFIGHTERS, 1907
McCool, Grace; SO SAID THE CORONER, 1968

Miller, N. H., Snell, J. W.; GREAT GUNFIGHTERS OF KANSAS COWTOWNS, 1963
Mittler, M.; EROBERUNG EINES KONTINENTS, 1968
Myers, M. J.; THE LAST CHANCE, TOMBSTONES EARLY YEARS, 1950
Myers, M. J.; DOC HOLLIDAY, 1955
Petry, E.; DIE FLEGELJAHRE AMERIKAS, 1963
Schoenberger, D. T.; THE GUNFIGHTERS, 1971
Shirley, G.; HECK THOMAS, FRONTIER MARSHAL, 1962
Stanley, F.; LONGHAIR JIM COURTRIGHT, 1957
Vestal, St.; QUEEN OF COWTOWNS, DODGE CITY, 1952
Virgines, G.; SAGA OF THE COLT SIX-SHOOTER, 1968
Walton, W. M.; LIFE AND ADVENTURES OF BEN THOMPSON, 1884
Waters, W.; A GALLERY OF WESTERN BADMEN, 1954
Webb, W. P.; THE GREAT PLAINS, 1931
Wiltsey, N. B.; BRAVE WARRIORS, 1963
Zierer, Otto; GESCHICHTE AMERIKAS, Bd. 3, 1957
GUIDE MAP OF THE GREAT TEXAS CATTLE TRAIL, 1874

Diverse Ausgaben folgender Zeitungen:

»THE ABILENE CHRONICLE«
»THE AUSTIN DAILY STATESMAN«
»THE COFFEYVILLE JOURNAL«
»THE DAILY DROVERS TELEGRAMM«
»THE DAILY FREE PRES«
»THE DAILY KANSAS STATE JOURNAL«
»THE DAILY OKLAHOMA STATE CAPITAL«
»THE DODGE CITY TIMES«
»THE ELLSWORTH REPORTER«
»THE FORD COUNTY GLOBE«
»THE GRANT COUNTY HERALD«
»THE KANSAS CITY TIMES«
»THE KANSAS DAILY COMMONWEALTH«
»THE LAS VEGAS DAILY OPTIC«
»THE LEOTI STANDARD«
»THE MISSOURI WEKLEY PATRIOT«
»THE NEW SOUTHWEST«
»THE REPUBLICAN VALLEY EMPIRE«
»THE ROCKY MOUNTAIN NEWS«
»THE SANTA FEE NEW MEXICAN«
»THE SILVER CITY ENTERPRISE«
»THE ST. LOUIS MISSOURI DEMOCRAT«
»TIMES AND CONSERVATIVES«
»THE TOMBSTONE EPITAPH«
»THE TOPEKA WEEKLY LEADER«
»THE WEEKLY NEW MEXICAN«
»THE WESTERN FARMER«
»THE WICHITA BEACON«
»THE WICHITA EAGLE«

Diverse Ausgaben folgender Fachpublikationen:

»WESTERN-Journal«, »THE GOLDEN WEST«, »THE TRUE WEST«, »FRONTIER TIMES«, »THE REAL WEST«, »BADMAN«, »THE WESTERNER«, »THE OLD WEST«, »THE WEST«

ZU DIESEM BUCH

»Eine eigene Rasse waren sie, diese Räuber und Mörder des Wilden Westens. Geboren in einer Zeit der Umwälzungen, kochte in ihnen die Unrast, die sie ungehemmt umhertrieb, weil es keine Zivilisation gab, die ihnen die nötigen Hemmungen hätte einimpfen können.«

James D. Horan in THIS IS THE WEST, 1964

Im Sommer 1904 krachten auf der staubigen Hauptstraße des Städtchens Quartzite in Arizona mehrere Schüsse. Einer von zwei Männern, die sich mit gezückten Revolvern gegenüberstanden, brach blutend zusammen. Sein Gegner ließ sich widerstandslos festnehmen und wurde wenig später mit der Bescheinigung, in »Notwehr« gehandelt zu haben, wieder freigelassen. Das letzte klassische Revolverduell des »Wilden Westens« hatte stattgefunden.

Die Zeit der rauchenden Colts, in der ein Mann zu Ruhm und Ehre kommen konnte, nur weil er seinen Revolver schneller zog als andere, war vorbei. In der Realität. Nicht aber in der Phantasie geschäftstüchtiger Manager einer aufblühenden Unterhaltungsindustrie. Sie nahmen sich der pulverdampfgeschwängerten Pionierzeit Amerikas an und ließen sie wieder aufleben. Sie lieferten den verstädterten Amerikanern der Oststaaten, und später den nach Ferne, Exotik und Abenteuern lechzenden Europäern, gebannt auf Zelluloid und Papier, ein romantisiertes Bild dieser Zeit frei Haus, eine Traumwelt, die sich gut verkaufen ließ, die es aber nie gegeben hatte.

Dabei wäre eine Verfälschung der Tatsachen nicht nötig gewesen. Die Wirklichkeit bedurfte keiner Übertreibungen. Es hat sie gegeben, jene Männer, die im Laufe ihres Lebens dreißig, vierzig und mehr Kerben in den Griff ihres Revolvers schnitzten, wobei

jede Kerbe für den Tod eines Gegners stand. Es hat sie gegeben, die Männer, die davon lebten, daß sie ihre Waffen schneller und sicherer handhabten als andere, auch wenn sie wenig gemein hatten mit jenen in Leder gepackten Wunderschützen, die heute in Tausenden von Filmen auf der Leinwand reiten, schießen, küssen, siegen und – sterben. Sie waren anders als die strahlenden Helden, deren Abenteuer Sonntag für Sonntag von den Fernsehschirmen flimmern. Ihre Erlebnisse und Taten sind Geschichte, von Legenden verklärt, von cleveren Drehbuchautoren aufbereitet, in Klischees gegossen und häufig genug zur Karikatur verzerrt.
Der Wilde Westen war Wirklichkeit, seine Marshals aber hießen nicht Matt Dillon und waren keine geborenen Helden. Seine Banditen waren keine Nachfahren Robin Hoods.
Gesetzeshüter, Revolverhelden, sie repräsentierten in ihrer Mehrheit einen Typus Mensch, der nur in einer Ära der Gewalt und des Terrors gedeihen konnte, denn ihre geistige und gesellschaftliche Konstitution war zutiefst anarchisch und asozial. Während sie jegliche Ordnung, die ihnen irgendwelche Beschränkungen auferlegte, ablehnten, übten sie gleichzeitig gegenüber ihren Mitbürgern eine illegitime, nur auf ihre Revolver gestützte, geradezu despotische Macht aus. Für sie galt nur ihr eigenes Gesetz, das des Colts. Sie waren geprägt von dem hemmungslosen und amoralischen Charakter ihres zeitlichen und geographischen Umfelds. Und nur im Rahmen der Zeit, in die sie hineingeboren wurden, und des Landes, in dem sie aufwuchsen, dürfen sie, die unter normalen Lebensbedingungen vermutlich untergegangen wären, beurteilt werden.
Sie waren Abenteurer. Der Mann mit dem Stern des Gesetzes am Hemd genauso, wie der Outlaw. Und die Fronten zwischen ihnen waren fließend und wurden oft gewechselt.
Die Gebrüder Dalton aus Oklahoma sind dafür nur ein Beispiel unter vielen. Aus ehrbaren, biederen Farmern wurden tüchtige Gesetzesvertreter, die schließlich als gefürchtete Banditen endeten, die an einem schwülen Herbsttag in den Straßen einer Kleinstadt, deren Bank sie hatten überfallen wollen, von Sheriffs und Bürgern zusammengeschossen wurden.
Sie starben in den Stiefeln, wie so viele andere vor und nach ihnen. Aber ihre Namen lebten weiter, in den Legenden und Mythen, die an einsamen Winterabenden an den Kaminen und in ver-

räucherten Saloons von Mund zu Mund gingen, die von routinierten Journalisten und Abenteuerschreibern mit vielen phantasievollen Details gespickt an eine sensationshungrige Leserschaft weitergegeben wurden, die schließlich ihren Niederschlag in Geschichtsbüchern fanden.

Dabei waren die Motive ihres Handelns, und das galt für fast alle, die mit dem Revolver in der Faust auszogen, den Westen zu erobern, nicht edel, sondern von krassem Egoismus geprägt. Sie, die Banditen und die Sheriffs, hatten nur eines im Sinn: Sie wollten in einer wildbewegten Epoche, in der fast alle Regeln der menschlichen Zivilisation außer Kraft waren, um jeden Preis uberleben. Nicht mehr und nicht weniger. Dieses Ziel verfolgten sie mit aller Energie, die sie aufzubringen in der Lage waren, und mit aller Rücksichtslosigkeit, die dem gewalttätigen Geist ihrer Zeit entsprach. Mehr als andere hatten sie begriffen, daß in chaotischen Zeiten nur der Stärkste eine Chance hat, zu bestehen. Das Faustrecht regierte, und sie machten es zu ihrem Prinzip. Kaum einer von ihnen wollte Geschichte machen. Die wenigsten haben geahnt, daß knapp hundert Jahre später Helden aus ihnen gemacht werden würden.

Männer wie William Cody, der als der skrupellose Büffelschlächter »Buffalo Bill« Weltruhm erlangte, der publicitysüchtige Wild Bill Hickok oder der geschäftstüchtige Wyatt Earp waren in diesem Punkt Ausnahmen. Sie erkannten schnell, daß die zivilisierte Welt von der Exotik des Wilden Westens fasziniert war. Sie machten aus sich selbst ein Geschäft.

Aber auch notorische Lügner und Aufschneider wie diese drei haben es sich wohl nicht träumen lassen, was die Unterhaltungsindustrie, die zu ihren Lebzeiten noch in den Kinderschuhen steckte, aus ihnen machen würde.

Wyatt Earp wäre heute ein reicher Mann, angesichts der Roman-, Fernseh- und Filmserien, die über ihn produziert worden sind, und das, obwohl die Schüsse, die er im Namen des Gesetzes abgefeuert hat, an den Fingern einer Hand abzählbar sind. Und ob der Schlagetot Wild Bill Hickok wirklich die Verehrung ganzer Volksmassen verdient hat, die er schon zu Lebzeiten genoß, ist zweifelhaft, bedenkt man die Tatsache, daß dieser Western-Heroe in Wahrheit nichts als ein vagabundierender Strolch war, ein skrupelloser Killer, der Revolverduellen mit wirklich gefährlichen Männern auswich, andere dagegen, die gegen seine oft geübten Schießkunststücke keine Chance hatten, reihenweise abknallte. Allenfalls die Freudenhausabenteuer des potenten Hickok dürften heute noch Anerkennung finden. Von diesen aber weiß kaum jemand etwas.

Auch er starb in den Stiefeln, wie ein Slangausdruck aus der Cowboysprache den gewaltsamen Tod eines Mannes umschrieb. Und obwohl von diesem Mord eine auflagenstarke Presse monatelang gut lebte, weinte ihm in den Regionen, in denen er gelebt, geliebt und gemordet hatte, niemand eine Träne nach.

So wie er endeten die meisten, die zu einem normalen Leben nicht fähig waren und den Revolver wie eine Prothese brauchten, ohne die sie nicht hätten laufen können.

Neurotiker, perverse Sadisten, mordlustige Schießer, Geisteskranke und auch einfach Verzweifelte stellten die Masse der Revolverhelden.

Sie fanden alle das gleiche Ende.

Aufrechte Kämpfertypen dagegen, die im Grunde auch nur im Wilden Westen ihre Chance hatten, die ihre Fähigkeiten in den Dienst der Gemeinschaft stellten und gradlinig und fair ihren Weg gingen, wie die US-Marshals Chris Madsen und Heck Thomas, fanden kein dramatisches Ende. Sie starben so, wie die meisten Menschen, friedlich im Bett.

Sie alle, die Guten und die Schlechten, schrieben auf ihre Art ein Kapitel der amerikanischen Pioniergeschichte. Sie schrieben es mit dem Revolver in der Faust, mit Pulver und Blei, sie schrieben es mit Blut.

Den Wilden Westen, den sie in seiner ganzen Totalität repräsentierten, hätte es ohne sie nicht gegeben. Sie waren menschliche Extremitäten, die es nicht mehr gibt und nicht mehr geben wird, auch wenn sich in ihnen ein Teil des amerikanischen Volkscharakters manifestierte. Ihr zwielichtiger Ruhm wird noch heute mit viel Profit verramscht. Es ist an der Zeit, die Tatsachen über sie zu berichten, besonders angesichts des – im Zuge der Nostalgie – erneut sich verstärkenden Western-Booms, der wieder einmal die immer währende Sehnsucht nach Romantik dokumentiert.

Die Revolvermänner der Pionierzeit Amerikas posthum zu Helden zu machen, wäre unangemessen, sie zu vergessen aber auch.

I.

TOM SMITH –
DER »OLD SHATTERHAND« VON ABILENE

»City Marshal Smith suchte unsere Redaktion am letzten Montag auf. Er ist gerade aus Brownsville, Nebraska, zurückgekehrt, wohin er einen Mann namens Buckskin Bill verfolgt hatte, der vor kurzem in Abilene Pferde stahl. Wir hatten darüber berichtet. Bill hatte bereits einen Teil des gestohlenen Viehs verkauft, als Marshal Smith ihn stellte und ihm nachhaltig klarmachte, daß es besser für ihn sei, sich widerstandslos zu ergeben. Der Marshal konnte fast das ganze gestohlene Vieh wieder sicherstellen. Er hat Buckskin Bill in das Gefängnis von Brownsville eingeliefert, wo er unter scharfer Bewachung steht.«

»REPUBLICAN VALLEY EMPIRE«, 2. August 1870

»Vor einiger Zeit haben Prostituierte mehrere alte Hütten, etwa eine Meile nordwestlich der Stadt, in Besitz genommen. Am letzten Montag schickte Marshal Smith eine Nachricht an diese nichtswürdigen Charaktere. Er ordnete die sofortige Schließung der dreckigen Buden an und drohte mit harten Konsequenzen. Wir sind überzeugt, daß diese schmutzigen Geschäfte, die dort getrieben werden, die eine Beleidigung für unser geordnetes Gemeinwesen darstellen, nicht länger toleriert werden dürfen. Unserem Polizeichef T. J. Smith und seinem Assistenten gebührt der Dank aller Bürger Abilenes für ihr schnelles und entschlossenes Eingreifen.«

»THE ABILENE CHRONICLE«, 8. September 1870

Es war an einem Abend im September des Jahres 1868 in der vom Goldrausch geschüttelten Minenstadt Bear River in Wyoming. Ein junger, gepflegt gekleideter Mann saß dem berüchtigten Revolvermann Bill Henning am Pokertisch eines Saloon gegenüber. Sie hatten seit zwei Stunden gespielt, als der junge Mann seine Karten sinken ließ.

»Sie spielen falsch, Sir«, sagte er freundlich. »Es tut mir leid,

Ihnen das sagen zu müssen. Seit einer Stunde markieren Sie die Karten mit dem Fingernagel. Sie werden mir mein Geld zurückgeben müssen.«

Es wurde still in dem verräucherten Schankraum, der mit Minenarbeitern und Goldgräbern überfüllt war. Bill Henning musterte sein Gegenüber ungläubig. Der junge Mann wirkte nicht im geringsten unsicher. Er machte einen kräftigen Eindruck. Seine großen Hände lagen ruhig neben seinen abgelegten Karten auf dem mit grünem Samt bespannten Tisch. Eine Waffe trug er nicht.

Henning lehnte sich langsam zurück und begann zu lachen.

»Machen wir es kurz, Sir«, sagte der junge Mann unbeeindruckt. »Sie geben mir mein Geld zurück, und die Sache ist vergessen.«

Hennings Lachen brach ab. In seine Züge trat Wut. Seine Rechte glitt mit rascher Bewegung zum Revolver im Gürtel.

Der junge Mann, der bis jetzt so ruhig dagesessen hatte, sprang federnd von seinem Stuhl hoch, beugte sich über den Tisch und packte den Revolvermann am Kragen, bevor dieser seine Waffe ziehen konnte. Im nächsten Moment hatte er den Killer über den Spieltisch gezerrt und mit einem Faustschlag zu Boden geschickt.

Der junge Fremde bückte sich. Er zog Bill Henning den Revolver aus dem Halfter, warf die Waffe in eine Ecke des Schankraums und zerrte den Killer wieder hoch. Ein krachender Fausthieb traf Henning an den rechten Kinnwinkel. Er torkelte rückwärts auf die Tür zu. Der junge Mann setzte ihm nach. Ein weiterer Schlag schleuderte den Revolvermann durch die Schwingtür auf die Straße. Hier brach Henning bewußtlos zusammen.

Die Gäste klatschten Beifall, als der junge Mann in den Schankraum zurückkehrte und einen Whisky bestellte. Einer der Männer an der Theke fragte den Wirt: »Wer, zum Teufel, ist das?«

Der Wirt zog eine Flasche heran und schenkte dem Mann ein. »Das ist Tom Smith aus New York«, sagte er. »Von dem wird man noch hören.«

»Das wäre ein Marshal für uns«, sagte der Mann.

Eine Stunde später wurde Thomas James Smith von den Bürgern von Bear River der Marshal-Stern ans Hemd geheftet. Der Revolvermann Bill Henning verließ die Stadt. Man hörte nie wieder etwas von ihm. Tom Smith hatte ihm den Schneid abgekauft. Sein Weg als Vertreter von Recht und Gesetz im Westen, dort wo er am wildesten war, hatte begonnen.

Ausnahmen bestätigen die Regel: Tom Smith war vielleicht der einzige wirkliche Held unter denen, die die Gewalt im amerikanischen Westen zu ihrem Lebenszweck erhoben hatten. Zumindest hatte er seinen Weg zum Ruhm, falls er ihn je angestrebt hat, nicht über Leichen zurückgelegt. Wenigstens in diesem Punkt unterschied er sich von den Männern seiner Zeit, die in den Geschichtsbüchern des jungen Amerika eine Spur von Blut und Tränen hinterließen.

Thomas J. Smith erblickte am 12. Juni 1830 in einem New Yorker Slum das Zwielicht der Welt. Seine Eltern waren arme schottische Einwanderer, deren tägliche Sorge es war, nicht mitsamt ihren Kindern zu verhungern.

Das Leben packte Smith hart an, so daß er früh lernte, seine Fäuste zu gebrauchen. Bei Prügeleien mit Straßenbanden in den Randbezirken New Yorks entdeckte ihn ein Boxpromoter, holte ihn auf eine Boxschule und machte ihn zum Berufsboxer.

Fünf Jahre zog er durch die Oststaaten der USA und kämpfte für Geld. Er hungerte nicht mehr und hatte nun ein Dach über dem Kopf. Trotzdem war er unzufrieden. Das Boxgeschäft war ihm zu unsicher. Darum griff er rasch zu, als sich ihm 1860 die Möglichkeit bot, Mitglied der New Yorker Polizei zu werden.

Zwei Jahre später bereits hängte er die Uniform wieder an den Nagel. Die Gründe dafür sind unklar. Der amerikanische Historiker Carl Breihan behauptet in seinem Buch »Great Lawmen of the West«, Smith habe 1862 in einem Schußwechsel mit Gangstern versehentlich einen vierzehnjährigen Jungen erschossen, worauf die empörte Öffentlichkeit seine Entlassung erzwang. Auch wenn es keine eindeutigen Beweise für diese These gibt, so ist sie doch nicht unwahrscheinlich. Smith verließ New York, brach alle Brücken ab, ließ sein ganzes bisheriges Leben hinter sich und zog in den Westen.

Im Dezember des gleichen Jahres tauchte er in Arizona auf, trat in die Armee ein und diente im 5. Infanterieregiment.

Nach Ablauf seiner Dienstzeit war gerade der amerikanische Bürgerkrieg vorbei. Die Industrie rüstete für einen neuen wirtschaftlichen Aufschwung, und die Eisenbahngesellschaften trieben den Bau der Transkontinentalbahn quer durch die USA voran. Die Eisenbahn war das große Geschäft in diesen Tagen.

Thomas Smith wurde Sicherheitsagent der Union-Pacific-Railroad. Einen Namen aber machte er sich erst, als er 1868 in der Goldrauschstadt Bear River auftauchte und dort wegen seines unerschrockenen Auftretens gegen Banditen aller Schattierungen, von denen es in der Stadt nur so wimmelte, von einem Bürgerkomitee zum Town-Marshal ernannt wurde.

Smith säuberte die Stadt mit eiserner Faust. Sicherheit und Gesetz zogen in Bear River ein. Smith wurde im Westen bekannt. Er verließ Bear River, als die Arbeit getan war, und wurde Marshal von Greely in Colorado. Er mehrte seinen Ruhm. Da hörte er von einer Stadt in Kansas, Abilene, in der die Gewalt eskalierte und die Bürger so verzweifelt nach einem energischen Marshal verlangten, wie ein Verdurstender nach Wasser. Tom Smith machte sich auf den Weg nach Süden.

*

»Im Verlaufe der Jahre waren mehrere Trailstrecken entstanden, die jeweils zu einem anderen Rindermarkt führten. Aber langsam wurde die Eisenbahn nach Kansas vorgetrieben, und von 1867 an war das kleine Städtchen Abilene die Kopfstation. In den folgenden fünf Jahren wurden fast alle Herden dort verladen.

Über Nacht war aus dem armseligen Dorf mit einigen windschiefen Bretterbuden eine Stadt von 3.000 Einwohnern geworden. Manchmal trafen sich mehr als tausend Cowboys in Abilene. Männer, die monatelang nicht rasiert waren, denen die Haare wild um den Kopf hingen, die ausgehungert waren nach menschlicher, möglichst weiblicher Gesellschaft. Fast zwangsläufig sammelten sich in Abilene trübe Geschäftemacher an. Saloons schossen aus dem Boden, Spieltische wurden aufgestellt. Leichte Mädchen zog es in die Stadt der Männer.«

Ernst Petry in DIE FLEGELJAHRE AMERIKAS, 1965

Am 1. April 1866 brach der Viehhändler George C. Duffield in Texas mit einer dreitausendköpfigen Rinderherde nach Nebraska auf. Fünf Monate trieben seine Cowboys die widerspenstigen Longhorns. Unterwegs lauerten ihnen Banditen auf. Indianer griffen sie an. Ein mörderisches Wetter beutelte Duffield und seine Leute.

Am 1. September wurde Nebraska City erreicht. Die Herde be-

THE ABILENE CHRONICLE

VOL. I. ABILENE, KANSAS, THURSDAY MORNING, MAY 12, 1870.

AN ORDINANCE
To Prevent Gambling.

Be it ordained by the Trustees of the town of Abilene,

SEC. 1. Every person who shall set up or keep any table or gambling device of any kind, adapted, devised, and designed for the purpose of playing any game of chance for money or property, and shall induce, entice, or permit any person to bet or play at or upon any such gaming table or gambling device, or on the side or against the keeper thereof, shall on conviction be fined in a sum not exceeding three hundred dollars nor less than twenty dollars, and imprisoned in the common jail of the town not exceeding thirty days.

SEC. 2. Every person who shall bet any money or property upon any gaming table, bank, or device prohibited by the foregoing section, or upon any game with cards, shall on conviction be fined in a sum not exceeding one hundred dollars nor less than ten dollars.

SEC. 3. Every person who shall permit any gaming table, bank, or device prohibited by section one of this ordinance, to be set up or used for the purpose of gaming in any house, building, shed, tent, booth, shelter, lot or premises to him belonging, or by him occupied, or of which he hath at the time possession or control, shall on conviction be fined not exceeding five hundred dollars nor less than fifty dollars, or imprisoned in the common jail of the town not exceeding thirty days, or by both such fine and imprisonment.

SEC. 4. This ordinance shall take effect and be in force from and after the 20th of May 1870.

T. C. HENRY, Chairman.

Attest: G. L. BRINKMAN, Clerk.

AN ORDINANCE
Respecting Vagrancy

Be it ordained by the Trustees of the town of Abilene,

SEC. 1. Any person who may be found loitering around houses of ill-fame, gambling houses, or places where liquors are sold or drank, without any legitimate means of support, or shall be the keeper or inmate of any house of ill-fame or gambling house, or engaged in any unlawful calling whatsoever, shall be deemed a vagrant, and upon conviction thereof may be fined in any sum not exceeding five hundred dollars, and unless such fine shall be paid the person so offending shall be committed to the common jail of the town, and shall work the same out on any public work of the town at the rate of two dollars per day for each day so committed.

SEC. 2. This ordinance shall take effect and be in force from and after May 20th 1870.

T. C. HENRY, Chairman.

Attest: G. L. BRINKMAN, Clerk.

AN ORDINANCE
To Regulate the sale of Spiritous Intoxicating Liquors.

Be it ordained by the Trustees of the town of Abilene,

SEC. 1. That before a license shall be granted to any person or persons applying for the same, to sell spiritous and intoxicating liquors within the incorporate limits of the town of Abilene, Kansas, or after the 20th day of May, 1870, any person so applying shall present to the Town Trustees a petition signed by a majority of the residents of the town of Abilene, of twenty-one years and over, both male and female, recommending said applicant as a suitable and safe person to vend the same, and requesting that a license be granted to him for such purpose.

SEC. 2. That upon every license granted as aforesaid there shall be levied and collected a tax of one hundred dollars for the year, for the use and benefit of the town of Abilene for every period of twelve months from and after the 20th day of May 1870.

SEC. 3. That all licenses granted under this ordinance shall terminate on the 20th of May 1871.

SEC. 4. That any person or persons, who, without procuring a license as herein aforesaid, shall sell or cause to be sold any intoxicating liquors, shall, upon conviction, be fined any sum not less than five dollars nor more than forty dollars for each offense, and shall be imprisoned in the town jail until said fines and costs are paid.

SEC. 5. That before any person or persons be licensed to sell spirituous or intoxicating liquors under the provisions of this ordinance, they shall in their application state the name or names of the person or firm applying for the same, and shall state therein the house in which said liquors are to be sold. No transfer of said license from one party to another party, or from the place licensed to a different place shall be valid, unless application be first made to the Trustees of the town, and authority granted therefor.

SEC. 6. This ordinance to take effect from and after May 20, 1870.

T. C. HENRY, Chairman.

Attest: G. L. BRINKMAN, Clerk.

AN ORDINANCE
To Prohibit Drunkeness and Disorderly Conduct.

Be it ordained by the Trustees of the town of Abilene,

That any person found in a state of intoxication within the corporate limits of the town of Abilene, or any person guilty of noisy, riotous conduct, or threatening violence against any person or persons, or against the town of Abilene, or running horses on the public streets or alleys, or of lassoing any animal, or leading any wild animal with lasso, or lassoing any person or persons, or of discharging fire-arms within the town limits, shall on conviction thereof before the Court, be fined in any sum not less than five dollars nor more than twenty-five dollars for the first offense, and for the second offense not less than ten dollars nor more than fifty dollars, with costs of prosecution added in both first and second offense, and may be committed to the town jail for any length of time not exceeding five days, provided at the end of that time all costs and fines are paid.

This ordinance shall be in full effect and force from and after the 20th of May, 1870.

T. C. HENRY, Chairman.

Attest: G. L. BRINKMAN, Clerk.

AN ORDINANCE
Relating to the Carrying of Fire Arms and other Deadly Weapons.

Be it ordained by the Trustees of the town of Abilene,

SEC. 1. That any person who shall carry, within the limits of the town of Abilene, or commons, a pistol, revolver, gun, musket, dirk, bowie-knife, or other dangerous weapon upon his or their person or persons, either openly or concealed, except to bring the same and forthwith deposit it or them at their house, boarding house, store room or residence, shall be fined in a sum not less than ten dollars nor more than fifty dollars; and it shall be the duty of any town constable, or policeman of this town, to arrest and disarm any person violating this ordinance, and to deposit the arms so taken with the [illegible] of the town police, to be by him kept until he is, by the magistrate taking cognizance of the offense of carrying arms as aforesaid, authorized to deliver the same to the person or persons from whom the same shall have been taken.

SEC. 2. Any and every person who shall be in violation of this ordinance, within the town of Abilene, or commons, and who shall refuse to deposit his or their arms with the constable or policeman as aforesaid, or shall resist any officer who may attempt to disarm him or them according to the provisions of section one of this ordinance, shall be imprisoned in the common gaol of the town not less than twenty-four hours nor more than ten days and fined not less than $10 nor more than one hundred dollars. Provided, that the provisions of this ordinance shall not apply to the constable or any officer of the town of Abilene, while in the discharge of their duties as such constable or policeman.

SEC. 3. That any person who shall intentionally discharge any pistol, revolver or gun, within the town of Abilene, in any street, alley, highway, lot, house or other place where the life or limb of any person could be endangered, shall be punished by a fine not less than ten dollars nor more than one hundred dollars.

SEC. 4. This ordinance shall take effect and be in force from the 20th of May 1870.

T. C. HENRY, Chairman.

Attest: G. L. BRINKMAN, Clerk.

AN ORDINANCE
Relating to Houses of Ill-Fame

Be it ordained by the Trustees of the to… of Abilene,

SEC. 1. That any and every person or pers… who shall keep or maintain, in this town, a ho… of ill-fame or prostitution, or a house in wh… disorderly, licentious, obscene, lewd, profan… indecent conduct or language is permitted or … lowed, shall be fined not less than twenty … dollars nor more than two hundred dollars, … the fact that such language occurring in said ho… shall be prima facie evidence that the same is p… mitted or allowed by the person who maintains … keeps such house.

SEC. 2. That any and every person who shall … an inmate or resident of a house of ill-fame … prostitution in this town, or who shall visit … frequent any such house for lewd, licentious, … scene or indecent purposes, shall, on convicti… be fined not less than ten dollars nor more th… one hundred dollars, and the fact of any pers… being found in any such house in the night ti… between the hours of eight o'clock, P. M., and … o'clock, a. m., shall be prima facie evidence of … or her frequenting the same for such purpose.

SEC. 3. That any and every person who shall … tend, visit or frequent any place in the last p… ceeding section mentioned, and engage or ta… part in any of the acts, conduct or language the… in specified, shall be fined not less than ten dolla… nor more than one hundred dollars for each a… every offense.

SEC. 4. That any person or persons who sh… hereafter knowingly let, lease or rent any hou… hall, tenement or other place in this town to a… person or persons, for the purpose of keeping … maintaining therein any place as described in t… preceding sections of this ordinance, shall, … conviction, be punished by a fine not exceedi… one hundred dollars, and not less than ten dolla… for each day that he, she or they allow the same … be tenanted for such purpose or purposes, or w… shall suffer the same to be used after any of t… Constables of this town have given notice that … same has been declared a house of ill-fame.

SEC. 5. Be it ordained, that any person convic… for keeping a house of ill-fame, or being an i… mate thereof, as provided in the foregoing sectio… shall be removed by any of the town Constab… without the corporate limits of this town, upon … order of the Court.

SEC. 6. This ordinance shall be in force fr… and after the 20th of May 1870.

T. C. HENRY, Chairman.

Attest: G. L. BRINKMAN, Clerk.

AN ORDINANCE
Relating to Sundry Offences

Be it ordained by the Trustees of the to… of Abilene:

SECTION 1. That any person found guilty of co… mitting any of the several acts and offenses p… hibited in this town, shall be subjected to the p… alty herein provided for them respectively.

SEC. 2. That for disturbing the peace of … town, or any lawful assembly of persons, or … any neighborhood, family, person or persons … for indecent, obscene, improper or abusive la… uage or conduct, or for any assault or affray, a … of a sum not less than one nor more than … hundred dollars.

SEC. 3. For throwing stone or brick or piece … wood or other hard substances in or across … building, street or alley of this town, or a… against any house, building, vehicle, perso… animal, a fine shall be imposed of not less t… one nor more than fifty dollars, at the discre… of the Court.

SEC. 4. For discharging any fire-arms, sett… off fire crackers or squibs, throwing any fire b… or combustible substance, or making bonfi… within the limits of the town, a fine shall be … posed of not less than one nor more than twe… five dollars. Provided, that this section shall … apply or be enforced on the first day of Janu… nor on the fourth day of July of each year … provided further, that this provision may be … plied to other days by the Trustees. Neither s… this section apply to the person authorized to k… a pistol gallery, nor to any gunsmith who … carefully discharge any fire arms in the prose… tion of his business, nor shall it apply to the … son duly authorized to shoot dogs running at l… in the town.

Thomas J. Smith, Marshal von Abilene.

Titelseite eines »ABILENE CHRONICLE«. Die Zeitung war um 1870 das auflagenstärkste Blatt in Kansas.

Typische Spielhölle in Abilene zur Zeit von Tom Smith.

James Butler Hickok, genannt »Wild Bill«. Sheriff, Marshal, Scout, Treckführer, notorischer Abenteurer, skrupelloser Revolvermann, Weiberheld und Berufsspieler.

Wild Bill Hickok als Armeescout in Fort Harker, 1867.

Von Wild Bill Hickok erschossen: Zwei tote Soldaten auf dem Vorbau von »Tommy Drum's Saloon« in Hays City am 18. Juli 1870.

stand noch aus knapp dreihundert Tieren. Der erste Rindertrail nach dem amerikanischen Bürgerkrieg war gescheitert.
Die Südstaaten der USA waren nach dem verlorenen Bürgerkrieg wirtschaftlich am Ende. Besonders die texanische Wirtschaft, die auf der Rinderzucht basierte, stand am Rande des Ruins. Die freiweidenden Rinderherden der Texaner hatten sich während des Krieges unkontrolliert vermehren können. Als die ehemaligen Rancher und Cowboys zerlumpt, gedemütigt und besiegt von den Schlachtfeldern nach Hause zurückkehrten, standen 5 Millionen Rinder auf texanischen Weiden, eine »Fleischinflation«, die den Bedarf der Südstaaten bei weitem überstieg und den Viehbestand daher so gut wie wertlos machte.
Im Norden dagegen waren durch den Krieg große Versorgungslücken entstanden. Frischfleisch wurde dringend benötigt. Darum brachen im Jahre 1866 mit dem Mut der Verzweiflung, den Gerichtsvollzieher und den drohenden Ruin schon im Nacken, die ersten Texas-Rancher mit ihren Rindern nach Norden auf.
Die meisten Trails, wie die großen Viehtriebe genannt wurden, scheiterten. Anfangs fehlte die Erfahrung, vor allem aber fehlte die Organisation.
Genau diesen Mangel sah auch der junge Viehhändler Joseph McCoy aus Illinois. Er glaubte an die Zukunft der Rindertrails, und er hatte einen Plan.
Binnen weniger Monate stampfte er in dem kleinen Nest Abilene in der Kansas-Prärie den ersten zentralen Rindermarkt der USA aus dem Boden. Die Eisenbahn baute Verladegatter und führte ihren Schienenstrang nach Abilene, über den das angelieferte Vieh auf direktem Weg zu den großen Schlachthöfen in den Nord- und Oststaaten transportiert werden konnte.
Diese Idee McCoys war die wirtschaftliche Rettung von Texas. Bereits 1867 erreichten 35.000 Texas-Rinder Abilene. Zwei Jahre später hatte sich die Zahl verzehnfacht.
Beim Aufbau der Stadt hatten jedoch allein die geschäftlichen Interessen im Vordergrund gestanden. Großzügige Verladeeinrichtungen für das Texas-Vieh, protzige Hotels, Geschäfte, Spielhallen, Saloons und Bordelle waren entstanden. An eine kommunale Ordnung aber, an Recht und Gesetz, hatte niemand gedacht.
Die Folge war, daß die Stadt schon nach dem Eintreffen der ersten

Rinderherden aus den Fugen zu geraten drohte. Die rauhen, texanischen Cowboys, monatelang auf dem Trail zu sechzehnstündiger harter Knochenarbeit am Tag und zur Enthaltsamkeit gezwungen, führten sich auf wie Vandalen. Niemand in Abilene vermochte ihnen ernsthaft Widerstand entgegenzusetzen.
Ein Gefängnis, das die Stadtverwaltung errichten ließ, wurde von den Texanern sofort nach der Fertigstellung wieder eingerissen. Mehrere Männer, die sich bereiterklärten, eine Stadtpolizei aufzubauen, flüchteten schon wenige Stunden, nachdem sie ihren Dienst angetreten hatten. Die Tyrannei der Cowboys uferte aus. Abilene drohte im Terror zu versinken. Ein Chaos war unvermeidlich.
Da kam Thomas J. Smith.
Den Stadtvätern erschien der Mann mit dem großen Namen und den harten Fäusten wie ein Heilsbringer. Trotzdem waren sie erstaunt, als sie statt eines lederhäutigen Eisenfressers mit einem schlanken, elegant gekleideten Gentleman konfrontiert wurden, der aussah, als habe er gerade eine Sonntagsschule verlassen. Aber Smith war nicht der Dandy, für den man ihn anfangs hielt.
Seine Methoden waren unkonventionell, aber wirksam. Er hielt nicht viel von Schußwaffen und dachte nicht daran, Abilene mit Pulver und Blei zu bändigen. Er verließ sich auf seine Fäuste, und er wußte, was er tat.
Weidereiter vermieden den Faustkampf. Sie verließen sich nur auf ihre Colts. Smith war das egal. Er wußte, daß es zum ungeschriebenen Ehrenkodex der Texaner gehörte, nie auf einen unbewaffneten Mann zu schießen. So zwang er ihnen seinen Stil der Auseinandersetzung auf.
Er trat sein Amt am 4. Juni 1870 an. Für ein Salär von 150 Dollar im Monat und eine Prämie von 2 Dollar für jede Verhaftung, machte er sich daran, die Texas-Cowboys zu zähmen. Die im Faustkampf ungeübten Texaner bekamen es bald zu spüren.
Smith verbot das Waffentragen innerhalb der Stadtgrenzen. Wer sich dieser Anordnung widersetzte, wurde windelweich geprügelt. Smith verzichtete selbst auf Waffen, und nachdem er die beiden Revolverrowdies Steve Roe und Hank Belton nach Strich und Faden verdroschen hatte, war seine Stellung gefestigt.
Die Texaner respektierten ihn. Smith schaffte Ordnung in der Stadt. Er brach den Terror. Er schlichtete Schlägereien, verjagte Falschspieler, brachte Randalierer hinter Schloß und Riegel, fing

Mörder und verhaftete Pferdediebe. Kein Verbrechen blieb in Abilene ungesühnt. Die örtlichen Zeitungen waren voll mit Berichten über seine erfolgreiche Arbeit. Sein persönlicher Mut und seine Fairneß machten ihn angesehen bei Freund und Feind. Ohne Blutvergießen war es ihm gelungen, die anarchischen Zustände in Abilene zu beseitigen.

*

Eine hektische Saison in Abilene neigte sich dem Ende zu. Die Trailmannschaften traten den Rückweg nach Texas an. Kühl strich der Wind durch die jetzt leeren Straßen. Die Saloons und Tanzhallen mit ihren bunten Fassaden und grellfarbenen Plakaten in den Schaukästen lagen wie ausgestorben da, wirkten verlassen und trostlos.

Am 2. November 1870 kam ein Reiter in die Stadt. Er ritt sehr schnell. Sein Pferd wirkte abgetrieben und erschöpft. Staub bedeckte seine Kleidung, und Schaumflocken tropften aus dem Maul seines Tieres, als er es vor dem Marshal-Office zügelte.

Tom Smith stand auf dem überdachten Vorbau seines Bürogebäudes.

»Draußen am Chapmans Creek hat es eine Schießerei gegeben«, sagte der Reiter.

»Tote?« Smith horchte auf.

»John Shea«, sagte der Reiter.

»Der Farmer am Fluß?« fragte Smith.

»Der ist es. Sie haben ihn zu zweit fertiggemacht.«

»Wer?«

»Andrew McConnell«, sagte der Mann. »Sein Nachbar. Und ein Mann namens Miles, Moses Miles, glaube ich.«

Wenig später wurde die Leiche des ermordeten Farmers gebracht. Tom Smith rief seinen Stellvertreter und verließ mit ihm die Stadt. Die McConnell-Farm lag etwa zehn Meilen nordöstlich von Abilene, kein langer Weg für einen Reiter. Smith hatte sich zum erstenmal während seiner Amtszeit einen Revolver eingesteckt.

Graue Wolkenbänke schoben sich am Himmel westwärts, und von Nordosten wehte ein scharfer Wind, als Thomas Smith mit seinem Gehilfen die kleine Farm erreichte.

Er wurde erwartet. Die beiden Mörder hatten sich im Haus verschanzt und feuerten Warnschüsse ab.

Tom Smith stieg vom Pferd. Er zog fröstelnd die Schultern hoch und klappte den Kragen seiner gefütterten Jacke nach oben.
»Wir sollten Verstärkung aus der Stadt holen«, sagte der Deputy.
»Es sind nur zwei«, erwiderte Smith. »Und sie haben Angst. Ich hole sie 'raus«.
Er ging los. Allein und schutzlos. Er handelte, wie er es immer getan hatte.
»Kommt heraus!« rief er auf halbem Weg. »Ich muß euch verhaften. Wenn ihr Widerstand leistet, verschlimmert ihr die Sache nur.«
Die Haustür öffnete sich ein Stück. Smith trat darauf zu. Ein Gewehrlauf schob sich durch den Spalt. Ein Schuß krachte und traf den Marshal in die Brust.
Smith taumelte. Er preßte die Linke auf die Wunde und fühlte, wie ihm das warme Blut zwischen den Fingern hindurchrann und in den Stoff der Jacke sickerte. Aber er hatte eine Bärennatur. Die Kugel warf ihn nicht um. Zäh richtete er sich wieder auf und ging auf die Tür zu. Er stieß sie auf und trat über die Schwelle.
Andrew McConnell stand mit rauchendem Gewehr im Raum. Angst flackerte in seinen Augen, als Smith schwankend auf ihn zuging. Smith sah Moses Miles nicht, der hinter der Tür wartete und mit einem Beil zuschlug.
Thomas Smith war sofort tot.
Der feige Mord erregte die Gemüter in ganz Kansas. Die Mörder wurden zum Tode verurteilt, später dann begnadigt. Die Bevölkerung von Abilene aber, für die Smith sich eingesetzt und aufgeopfert hatte, reagierte skandalös. Die amerikanischen Historiker Nyle H. Miller und Joseph W. Snell schrieben in »GREAT GUNFIGHTERS OF THE KANSAS COWTOWNS«:
»Tom Smith erhielt ein Zwei-Dollar-Grab. Erst vierunddreißig Jahre nach seinem Tod erwies Abilene ihm die ihm gebührende Ehre. Der ehemalige Polizeichef der Stadt wurde aus seinem obskuren Grab umgebettet und erhielt nahe der Hauptstraße eine Gedenkstätte, wo er bestattet wurde. Zur Enthüllung des Denkmals kam am 30. Mai 1904 T. C. Henry angereist, der erste Bürgermeister von Abilene, der Tom Smith einst angestellt hatte.«

II.

WILD BILL HICKOK –
PRIMADONNA UNTER DEN REVOLVERHELDEN

»Ich sagte: »Mr. Hickok, wieviele weiße Männer haben Sie Ihres Wissens nach getötet?«
Nach kurzem Nachdenken antwortete er: »Ich glaube, ich habe erheblich über einhundert Männer getötet.«
»Warum haben Sie all diese Männer erschossen? Töteten Sie sie ohne Grund, ohne Provokation?«
»Nein, Himmel, ich habe niemals einen Mann ohne einen guten Grund getötet.«

Interview des Journalisten Henry M. Stanley mit Wild Bill Hickok am 4. April 1867 in Fort Harker für die Zeitung »ST. LOUIS MISSOURI DEMOCRAT«.

Der große, breitschultrige Mann in dem indianischen Wildlederanzug mit dem schulterlangen Haar wandte seinen Kopf zum Fenster, als er den Hufschlag auf dem Hof der Postkutschenstation hörte. Die Frau am Fenster zog die Gardine ein Stück zur Seite und schaute auf den Hof hinunter. Ohne sich umzudrehen sagte sie:
»Da draußen ist McCanles gekommen, mit seinem Sohn und zwei anderen Männern.«
Der Mann in Wildleder hatte gerade seine Mahlzeit beendet. Er schob den leeren Teller, den er vor sich auf dem Tisch stehen hatte, zurück, wischte sich den Mund ab und erhob sich. Er griff nach dem über einer Stuhllehne hängenden Waffengurt mit den beiden Holstern, in denen schwere Navy-Colts steckten, deren Elfenbeingriffe sich wie Geierschnäbel aus dem Leder krümmten.
Die Frau trat auf ihn zu, als er sich die Waffen umschnallte, und legte die Hände auf seine Schultern.
»Geh nicht hinunter, Bill«, sagte sie. »McCanles ist jähzornig und gefährlich.«
»Vor allem ist er ein verdammter Rebell, Kate.« Der Mann strich

sich über seinen sichelförmigen Schnauzbart. »Ich bin Angestellter der Armee der Vereinigten Staaten. Wir liegen im Krieg mit dem Süden, und McCanles verkauft Pferde an die Rebellen.«

Der Mann griff nach seinem Hut, nickte der Frau noch einmal zu und ging hinaus. Er warf, bevor er die Tür schloß, einen Blick auf einen fleckigen Kalender an der Wand. Es war der 12. Juli 1861 und in wenigen Minuten würde auf der Poststation der »Russell, Majors und Wadell's Overland Stage Company« am Rock Creek in Nebraska ein Kampf stattfinden, der als »McCanles-Massaker« in die amerikanische Pioniergeschichte eingehen sollte.

Der Mann in Wildleder ging mit federnden Schritten die Treppe in den Aufenthaltsraum der Poststation hinunter. Männerstimmen klangen ihm entgegen. Dann sah er dicht neben der Tür David McCanles stehen, einen vierschrötigen Farmer, von dem jeder wußte, daß er mit den Südstaaten sympathisierte, die vor einem Vierteljahr ihre Unabhängigkeit erklärt und einen Krieg gegen den Norden begonnen hatten. Vor ihm stand Horace Wellmann, der Stationspächter der Kutschengesellschaft.

Der Mann in Wildleder durchquerte den Aufenthaltsraum. Seine schmalen, schlanken, fast fraulichen Hände hingen locker neben den Griffen seiner Waffen. Sein Erscheinen unterbrach das Gespräch der Männer. Der schwarzbärtige McCanles musterte ihn unfreundlich.

»Ah, Hickok«, sagte er. »Ich habe mir gedacht, daß Sie da sind. Ich habe Kate oben am Fenster gesehen, als wir gekommen sind. Ich rate Ihnen, lassen Sie die Finger von ihr.«

»Er will Geld von mir, Bill.« Der Stationer wandte sich an den hünenhaften Mann. »Hör dir das nur an. Dieser Rebellenkrauter behauptet, ich hätte ihn beim Pferdehandel betrogen.«

Hickok lächelte dünn. Er hatte bereits registriert, daß McCanles unbewaffnet war, genauso wie sein Sohn. Von den beiden Begleitern, die er nicht kannte, trug nur einer ein Gewehr bei sich.

»Wirf ihn 'raus, Horace«, sagte Hickok. »Er arbeitet mit dem Süden zusammen. Im Grunde müßten wir ihn sofort niederschießen, diesen Verräter.«

»Damit Sie freie Bahn bei Kate Shell haben, wie, Hickok?« schnappte McCanles.

»Kümmern Sie sich um Ihre Frau, die Sie irgendwo im Süden sitzengelassen haben, McCanles«, erwiderte Hickok. »Kate gibt

sich nicht mit Verrätern ab. Scheren Sie sich weg und freuen Sie sich, daß ich Sie nicht festnehme. Ich bin Kundschafter der Armee, das wissen Sie doch, der Nordarmee, McCanles.«
»Ich weiß, daß Sie ein verdammter Yankee sind«, erwiderte McCanles. Sein Gesicht rötete sich. »Der Tag wird kommen, da werde ich Sie am höchsten Baum, den ich in Nebraska finde, aufhängen.«
Hickoks Lächeln gefror. Er warf einen raschen Blick auf Wellman. »Er hat mich bedoht, Horace. Du hast es gehört.«
»Ich habe es gehört, Bill.«
»Hören Sie, Hickok, wenn Sie Streit wollen, schnallen Sie Ihre Revolver ab, und kommen Sie 'raus auf den Hof...«
Hickok zog wortlos seinen rechten Revolver und schoß ohne mit der Wimper zu zucken. Die Kugel traf McCanles in den Leib und stieß ihn mit dem Rücken gegen den linken Türbalken. Stöhnend rutschte er daran hinunter.
Der zwölfjährige Monroe McCanles stieß einen Schrei aus. Die beiden Begleiter des Farmers packten ihn und zerrten ihn mit, als sie an dem schwerverletzten McCanles vorbei auf den Hof rannten.
Hickok zog seinen zweiten Revolver und trat auf die Türschwelle. Hinter ihm hatte Horace Wellman eine an der Wand lehnende Schaufel genommen und schlug damit auf den wimmernden, blutüberströmten McCanles ein.
Hickok wartete, bis die beiden Männer mit dem Jungen die Pferde erreichten, die sie neben dem Brunnen abgestellt hatten. Kaltblütig hob er seine Waffen und feuerte.
Die Detonationen der Revolver hallten dröhnend über den Hof, auf dem die Hitze des Mittags lastete. Die beiden Männer taumelten unter den Einschlägen der Geschosse und stürzten in den heißen Staub, während sich der junge Monroe McCanles schreiend in den Sattel eines Pferdes warf und davonsprengte.
Pulverdampfschleier wehten über den Hof. Hickok schob die Revolver in die Halfter zurück und drehte sich langsam um. Hinter ihm war es still geworden.
»Was ist mit McCanles?« fragte er.
Der Stationspächter stand noch mit der blutigen Schaufel in den Händen da.
»Tot«, sagte er.

»Die beiden anderen auch.« Hickok trat in den Raum zurück.
»Was machen wir jetzt?«
»Nichts«, sagte Hickok. »Es war Notwehr. McCanles und seine Leute haben uns angegriffen. Wir haben uns nur unserer Haut gewehrt.«
»Und Kate?« fragte Wellman.
»Kate Shell wird schweigen«, sagte Hickok. »Sie mag mich. Sie tut, was ich verlange.«
»Aber der Junge...«
»Ein Kind.« Hickok machte eine wegwerfende Handbewegung. »Es ist ganz egal, was er sagt. Außerdem ist McCanles bei den Behörden als Rebellenfreund bekannt. Keine Sorge, Horace, man wird uns glauben.« Er setzte sich unmittelbar neben der verstümmelten Leiche des Farmers David McCanles an einen Tisch. »Bring einen Whisky, Horace, und vergiß diesen McCanles.«
Horace Wellman nickte und holte den Whisky. Dann räumte er die Leichen weg und wusch das Blut von seinen Händen. Er brauchte sich wirklich keine Sorgen zu machen. Hickok sollte recht behalten. Man glaubte ihm die Geschichte, daß er David McCanles und seine Begleiter nur in Notwehr erschossen habe. Man glaubte ihm noch viel mehr. Seine Reputation war groß. Der Mord wurde vertuscht. Es sollte nicht der einzige bleiben.

*

In Freudenhäusern kannte er sich aus. Obwohl er kurzsichtig war, traf er immer ins Schwarze. Leichen pflasterten seinen Weg, und er kokettierte damit. Er wurde der »Prinz der Pistoleros« genannt und trat wie ein Fürst auf. Geschniegelt und gelackt, selbst in der tiefsten Wildnis, sorgfältig gekleidet und das schulterlange Haar onduliert: Wer ihn zum erstenmal sah, erstarrte vor Ehrfurcht.
James Butler Hickok, genannt Wild Bill – sein Ruf eilte ihm voraus wie ein Donnerhall.
1837 war er in Troy Grove im Staate Illinois als vierter Sohn eines presbiterianischen Predigers geboren worden. Er war das schwarze Schaf der Familie. Die puritanische, religiöse Enge des Elternhauses war ihm zuwider. Als Halbwüchsiger lief er bereits von Zuhause fort, um der Fuchtel seines bigotten Vaters zu ent-

gehen, und trieb sich im Westen herum. 1856 schloß er sich den Guerillas des Sklavereigegners Henry Lane an, der in den Jahren vor dem Bürgerkrieg die Befürworter der Sklaverei in Kansas terrorisierte.
In jenen blutigen Jahren machte der junge »Bill« sich einen Namen als Revolvermann. Sein exzentrisches Auftreten verschaffte ihm Publizität. 1858 wurde er als Constabler im Johnson County, Kansas, angestellt. Damit hatte seine Karriere als Westernheld begonnen.
Im Jahre 1860 wurde er Postkutschenfahrer, und ein Jahr später stellte ihn die US-Armee für 100 Dollar im Monat als Führer für Warentransporte ein. Es herrschte bereits Krieg zwischen dem Norden und dem Süden, und Hickok, der nach Ruhm und Abenteuern dürstete, wollte seinen Anteil daran haben. Natürlich war er sich als einfacher Soldat zu schade. So ist sein Name bis 1866 immer wieder in den Listen des US-Kriegsministeriums zu finden. Er arbeitete als Scout, Kundschafter, Kurier und Spion. Ob er erfolgreich tätig war, ist nirgends verzeichnet.
Trotzdem wurde er berühmt. Der Grund war jene obskure McCanles-Affäre, deren wahrer Sachverhalt erst Jahre nach Hickoks Tod geklärt wurde. Hickok verbreitete über diesen schmutzigen Mord vom 12. Juli 1861 eine haarsträubende Schauergeschichte, in der er sich selbst als strahlenden Helden darstellte. Aus dem kleinen Farmer McCanles machte er einen Spitzenagenten der Südstaaten, der mit einer Horde von Totschlägern bis an die Zähne bewaffnet über ihn hergefallen sei. Die Nordstaatenpresse, die an Greuelpropaganda gegen den Süden interessiert war, nahm ihm die Story ab.
So entstehen Heldenlegenden.
Die Wahrheit brachte Jahrzehnte später Kate Shell ans Licht, Hickoks Freundin, die die Tat mitangesehen hatte. Da aber war der Heldenmythos um Wild Bill Hickok nicht mehr aus den Angeln zu heben.
1864 wurde er Special-Policeman beim Provost-Marshal von Missouri. Nachdem er am 21. Juli 1865 nach einem Streit am Kartentisch in Springfield auf offener Straße einen Mann namens David Tutt niedergeschossen hatte, setzte er sich eilig nach Norden ins Indianerland ab, um einer möglichen Verfolgung durch die Behörden zu entgehen.

Er hatte Freunde bei der Armee und erhielt sofort einen Job als Scout im Sioux-Gebiet. Hier spürte ihn im Frühjahr 1867 George Ward Nichols, ein Berichterstatter der Illustrierten »Harpers New Monthly Magazine« auf, dem Hickok von seinen Heldentaten erzählte. Der Journalist war fasziniert. In dem groß aufgemachten Artikel »Wild Bill«, stilisierte er den eitlen Killer zum »größten Helden, der jemals über die westliche Prärie geritten ist« hoch. Hickoks nationaler Ruhm war nicht mehr aufzuhalten.

*

Im Dezember 1867 kehrte Hickok nach Kansas zurück. Der Illustriertenbericht hatte bereits seine Wirkung getan. Hickok wurde im gleichen Monat als US-Deputy-Marshal von Kansas vereidigt. Seine alten Sünden waren vergessen.

Am 30. März 1868 gelang ihm ein bemerkenswerter Erfolg. Er stellte allein elf desertierte Soldaten, die im Farmland am Solomon River als Pferdediebe ihr Unwesen trieben. Hickok setzte sie gefangen und transportierte sie ins Gefängnis nach Topeka.

Seine neuen Aufgaben schienen ihm Freude zu bereiten, zumal er zu glauben schien, als Amtsträger die gesetzliche Legitimation zu besitzen, hemmungslos um sich zu schießen. Nachdem er zwei Männer getötet hatte, mußte er feststellen, daß er sich geirrt hatte. Der Stern wurde ihm abgenommen, und er verschwand schleunigst nach Colorado, um Gras über die Sache wachsen zu lassen.

Ende des Jahres kehrte er bereits wieder zurück und schrieb sich als Scout bei der Armee ein. Aber er hatte nicht vergessen, welche Annehmlichkeiten ein Vertreter der staatlichen Ordnung hatte. Nachdem er einmal den Stern getragen hatte, übte das Abzeichen der Gesetzeshüter einen geradezu magischen Reiz auf ihn aus. Im August 1869 bekam er endlich die Chance, auf die er so lange gewartet hattte. Er kandidierte für das verwaiste Amt des Sheriffs im Ellis County, Kansas.

Hickok gewann die Wahl. Sein Name war zugkräftig, trotz aller Affären, die sich mittlerweile um ihn rankten. Kaum trug er den Stern, schlug er seine Zelte in Hays City auf, der Hauptstadt des Bezirks, und begann sofort, die örtliche Presse mit Stoff

zu versorgen. Die Zeitung »TIMES AND CONSERVATIVES« schrieb:
»James Butler Hickok (Wild Bill) erschoß am 24. August John Mulrey. Hickok ist erst vor wenigen Tagen zum County-Sheriff gewählt worden.«
Der Grund für diese Schießerei blieb im Dunkeln. Es fragte auch niemand. Das hatte man sich bei von Hickok bestrittenen Feuergefechten längst abgewöhnt. Hickok fand immer einen Grund, seine Revolver zu ziehen und abzudrücken, notfalls machte er sich einen.
Die Bürger von Hays City begannen sich an die pittoreske Erscheinung ihres neuen Polizeichefs zu gewöhnen. Sie gewöhnten sich mit der Zeit auch daran, daß er eine recht laxe Auffassung von seinen Verpflichtungen hatte. Er hielt sich meistens in »Tommy-Drum's-Saloon« auf und verbrachte seine Zeit mit Kartenspielen. Die lästige Büroarbeit und die Kontrollgänge in der Stadt überließ er seinem Deputy Peter Lanihan.
Am 27. September 1869 zog eine Horde Betrunkener durch Hays City, zettelte Prügeleien an, randalierte und belästigte Passanten. Sheriff Hickok stellte sich den Rowdies in den Weg, die von dem stadtbekannten Raufbold Sam Strawhim angeführt wurden.
Strawhim beging den Fehler, zur Waffe zu greifen. Hickok war schneller, und einen Sekundenbruchteil später lag Strawhim mit durchschossener Brust am Boden.
Der angetrunkene Strawhim hatte keine Chance gehabt. Er hätte Hickok nicht im geringsten gefährlich werden können. Die Reaktion des wilden Bill war wieder einmal völlig überzogen gewesen. Erste Proteste regten sich in der Bürgerschaft. Aber die Gemüter beruhigten sich wieder, als der Sheriff zu seiner üblichen Beschäftigung, dem Trinken und dem Kartenspielen, zurückkehrte.
Die folgenden Monate verstrichen ohne sensationelle Vorfälle. Hickok gab sich keine Mühe, seinem Namen gerecht zu werden. Solange niemand seine Kreise störte, war in Hays City alles erlaubt.
Aus dem nahen Camp Sturgis ritten Abend für Abend Soldaten in die Stadt, die ihren Sold vertranken. Abend für Abend gab es Schlägereien. Hickok kümmerte sich nicht darum. Mit solchen Kleinigkeiten gab er sich nicht ab. Er wollte sich seine guten

Beziehungen zur Armee, die ihm immer dann Brot und Arbeit gegeben hatte, wenn er wegen irgend einer Affäre hatte untertauchen müssen, nicht verderben. Darum ließ er die Soldaten gewähren, die ihm schon bald auf der Nase herumtanzten.
Am 18. Juli 1870 hatte er wie üblich den ganzen Tag in »Tommy-Drum's-Saloon« gesessen, getrunken und gespielt. Am Abend hielten sich mehrere Soldaten im Schankraum auf. Hickok lud sie ein, mit ihm zu pokern.
Man trank zusammen. Es blieb nicht bei einer Flasche. Hickok hatte eine Glückssträhne. Er gewann ein Spiel nach dem anderen. Schließlich wurden die Soldaten mißtrauisch und beschuldigten den Sheriff, falsch zu spielen.
Ein Wort gab das andere. Ein heftiger Streit brach unter den Männern aus, die allesamt nicht mehr nüchtern waren. Fünf Soldaten stürzten sich schließlich auf Hickok, prügelten ihn zu Boden, zerrten ihn auf den überdachten Vorbau des Saloons hinaus und traktierten ihn mit Fußtritten.
Am Boden liegend gelang es Hickok, seine Revolver zu ziehen. Er schoß ohne zu zögern. Tödlich getroffen sanken zwei Soldaten auf die ausgetretenen Bretterbohlen vor dem Saloon. Die drei anderen ergriffen die Flucht.
Die Situation war eindeutig, und die Zeitung »Kansas Daily Commonwealth« bestätigte Hickok in ihrer Ausgabe vom 22. Juli 1870, daß er in »Selbstverteidigung« gehandelt habe. Trotzdem hatten die Bürger von Hays City nach diesem Vorfall endgültig genug von ihrem schießwütigen Sheriff. Als sich ein Bürgerkomitee bildete, das bewaffnet gegen ihn vorgehen wollte, verließ der wilde Bill eilig die Stadt und kehrte nicht mehr zurück.
In den nächsten Monaten vagabundierte er kreuz und quer durch Kansas, verdiente sich seinen Lebensunterhalt an Spieltischen und lebte ansonsten vom Glanz seines Namens, der durch die vielen Skandale, die seinen Weg säumten, nicht im geringsten gelitten hatte. Trotzdem war auch Hickok überrascht, als er im Frühjahr des Jahres 1871 die Berufung zum Marshal von Abilene erhielt. Als Nachfolger des ermordeten Tom Smith sollte er nun in der, dem Pulverrauch dank Smith entwöhnten Stadt, mit seinen Revolvern Ruhe und Ordnung schaffen.
Hickok reiste nach Abilene. Aus den hinter ihm liegenden Erfahrungen hatte er nichts gelernt. Am 8. Mai 1871 trat er sein Amt

an. Nach einem Rundgang durch die Stadt führte ihn sein erster Weg als frischgebackener Polizeichef in den exklusiven »Alamo-Saloon«, einen Edelpuff, in dem er ein weites Betätigungsfeld fand. Hier mietete er sich ein Zimmer, hier war er häufiger zu finden als in seinem Büro. Wie bisher war sein Leben von drei Faktoren bestimmt: Alkohol, Spielkarten und Frauen. Vor allem Frauen.

Aus seiner Zeit in Abilene gibt es die meisten stichhaltigen Beweise über die wahren Qualitäten des gefürchteten Revolvermarshals.

Er hatte viele Freundinnen. Favoritin in seinem Herzen und seinem Bett war die Tänzerin Jessie Hazel. Er hütete sie wie seinen Augapfel und widmete ihr erheblich mehr Aufmerksamkeit als seinen Amtspflichten. Bald aber reichte ihm ihre Gesellschaft nicht mehr.

»Als später im Sommer Jessie ein Engagement als Stripteasetänzerin in »Billy-Mitchell's-Novelty-Theater« annahm und weniger Zeit für ihn hatte, legte Hickok sich zwei weitere Frauen zu, was für sein kleines Hotelzimmer ein Problem gewesen sein dürfte. Bei diesen beiden Frauen handelte es sich um Susannah Moore, eine alte Flamme von ihm aus seinen Tagen in Springfield, und Nan Ross, eine örtliche Prostituierte.«

Dale T. Schoenberger in THE GUNFIGHTERS, 1971

Inzwischen waren die ersten Rinderherden aus Texas eingetroffen. Die Cowboymannschaften ergriffen von Abilene Besitz.

Die krummbeinigen, lederhäutigen Weidereiter aus dem Süden waren dem eingefleischten Yankee Hickok herzlich zuwider. Er sah in ihnen immer noch, obwohl der Bürgerkrieg seit sechs Jahren vorbei war, feindliche Rebellen.

Die Cowboys kannten seine Einstellung. Auch ihre Sympathie für Hickok hielt sich in Grenzen. Aber sie hatten Respekt vor ihm, und vor seinen schnellen Colts. So hatte er kaum Schwierigkeiten mit den Texanern, die es widerspruchslos akzeptierten, daß er das Verbot des Waffentragens innerhalb der Stadtgrenzen, das Tom Smith einst eingeführt hatte, aufrecht erhielt.

Hickok konnte sich ungehemmt weiter den Anfechtungen des Fleisches hingeben, im Vertrauen darauf, daß die Tatsache seiner

Anwesenheit als ordnungsbildender Faktor genügte.
Mehr und mehr Treibherden aus dem Süden trafen derweil in Abilene ein. Die Verladegatter am Stadtrand längs der Bahngleise füllten sich mit knochigen, langhornigen Texas-Rindern. Es wurde Juni, und mit den vielen Treibmannschaften, die die Saloons, Bordelle und Spielhallen in Abilene bevölkerten, erreichte ein blutjunger Trailboß die Stadt, dessen Namen in jenen Tagen fast jedermann im Westen kannte, John Wesley Hardin.

*

»Es gibt keine romantische Wes-Hardin-Legende. Der vermutlich geisteskranke Killer, der zeit seines Lebens gejagt wurde, war selbst in Texas nie übermäßig beliebt...
Der Fall Hardin bleibt freilich interessant, weil er eindringlich die desillusionierende Wirklichkeit jener wilden Jahre im Westen widerspiegelt.«
H. C. Blumenfeld in WANTED, 1970

»Bevor ihm – Hardin – die ersten Bartstoppeln wuchsen, hatte er bereits zwölf Kerben in den Griff seines Revolvers geschnitzt.«
J. D. Horan und P. Sann in PICTORIAL HISTORY OF THE WILD WEST, 1954

Der Deputy-Marshal Mike Williams betrat den »Alamo-Saloon« gegen Mittag. Die schwüle Luft des Kansas-Sommers lag drückend auf der Stadt. Reiter lenkten ihre Pferde durch die Mainstreet, und der zähe Staub, der sich unter den Hufen der Tiere erhob, blieb lange wie ein feiner, flimmernder Film in der Luft hängen. Von der Bahnstation her klang das dumpfe Brüllen der Rinder.
Williams nahm den Hut ab und ließ die Tür hinter sich zufallen. Während er sich den Schweiß von der Stirn wischte, schaute er sich in dem großen Schankraum um. Als er den Mann mit den langen, gewellten Haaren im beigefarbenen Maßanzug an einem der Spieltische entdeckte, setzte er sich leise fluchend in Bewegung und blieb neben dem Tisch stehen.
»Marshal.«
Hickok schaute von den Karten auf. Er war allein und spielte mit sich selbst.

»Da ist ein Mann in die Stadt gekommen, Sir«, sagte Williams. »John Wesley Hardin.«
»Und?« Hickok lehnte sich zurück.
»Er wird steckbrieflich gesucht.« Williams warf seinen staubigen Hut auf den Tisch und zog sich einen Stuhl heran.
»Aber doch nur in Texas, soweit ich weiß.«
»Schon, Sir, aber er will seine Waffen nicht abgeben.« Williams zog ein schmutziges Taschentuch aus der Hose und tupfte sich damit über die Stirn. »Verdammte Hitze.«
»Haben Sie ihn auf das Verbot des Waffentragens in der Stadt hingewiesen?«
»Zum Teufel, ja. Er weigert sich einfach.«
»Mann Gottes, Williams.« Hickoks Blick wurde verächtlich. »Ich kenne den Steckbrief. Hardin ist doch fast noch ein Kind.«
»Vielleicht«, sagte Williams. »Er hat vor vierzehn Tagen sechs mexikanische Viehtreiber abgeknallt, ganz allein. Mag sein, daß er noch ein Kind ist, aber ich habe keine Lust, mich von ihm erschießen zu lassen.«
Hickok erhob sich, sichtlich wütend. »In fünf Minuten bin ich wieder da, mit Hardins Revolver.«
Williams schaute ihm schweigend nach und winkte einem weißbeschürzten Keeper hinter der langen, messingbeschlagenen Theke. »Ein Bier«, rief er. »Gottverfluchte Hitze.«
Hickok fand Hardin in der Spielhalle des »Gulf-House-Hotel«. Inmitten einiger Cowboys saß der Trailboß am Tisch und mischte die Karten. Er war ein bulliger, breitschultriger junger Mann mit glatt zurückgekämmten schwarzen Haaren und einem blassen Gesicht.
Hickok ging auf ihn zu.
»Hardin.«
Der junge Mann legte die Karten weg. »Ja?« Er warf einen Blick auf den sechszackigen Marshal-Stern an Hickoks Jacke.
»Sie tragen Ihre Waffen?«
»Ja.«
»Innerhalb der Stadtgrenzen ist das verboten. Waffen sind in meinem Office oder bei den Besitzern der Saloons abzugeben. Hat mein Deputy Sie nicht darauf hingewiesen?«
»Das hat er.«
Es war still im Raum geworden. Alle Blicke hatten sich auf

Hickok und Hardin gerichtet. Hickok genoß es. Das war die Kulisse, die er brauchte.
»Geben Sie Ihren Revolver her, junger Mann. Sie werden eine Nacht im Gefängnis verbringen. Sie sind verhaftet.«
Hardins glattem Gesicht war nicht anzusehen, was er dachte. Er sagte: »In Ordnung, Marshal.«
Er richtete sich auf. An den Beinen trug er abgewetzte, breite Lederchaps. Um die Hüften spannte sich ein breiter Patronengurt. Rechts in einem Halfter steckte ein kurzläufiger Navy-Colt.
Hickok senkte seine schlanken Hände auf die Griffe seiner Revolver. Hardin lächelte. Er umfaßte seine Waffe an der Trommel, als er sie aus dem Halfter zog. Er reichte sie Hickok mit dem Griff voran. Der Revolvermarshal sah nicht, daß der gekrümmte Zeigefinger des jungen Mannes im Abzugbügel steckte. Als er die Rechte ausstreckte, um den Revolver zu greifen, wirbelte die Waffe plötzlich in der Faust Hardins herum. Die schwarze Revolvermündung starrte Hickok drohend an. Der Marshal wurde blaß bis unter die Haarwurzeln.
»Ich denke, ich werde meinen Revolver behalten, Sir«, sagte Hardin ruhig. »Er ist mir lieb und teuer. Ich verzichte nie auf ihn.«
Hickok atmete schwer. Wortlos drehte er sich auf dem Absatz um und ging hinaus. Er war geschlagen.
Hardin schob seinen Revolver in das Holster zurück. Als sei nichts geschehen, setzte er sich wieder hin und nahm das Kartenspiel auf, das er gemischt hatte.
»Es kommt immer nur darauf an, wer die besseren Nerven hat«, sagte er, während er die Karten verteilte. »Beim Pokern.« Er lächelte dünn.

*

Darüber, wie John Wesley Hardin, jener junge Mann, der dem gefürchteten Revolvermarshal Wild Bill Hickok in Abilene seine erste Niederlage beibrachte, charakterisiert werden soll, gehen noch heute, achtzig Jahre nach seinem Tod, die Meinungen der Historiker auseinander. Während die einen in ihm den Prototyp des texanischen Revolvermannes sehen, zeichnen andere ihn als paranoiden Killer mit krankhafter Freude am Töten.

Berüchtigt war er schon im Jahre 1871, als er in Abilene seinen großen Auftritt hatte. Er war nach dem verlorenen Bürgerkrieg im Süden zu einem Symbol des Widerstandes gegen die siegreichen Nordstaaten und die Besatzungsbehörden gemacht worden. Ein hoher Anspruch, dem er im Verlauf seines Lebens nicht im geringsten gerecht wurde, sofern man nicht mit willkürlicher Geschichtsklitterung seinem blutigen Treiben ideologische Motive unterschieben will. Hardin war kein Überzeugungstäter. Er war ein gejagter Verbrecher, der, wenn er gestellt wurde, hemmungslos um sich schoß. Einen tieferen Sinn haben seine Morde nie gehabt.

Im Jahre 1853 wurde John Wesley Hardin als Sohn eines Methodistenpriesters in Texas geboren. Er wuchs in die wilde Zeit nach dem Bürgerkrieg hinein, in der der Süden zerrissen, geschlagen und wirtschaftlich am Ende am Boden lag. Die Besatzungssoldaten aus dem Norden überzogen die Südstaaten mit Willkür und Terror.

1866 tötete Hardin im Alter von dreizehn Jahren einen farbigen Soldaten in Notwehr. Von diesem Moment an begann sein ruheloser Weg. Vor jedem normalen Gericht wäre er freigesprochen worden. In Texas aber herrschte Besatzungsrecht. Der Junge ging auf die Flucht und tötete noch im gleichen Jahr drei Soldaten, die ihn verfolgten. Erste Steckbriefe wurden gedruckt.

1869 erschoß er einen Deputy-Marshal und einen Falschspieler namens Jim Bradley. Er floh weiter. Sein Name ging durch die Zeitungen.

John Wesley Hardin, der Halbwüchsige, der mit dem Revolver umging wie ein professioneller Revolvermann, wurde vom ganzen Polizeiapparat des Staates Texas gejagt.

Im Jahre 1870 tötete er wiederum drei Männer und wurde in Longview als Mörder verhaftet. Auf dem Transport in die Bezirkshauptstadt Waco, wo er vor Gericht gestellt werden sollte, nahm er dem Deputy-Sheriff, der ihn bewachte, den Revolver ab, erschoß den Beamten und floh.

In Belton wurde er abermals verhaftet und unter verschärfte Bewachung gestellt. Trotzdem gelang ihm der Ausbruch. Drei Soldaten, die sich ihm in den Weg stellten, bezahlten den Versuch, ihn aufzuhalten, mit dem Leben.

Hardin war nun siebzehn Jahre alt. Eine Spur von Blut und Tod hinter sich zurücklassend strich er durch das Land. Ab und zu arbeitete er als Cowboy. Lange dauerten diese Gastspiele im bürgerlichen Leben jedoch nicht. Immer wieder mußte er überstürzt alles stehen und liegen lassen und fliehen.

Als ihm 1871 ein entfernter Verwandter den Posten eines Trailbosses anbot, griff Hardin zu. Die neue Arbeit gab ihm die Gelegenheit, Texas zu verlassen und für kurze Zeit der ständigen Verfolgung durch das Gesetz zu entgehen. Hier zeigte sich jedoch, daß er nicht aus bitterer Notwendigkeit tötete, um sich den Vertretern eines ihm ungerecht und willkürlich erscheinenden Gesetzes zu entziehen. Auch außerhalb des Wirkungskreises seiner Häscher schoß er beim geringsten Anlaß brutal um sich. Ohne Skrupel, ohne Gefühl ging er über Leichen.

Kaum hatte er mit seiner Treibmannschaft die Grenze nach Kansas überschritten, bekam er Streit mit einigen mexikanischen Cowboys. Hardin erschoß ohne mit der Wimper zu zucken sechs Männer, bevor er seine Herde weitertrieb.

In Abilene widersetzte er sich als einziger erfolgreich dem Verbot des Waffentragens innerhalb der Stadtgrenzen. Fast einen Monat blieb er in der Stadt der Cowboys. Dann erschoß er am 6. Juli einen Mann namens Charles Couger am Spieltisch und brach seine Zelte in Abilene ab. Am Vortage war ein Freund von ihm, der Trailboß William M. Cohron, von einem Mexikaner ermordet worden. Hardin nahm die Verfolgung des Täters auf und stellte ihn am 7. Juli in Bluff Creek, einem Nest abseits der großen Treibherdenwege.

Es war ein Mann names Juan Bideno, und er trank die letzte Tasse Kaffee seines Lebens, als Hardin den Saloon betrat, in dem Bideno gerade sein Frühstück einnahm. Sekunden später war er tot.

*

Hardin kehrte 1872 nach Texas zurück. Sofort setzten sich wieder Vertreter des Gesetzes auf seine Fährte. Hardin erschoß im Frühjahr zwei farbige Polizeibeamte, die ihn aufgespürt hatten.

Im Sommer fand er Zeit, Jane Bowen, die Tochter eines Freundes der Familie Hardin, zu heiraten. Erstaunlich, aber nicht ungewöhnlich. Gerade Männer seines Schlages versuchten häufig, trotz ihres gehetzten, unsicheren Lebens, eine Familie zu gründen, in der sie einen gewissen Rückhalt fanden.

Im Juni 1872 geriet er in eine Schießerei mit einem Mann in Trinity City, Phil Sublet, der seinen Revolver etwas schneller zog als Hardin. Hardin erhielt zwei Kugeln in den Bauch, und es war fast ein Wunder, daß er überlebte.

Die Tatsache, daß der gefährliche John Wesley Hardin sich wie ein waidwund geschossenes Tier verkrochen hatte, machte in Texas rasch die Runde. Jeder Ranger, jeder Marshal, jeder Sheriff machte, mit Hardins Steckbrief in der Tasche, Jagd auf den Killer.

Derweil erholte Hardin sich, gepflegt und versteckt von Verwandten. Als er sich zum erstenmal wieder aus seinem Versteck wagte, wurde er gestellt. Von einem Aufgebot am 27. August 1872 in die Enge getrieben, kämpfte Hardin wie ein wildes Tier. Er erschoß einen Beamten und konnte, wieder schwer verwundet, fliehen. Nur wenige Tage später fing Sheriff Dick Reagen den halbtoten Revolvermann im Cherokee Country ein und brachte ihn in das Gefängnis von Gonzales.

Hardin wurde gesundgepflegt. Ein Prozeß wegen Mordes wurde gegen ihn anberaumt. Wenige Tage vor dem Gerichtstermin schmuggelte ein Freund ihm eine Waffe in die Zelle. Hardin schaffte den Ausbruch und war wieder auf der Flucht.

1873 tauchte er als bezahlter Revolvermann in einem Weidekrieg im DeWitt County, Texas, auf. Danach verschwand er für einige Monate aus dem Blickfeld der Öffentlichkeit.

Im Mai 1874 nahm der in Texas sehr bekannte Deputy-Sheriff Charlie Webb Hardins Spur wieder auf und spürte ihn in Comanche City auf, Hardin erschoß den Beamten im Revolverduell und floh. Auf seinen Kopf wurde eine Prämie von 4.000 Dollar ausgesetzt

Weitere drei Jahre gelang es ihm, seinen Häschern zu entgehen, obwohl die Jagd auf ihn mehr und mehr intensiviert wurde. Dann wurde er am 23. August 1877 in Pensacola, Florida, von dem Texas-Ranger John Armstrong festgenommen. Bereits im September stand er vor Gericht. Diesmal half ihm niemand mehr.

Trotzdem hatte er Glück. Er wurde zu fünfundzwanzig Jahren Zuchthaus verurteilt. Der Galgen blieb ihm erspart.

Während der Haft in Huntsville ging eine Wandlung mit Hardin vor. Er reifte, wurde ruhiger und begann in seiner Zelle Jura zu studieren. Mit Ernst bereitete er sich auf ein ordentliches Leben nach der Gefängnisstrafe vor.

1894 wurde er begnadigt, ließ sich als Rechtsanwalt in El Paso nieder und schrieb seine Memoiren.
Am 19. August 1895 stürmte der angetrunkene Hilfspolizist John Selman in den »Acme-Saloon«, in dem Hardin mit Freunden an der Theke stand. Aus Zorn darüber, daß der Anwalt gegen ihn eine Dienstaufsichtsbeschwerde eingereicht hatte, schoß er dem ehemaligen Revolvermann eine Kugel in den Hinterkopf. John Wesley Hardin war sofort tot.

*

Hickoks Niederlage gegen Hardin sprach sich in Abilene herum. Seine Stellung war angeschlagen, und das war nicht das einzige, was ihm Sorgen bereitete.
Seine Freundin Jessie Hazel hatte keine Lust mehr, dritte Nebenfrau im Harem des Revolvermarshals zu spielen. Sie ließ Hickok sitzen, als der texanische Saloonbesitzer Phil Coe sie zu umwerben begann. Sie wurde Coes Geliebte, was für den eitlen Hickok eine schwerere Niederlage bedeutete, als sein Versagen gegen Hardin. Verschlimmert wurde die Sache noch, als Hickok jähzornig in Coes Saloon eindrang und seine Ex-Geliebte vor aller Augen mit Ohrfeigen traktierte.
Phil Coe, ein fast zwei Meter großer Herkules, der als Schläger bekannt war, verjagte den Marshal mit Fausthieben aus seinem Etablissement.
Die Folgen waren verheerend. Hickok hatte sein letztes Ansehen verspielt. Kritik, die von vornherein an seiner Berufung zum Town-Marshal bestanden hatte, wurde nun laut geäußert. Eine Oppositon formierte sich. Hickok versuchte zu retten, was zu retten war. Er begann endlich, sich um seine Arbeit zu kümmern, aber darunter verstand er nur Willkür und Gewalt. Damit war die Ordnung in einer Stadt wie Abilene nicht aufrecht zu erhalten. Das hatte Tom Smith bewiesen. Die Amtspflichten wuchsen Hickok über den Kopf.

»Wir wollen nicht anmaßend sein, und es ist uns weiß Gott kein Vergnügen, ein Wort der Kritik gegen einen eingeschworenen Vertreter des Gesetzes zu schreiben. Aber wenn ein Beamter selbst das

Recht verletzt und permanent brutale Gewalt ausübt, ist es die Pflicht der Presse, aufzustehen und für das Gesetz und das Recht der Bürger einzutreten.«

»THE ABILENE CHRONICLE«, 14. September 1871

»Stuart O. Henry, der jüngere Bruder des ehemaligen Bürgermeisters T. C. Henry, schrieb Jahre später, daß Abilene in der Rechtlosigkeit zu versinken drohte, weil Hickok, statt seine Pflicht zu tun, im Alamo-Saloon saß und Karten spielte. Der Stadtrat J. B. Edwards nannte Hickok einen armseligen Ersatz für Tom Smith, und der Zeitungsherausgeber Wilson beklagte bitter, daß Hickok und die für seine Einstellung verantwortliche Stadtverwaltung hilflos mitansahen, wie Abilene von Spielern, Betrügern, Huren und Zuhältern überrollt wurde.«

Dale T. Schoenberger in THE GUNFIGHTERS, 1971

Der private Skandal, den Hickok mit seinen Frauenaffären verursacht hatte, erhielt dadurch einen amtlichen Hintergrund, daß die Stadtverwaltung ausgerechnet mit Phil Coe schon seit längerem im Streit lag und den Marshal zur Unterstützung heranzog.

Der »Bull's-Head-Saloon« Coes war an der Frontfassade mit dem Bild eines knallroten Stiers geschmückt, der sich in der vollen Entfaltung seiner Männlichkeitssymbole zeigte. Seit Wochen bereits lief der puritanische Frauenverein Abilenes, der auch an der Moral des Marshals eine Menge auszusetzen hatte, gegen die obszöne Pracht direkt an der Hauptstraße Sturm. Coe aber weigerte sich beharrlich, die anstößigen Stellen des Bildes übermalen zu lassen, wie die Verwaltung es forderte.

Hickok hatte seit seinem Amtsantritt im Umgang mit dem »Bull's-Head-Saloon« eine große Zurückhaltung an den Tag gelegt. Das hatte gute Gründe. Phil Coe war zwar formal der Besitzer des Lokals, denn er besaß eine Ausschanklizenz für Abilene. Kapitalgeber aber war ein anderer Texaner, mit dem Hickok lieber in Frieden leben wollte. Es handelte sich um den Revolvermann Ben Thompson, den viele seiner Zeitgenossen für den schnellsten Schützen des Westens hielten. Hickok hatte nicht den Ehrgeiz, das auszuprobieren. Darum machte er immer, wenn Thompson in der Stadt weilte, einen großen Bogen um den »Bull's-Head-Saloon«. Daran änderten auch die energischen Aufforderungen des

Stadtrats an ihn, endlich etwas gegen die »Kulturschande« an der Saloonfassade zu unternehmen, nichts.
Seine Einstellung änderte sich jäh, als seine gekränkte Eitelkeit mit ins Spiel kam. Zudem war Ben Thompson gerade in Texas, und Texas war weit.
Nach der unrühmlichen Prügelei zwischen Hickok und Coe, engagierte der Marshal kurzentschlossen zwei Anstreicher, mit denen er am nächsten Tag vor dem »Bull's-Head-Saloon« aufkreuzte, als das Lokal noch geschlossen war, und das Bild des Stiers mit einer neutralen Farbe übermalen ließ.
Von diesem Tag an herrschte Todfeinschaft zwischen dem Texaner und dem Yankee. Hickok pflegte solche Streitigkeiten dadurch beizulegen, daß er seine Gegner vom Leben zum Tode beförderte. Dazu schien er auch diesmal entschlossen zu sein. Die Abwesenheit des gefährlichen Thompson war förderlich für seinen Mut.
Die Polarisierung des Streits aber hatte weitere, tiefergehende Folgen. Coe war Texaner, und Abilene lebte von Texanern. Die Wunden, die der Bürgerkrieg gerissen hatte, waren noch lange nicht vernarbt, und mit seinen Aktionen gegen Coe brachte Hickok nach und nach sämtliche Cowboys und Rancher, die ihre Rinderherden in Abilene verkauften und verluden, gegen sich auf.
Hickok scherte das wenig. Nachdem seine persönlichen Rachegelüste einmal angestachelt waren, wartete er nur auf den Tag, an dem er endgültig mit dem Rivalen abrechnen konnte.
Es kam der 5. Oktober 1871. Hickok und sein Deputy Mike Williams wurden von lautem Geschrei aus ihrem Büro auf die Straße gelockt.
Vor dem »Alamo-Saloon« hatte sich eine Gruppe angetrunkener Cowboys zusammengeschart. Sie rempelten Bürger an, zwangen sie, ihnen Whisky zu kaufen, und belästigten Frauen. Eine Schlägerei drohte, als Phil Coe vom »Bull's-Head-Saloon« aus die Straße überquerte und sich unter die Cowboys mischte, die größtenteils seine Freunde waren. Er versuchte, die Rowdies zu beruhigen. Um sich Gehör zu verschaffen, zog er einen Revolver und feuerte mehrere Schüsse in die Luft ab.
In diesem Augenblick erreichte Hickok die Randalierer. Er sah Coe mit dem Revolver in der Hand, und er sah rot.
»Haben Sie geschossen?« schrie er. Ohne eine Antwort abzuwar-

ten, riß er seine Revolver aus den Halftern und feuerte auf den baumlangen Texaner.
Hickok verbreitete später die Version, Coe habe auf ihn geschossen, als er die Straße heruntergekommen sei. Die Zeitungen Abilenes, deren Berichterstatter Zeuge des Vorfalls waren, stellten die Sache jedoch ganz anders dar, und man kann davon ausgehen, daß sie die Wahrheit schrieben.
Hickoks Schnellschüsse trafen Coe nicht. Der aber begriff sofort, was der Killermarshal beabsichtigte. Er erwiderte sofort das Feuer. Hickok warf sich zur Seite. Coes Kugel zupfte nur an seinem Jackett und traf statt dessen den Deputy Mike Williams in den Leib. Hickok feuerte wieder, während sein Gehilfe im Straßenstaub verblutete. Von mehreren Geschossen getroffen sank auch Phil Coe zu Boden.
Wenige Tage später war er tot.
Wild Bill Hickok hatte seine Rache. Abilene mußte die Rechnung dafür bezahlen.
Am gleichen Tag, als Phil Coe verschied, starb auch Abilene als Rindermarkt. Die Texaner, die sich von den Yankee-Geschäftsleuten Abilenes und deren Vertreter, James Butler Hickok, eine Menge hatten gefallen lassen müssen, setzten ihre wirtschaftliche Macht gegen die Stadt ein. Sie waren längst nicht mehr, wie in den ersten zwei Jahren nach dem Bürgerkrieg, von Abilene als Marktzentrale für ihr Vieh abhängig. Die Intoleranz von Abilenes Bürgern hatte schon seit langem Unruhe unter den Südstaatlern erzeugt. Die willkürliche Ermordung ihres Landsmannes Phil Coe durch den Yankee Hickok brachte das Faß zum Überlaufen. Nach Coes Beerdigung verließen sämtliche Cowboys und Rancher die Stadt. Von Stund an gab es keine Viehgeschäfte mehr in Abilene. Die Texas-Herden wurden umgeleitet und nach Ellsworth, Newton, Caldwell und Dodge City getrieben, in Städte, die inzwischen auch Anschluß an die Eisenbahnlinie hatten.
Hickok hatte mit einem einzigen Revolverschuß die wirtschaftliche Existenz einer ganzen Stadt vernichtet. Abilene sank von der unbestrittenen Metropole des Viehgeschäfts wieder zum öden Präriekaff ab, und das ist es im Grunde bis auf den heutigen Tag geblieben, auch wenn Jahre später durch die Ansiedlung zahlreicher Farmer in der Umgebung der Stadt wieder ein kleiner Aufschwung erfolgte.

Der Schock über die Folgen von Coes Tod traf die Geschäftsleute und Bürger tief. Auch Hickok wurde nervös. Aus Texas wurden ihm Informationen überbracht, daß Freunde von Coe für 11.000 Dollar einen Berufskiller anheuern wollten, um ihn zu ermorden. Als schließlich noch die Nachricht kam, daß Ben Thompson geschworen habe, er werde nicht eher ruhen, bis der Mörder seines Freundes Coe unter der Erde läge, war es für Hickok fast eine Erlösung, als er am 13. Dezember von der Stadtverwaltung aus Amt und Würden gejagt wurde.

»Wir beschließen, daß J. B. Hickok von seiner Position als City-Marshal sofort entbunden wird. Die Stadt benötigt seine Dienste nicht länger.«

Offizieller Beschluß des Stadtrats von Abilene am 13. Dezember 1871.

Abilene war der Gipfelpunkt in Wild Bill Hickoks Leben. Sein spektakuläres Scheitern als Marshal überwand er nicht mehr. Fünf unruhige Jahre folgten, in denen er mehr und mehr herunterkam. Seit Abilene war Hickok ein Mann, dem der Tod nachlief.

*

»Wild Bill oder Bill Hickok ist nicht mehr, als ein versoffener, rücksichtsloser, mörderischer Lump, der brave Pioniere schändlich behandelt hat. Er hätte schon vor Jahren aufgehenkt werden sollen, weil er harmlose Männer erschossen hat.
Aus geringsten Anlässen schoß er sogar Kameraden in den Rücken, während er 1859 über die Ebenen von Kansas ritt. Diese Tatsache hat der Korrespondent von »Harper's Monthly«, der vor einigen Jahren einen Bericht über ihn schrieb, wohlweislich nicht erwähnt. Es stimmt, daß er in den Diensten der US-Regierung gute Arbeit geleistet hat, aber diese Tatsache wird von seinen beschämenden Lumpereien mittlerweile völlig überdeckt. Wir haben genug gute Männer, deren Namen nie glorifiziert worden sind, die aber echte Pioniere sind und nicht so ehrlos und verlogen wie dieser sogenannte Held »Wild Bill«.

»KANSAS DAILY COMMONWEALTH«, 11. Mai 1873

Im Januar 1872 ließ Hickok sich in Boston, wo man ihn noch als

1876 wurde in den Black Hills von Süd-Dakota Gold gefunden. Kistenbretterstädte schossen aus dem Boden. Die berühmteste von allen war Deadwood. Hier wurde Wild Bill Hickok erschossen.

John Wesley Hardin: Über vierzig Menschen starben durch seine Hand.

Die Begnadigungsurkunde John Wesley Hardins. 1877 zu fünfundzwanzig Jahren Zuchthaus verurteilt, wurde der Killer bereits 1894 wieder freigelassen. (Courtesy Archives Division, Texas State Library).

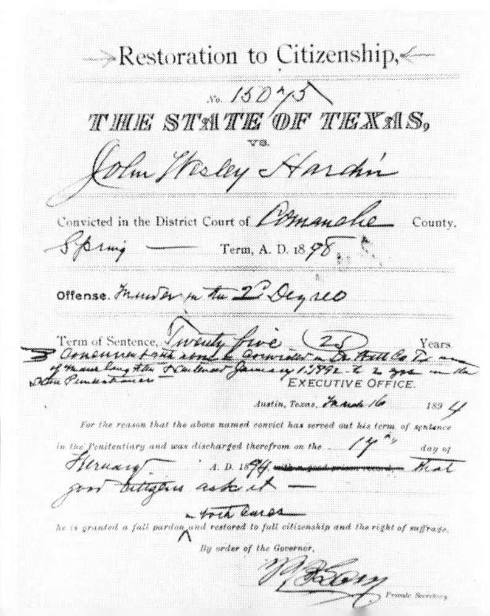

Restoration to Citizenship,

THE STATE OF TEXAS,

vs.

John Wesley Hardin

Convicted in the District Court of Comanche County,

Spring Term, A. D. 1898

Offense. Murder in the 2d Degree

Term of Sentence, Twenty five (25) Years

EXECUTIVE OFFICE.

Austin, Texas, March 16 1894

For the reason that the above named convict has served out his term of sentence in the Penitentiary and was discharged therefrom on the 17th day of February A. D. 1894 that good citizens ask it —

he is granted a full pardon and restored to full citizenship and the right of suffrage.

By order of the Governor,

Private Secretary.

In den Stiefeln gestorben: John Wesley Hardin im Tode.

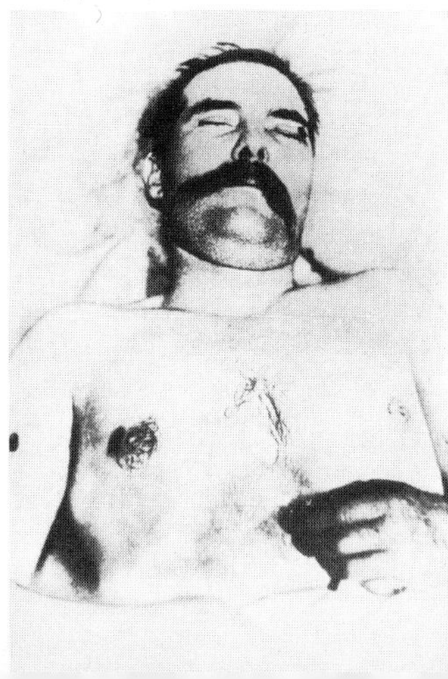

Chauncey Belden Whitney, ein schwacher Sheriff und gescheiterter Abenteurer.

Die Hauptstraße (Mainstreet) von Ellsworth, 1873. An dieser Stelle wurde Sheriff Whitney ermordet.

Held bewunderte, vom russischen Großfürsten als Führer für eine Großwildjagd durch den amerikanischen Westen engagieren, ein letzter Glanzpunkt in seiner Karriere.
Mitte des Jahres tauchte er in dem kleinen Minenstädtchen Georgetown in Colorado auf und verdiente sich seinen Lebensunterhalt am Spieltisch. Nach und nach wurde er zu seinem eigenen Denkmal. Er war sogar bereit, sich öffentlich ausstellen und für Geld herumzeigen zu lassen. Im August und September 1872 reiste er mit »Sidney-Barnett's-Wild-West-Show« herum. Nachdem er einen Zuschauer, der ihn verspottet hatte, erschossen hatte, zog er weiter.
Am 8. September 1873 debütierte er als Schauspieler in Williamsport, Pennsylvania, in der fürchterlichen Räuberpistole »The Scouts of the Plains«. Obwohl er auf der Bühne kaum ein Wort herausbekam, wurde das Stück ein Riesenerfolg. Massenweise strömten die Zuschauer in die Theater, um einen waschechten Westernhelden zu sehen. Hickok machte eine Tournee durch die Oststaaten, gastierte unter anderem in Rochester und New York und kehrte dann in den Westen zurück.
Seine große Zeit war vorbei, das wußte er. In Nebraska, in dem kleinen Städtchen Sidney, mietete er sich in »Tim-Dyer's-Saloon-and-Dance-Hall« einen Spieltisch. Gelegentlich unternahm er Ausflüge an die Stätten seiner »großen Taten« als Armeescout. Ein Militärarzt in Camp Carlin, Wyoming, stellte bei einer solchen Gelegenheit eine schwere Augenerkrankung des Revolvermannes fest, die unvermeidlich früher oder später zu seiner Erblindung führen mußte. Sie war eine Folge zahlreicher unausgeheilter Geschlechtskrankheiten, die Hickok sich im Verlauf seines turbulenten Lebens zugezogen hatte.
Für Hickok war diese Offenbarung ein schwerer Schock. Er litt bereits unter immer stärker zunehmender Kurzsichtigkeit, denn er hatte viele Feinde, für die es eine günstige Gelegenheit gewesen wäre, einen einstmals gefürchteten und jetzt halbblinden Revolvermann, der noch immer über einen nationalen Ruf verfügte, abzuknallen.
1875 verließ Hickok Sidney. Wieder zog er unstet umher. Im Frühjahr 1876 traf er in Cheyenne, Wyoming, ein. Hier begegnete er einer alten Freundin aus besseren Tagen, der Zirkusbesitzerin Agnes Lake Thatcher. Sie war eine matronenhaft wirkende Frau

von fünfzig Jahren, Hickok ein abgewirtschafteter Abenteurer von neununddreißig. Es kam daher auch für Bekannte der beiden überraschend, als das ungleiche Paar am 5. März 1876 in Cheyenne vor den Traualtar trat. Die Heirat spricht jedoch auch dafür, daß Hickok an der Seite einer reifen und erfahrenen Frau endgültig Ruhe und Sicherheit suchte.

Nach kurzen Flitterwochen in Cincinaty wurde er aber wieder von seiner alten Unruhe erfaßt. In Dakota war Gold entdeckt worden. Hickok ließ seine Frau im Stich und brach auf zu seinem letzten Abenteuer.

Von Cheyenne aus führte er einen Treck in die Kistenbretterstadt Deadwood in den Black Hills. die im wildesten Goldrausch entstanden war und eine Pestbeule im ehemaligen heiligen Land der Sioux-Indianer bildete. Hier blieb Hickok. Für immer.

Sein Grab ist noch heute da.

Inmitten einer Gesellschaft, die von entfesselter menschlicher Gier, von enthemmten Urinstinkten und primitiver Gewalt bestimmt wurde, schien er sich wohlzufühlen. Die alten Tage, in denen er durch den Westen geritten war und sich mit dem Colt in der Faust in die Geschichtsbücher des jungen Amerika geschossen hatte, schienen hier in Deadwood, abseits jeglicher Zivilisation, noch einmal zurückzukehren.

Der gar nicht mehr so wilde Bill versuchte noch einmal, an seine großen Taten der Vergangenheit anzuknüpfen. Er zog durch die Saloons der Stadt, hurte, spielte und trank unmäßig.

Am 2. August 1876 betrat der Säufer Jack McCall, ein entfernter Verwandter von Phil Coe, den Hickok in Abilene erschossen hatte, den »Number-Ten-Saloon«. Hickok saß am Spieltisch, mit dem Rücken zur Tür. Ein Fehler, der ihm früher nie unterlaufen wäre.

McCall hob seinen Revolver und gröhlte: »Hickok, du Schwein! Nimm das hier!«

Dann schoß er.

Hickok ließ das Kartenblatt, das er in den Händen gehalten hatte, fallen. Es waren zwei Achten und zwei Asse der Farben Pik und Kreuz, ein Blatt, das noch heute in den USA als »Dead-Man's-Hand« bezeichnet wird. Hickok riß seine Revolver aus den Halftern, als die Kugel ihn in den Hinterkopf traf.

Er stürzte auf den Tisch und schoß seine beiden Colts ab. Die Kugeln bohrten sich in die Bodendielen. Dann war Hickok tot.

Sensationsreporter der Oststaaten kamen in Scharen angereist und wohnten der Beerdigung des Killers bei, der ein Leben geführt hatte wie ein Bilderbuchheroe. Im Westen wurde die Nachricht von seinem Tod mit Achselzucken, vereinzelt sogar mit einem Aufatmen aufgenommen. Keiner der Journalisten, die ihn beweinten, dachte an die ungezählten Opfer dieses egozentrischen Neurotikers, für den das Töten von Menschen ein Mittel gewesen war, einen zweifelhaften Ruhm zu erwerben. Eine Zeitung schrieb:
»Sein gewaltsamer Tod war das lange vorhersehbare Ende seiner Karriere als Revolvermann.«

III.

CHAUNCEY BELDEN WHITNEY – DER GUTE MENSCH VON ELLSWORTH

»Die von den Bürgern gewählten Sheriffs und andere Rechtsvertreter mühten sich redlich. Aber es gab auch schwache und unfähige Männer unter ihnen.«

Wayne Gard in THIS IS THE WEST, 1964

Graue Nebelbänke schoben sich durch die Niederungen des Arickaree Rivers. Im Osten schimmerte der Schein der aufgehenden Sonne durch den Frühdunst. Die bleigrauen Wasser des Flusses spülten mit leisem Plätschern an die flachen, sandigen Ufer der kleinen Insel mitten im Strom.

Neben einem niederbrennenden Lagerfeuer stand ein einsamer Wachtposten. Er hatte sich den breitrandigen Armeehut mit der Kokarde tief in die Stirn gezogen und sich einen knielangen Umhang um die Schultern geworfen, um sich vor der Morgenkühle zu schützen. Schwer stützte er sich auf den Lauf seiner Springfield Rifle, der Kopf war ihm fast auf die Brust gesunken.

Um ihn herum lagen etwa fünfzig Männer in Decken gerollt und schliefen. Am Ostende der Flußinsel standen ihre Pferde in einem Seilcorral.

Die Nebelschwaden über dem Strom lösten sich nach und nach auf. Der neue Tag brach an. Es war der 16. September des Jahres 1868. Für die Soldaten, die die Nacht auf der kleinen Insel im Arickaree River verbracht hatten, würde es ein böses Erwachen geben.

Schattenhafte Gestalten tauchten am anderen Ufer auf. Sie wateten ins Wasser und schwammen auf die Insel zu. Halbnackte Männer mit langen, schwarzen Haaren, nur mit Mokassins und Lendenschurz bekleidet, die braunen Körper mit Pflanzenfarben beschmiert.

Indianer kamen.

Der Wachtposten sah sie unvermittelt aus dem Wasser springen. Mit Messern, Lanzen und Tomahawks stürmten sie an Land.
Der Posten riß sein Gewehr hoch und feuerte. Sein Schuß weckte das ganze Lager. Da war es fast schon zu spät.
Die schlafenden Männer rollten sich aus ihren Decken und griffen zu den Waffen. Gellendes Kriegsgeschrei, das an das Kollern wilder Truthähne erinnerte, hallte durch den Morgen. Dann krachten die ersten Schüsse.
Aus einem der beiden Offizierszelte auf der Insel trat der junge Lieutenant Frederick Beecher. Er lief, einen Revolver in der Faust, zum Westufer der Insel, wo die Soldaten bereits eine geschlossene Front gegen die angreifenden Cheyennes gebildet hatten. Er erreichte sein Ziel nicht. Vorher durchbohrte ein Pfeil seinen Hals. Gurgelnd brach er zusammen und verschied. Er war der erste Tote in einer der legendärsten Indianerschlachten der amerikanischen Geschichte.
Niemand kümmerte sich um ihn. Ein heftiger Kampf wogte auf der kleinen Insel, und Lieutenant Beecher blieb nicht der einzige, der an diesem blutigen Morgen fiel. Es gelang den Soldaten, die Indianer durch den Fluß zu treiben und ans andere Ufer zurückzuwerfen. Als dann die Nebeldecke aufriß und die Sonne wie ein Ball aus Feuer am Horizont aufstieg, hatten sich die Soldaten hinter Proviantsäcken und Büschen und in flachen Bodenvertiefungen verschanzt, und sahen am anderen Ufer des Stromes mehrere hundert berittene Cheyenne-Krieger vorrücken. Es gab kein Entrinnen. Der kleine Haufen auf der Insel im Fluß, die später den Namen des jungen Lieutenant Beecher tragen sollte, schien verloren zu sein.
Abseits der Toten hockte ein schmächtiger, blasser Mann mit wirrem, ungepflegtem Bart zusammengekrümmt am Boden. Er hatte die Hände gefaltet und betete laut. Als ein anderer Soldat vor ihm stehenblieb, hob er den Kopf und schaute den Mann verängstigt an.
»Was ist los, Whitney!« schrie der Soldat. »Jetzt ist nicht Zeit zum Beten, sondern zum Kämpfen. Nimm dein Gewehr!«
»Wir sind alle verloren«, erwiderte der schmächtige Mann. »Wäre ich bloß nie zur Armee gegangen.«
»Das hättest du dir früher überlegen müssen«, sagte der Soldat. »Jetzt müssen wir unsere Haut retten.« Er drehte sich um und lief

davon. Chauncey Belden Whitney aber griff mit zitternden Händen nach seinem Sharps-Karabiner und kroch auf allen vieren hinter einen dichten Mesquitebusch. Sekunden später ging ein Regen von Pfeilen auf die Insel nieder. Schrille Schreie ausstoßend griffen die Indianer wieder an.

*

Neun Tage dauerte der erbitterte Kampf auf der kleinen Flußinsel, vom 16. bis zum 25. September 1868. Eine erdrückende Übermacht von Cheyenne-Kriegern griff die fünfzig Mann starke, vorwiegend aus Scouts bestehende Truppe des Majors George A. Forsyth fast pausenlos, Tag und Nacht, an.
Am Mittag des 25. September übertönte ein blechernes Hornsignal das Krachen der Schüsse. Das 10. Negerkavallerieregiment aus Fort Wallace rückte an und schlug die Indianer in einem blutigen Gefecht in die Flucht. Für dreiundzwanzig der Männer, die sich auf der Insel verschanzt hatten, kam die Rettung zu spät. Sie waren tot, und auch die Überlebenden waren fast am Ende gewesen. Sie hatten sich vom Fleisch ihrer Pferde ernährt und bereits die letzte Munition ausgeteilt.
Unter den Männern, die wohlbehalten nach Fort Wallace transportiert wurden, befand sich auch Chauncey Belden Whitney, der die Angst, die er in den Tagen des Kampfes empfunden hatte, nie vergessen sollte. Er schrieb am 26. September in sein Tagebuch:
»Morgen brechen wir nach Fort Wallace auf, wo ich sofort meinen Abschied einreichen werde, um nach Hause zurückzukehren. In meinem friedvollen Heim will ich versuchen, die blutigen Szenen der letzten Tage zu vergessen.«
Das »friedvolle Heim« Whitneys lag in Ellsworth, Kansas. Der Gefahr blutiger Indianerkämpfe entronnen, sollte er dort auf andere Weise Geschichte machen. Davon aber ahnte er noch nichts, als er seinem Tagebuch den Traum von einer friedlichen Zukunft anvertraute.

*

Unweit von Abilene lag die kleine Stadt Ellsworth. Landspekulanten, die auf einen Anschluß an die Eisenbahn hofften, der

ihnen einen Anteil am großen Geschäft mit dem Texas-Vieh sichern würde, hatten sie im Januar 1867 gegründet. Die Rechnung ging auf. Als wenig später das Schienennetz der »Union Pacific Railroad« bis nach Ellsworth getrieben wurde, entwickelte sich der Ort fast automatisch neben Abilene zu einem der wichtigsten Umschlagplätze für die großen Rinderherden aus Texas. Während der Sommermonate bevölkerten ausgelassene texanische Cowboys die Stadt, und es bedurfte einer starken Persönlichkeit, Ruhe und Ordnung aufrecht zu erhalten.
Eine solche Persönlichkeit war Chauncey Belden Whitney nicht. Im Gegenteil war er ein gutmütiger, friedfertiger Mann, der aber begriffen hatte, daß in dem Land, in dem er zu leben versuchte, nur Kraftnaturen und durchsetzungsfähige, starke Menschen eine Chance hatten, es zu etwas zu bringen. Whitney litt unter seiner Schwäche.
Verfolgt man seinen Lebensweg, kommt man zu dem Schluß, daß er verzweifelt versuchte, gegen seine Natur anzugehen und mit Gewalt einen Helden aus sich zu machen. Er mußte dabei scheitern. Trotzdem suchte er immer aufs Neue das Abenteuer, um sich zu beweisen.
Der 1842 geborene Whitney war einer der ersten Bürger von Ellsworth. Sein Ehrgeiz war es, eine hervorragende Rolle in der kommunalen Ordnung der neuen Gemeinde zu spielen. Bei den Sheriffswahlen am 5. Januar 1867 kandidierte Whitney, und blieb erfolglos, wie fast immer in seinem Leben. Trotzdem gab er seine Pläne nicht auf. Ein Jahr später gelang es ihm, von der County-Verwaltung als Constable angestellt zu werden. Seine Aufgabe bestand darin, ein Stadtgefängnis in Ellsworth einzurichten und die Handelslizenzen der Geschäftsleute zu überprüfen.
Diese Tätigkeit befriedigte ihn nicht, obwohl sie seinen Fähigkeiten wahrscheinlich angemessen war. Er wollte höher hinaus, und da er in Ellsworth keine Möglichkeit erhielt, sich zu profilieren, gedachte er, in der Fremde zu Ruhm und Anerkennung zu kommen und als gefeierter Held zurückzukehren.
Am 28. August 1868 schrieb Whitney sich als Scout in Major George A. Forsyths Truppe ein, um sich als Indianerkämpfer einen Namen zu machen. Am 16. September erhielt er in Colorado auf der Flußinsel im Arickaree River, die noch heute Beechers Island heißt, seine Feuertaufe. Whitney benahm sich ganz und gar

nicht wie ein Held, wie aus seinen eigenen Tagebuchaufzeichnungen hervorgeht. Er versagte völlig und verließ nach diesem Abenteuer die Armee.

Aber der Ruhm der Kämpfer von Beechers Island färbte auch auf ihn ab. Als er nach Kansas zurückkehrte, war er ein angesehener Mann. Colorado war weit. Niemand in Ellsworth wußte, was für ein angstschlotterndes Bündel Elend Whitney während des Kampfes gewesen war.

Whitney wurde mit Ehren empfangen und sofort als First Lieutenant in die KANSAS-STATE-MILIZ aufgenommen. Er tat vorwiegend repräsentativen Dienst als Wachtposten vor dem Gouverneurspalast von Kansas. Trotzdem haftete ihm in den Augen der Kleinbürger von Ellsworth eine gewisse Weltläufigkeit an. So kam es, daß die Stadtverwaltung Whitney am 27. Juli 1871 das Amt des Town-Marshals antrug. Whitney sah all seine Träume verwirklicht. Daß seine Vorgänger alle auf dem Friedhof lagen oder das Weite gesucht hatten, störte ihn nicht. Er war froh, den Stern tragen zu dürfen, und als ein paar Monate später der Posten des County-Sheriffs vakant wurde, kandidierte Whitney für dieses Amt.

Mit dem Vertrauensbonus, den er als Town-Marshal genoß, hatte es Whitney nicht allzu schwer, diesmal die Wahl zu gewinnen. Damit hatte er den Höhepunkt seiner Karriere erreicht. Von da an ging es bergab.

Den Mörder einer Prostituierten jagte er vergeblich. Mit den rauhen Cowboys aus Texas wurde er auch nicht fertig. Whitney versuchte stets, es allen recht zu machen. Er wollte niemanden vor den Kopf stoßen und drückte sich vor Entscheidungen. Die mageren amtlichen Berichte, die er hinterließ, spiegeln sein Versagen wider. Hilflos mußte er mitansehen, wie ihm die Weidereiter, die sich nach dem harten Trail in Ellsworth austoben wollten, auf der Nase herumtanzten. Mehr und mehr sank er in der Achtung seiner Mitbürger. Respektlos witzelte die örtliche Zeitung »ELLSWORTH REPORTER« am 28. März 1872 über den zaudernden, zögernden Beamten:

»Sheriff Whitney hat noch nicht einen Schuß abgefeuert, seit er ins Sheriffs Office eingezogen ist. Wir wollen das gar nicht kritisieren. So gibt es wenigstens einen Menschen in dieser Stadt, der nicht schießt.«

Im Dezember 1872 fing Whitney einen Betrüger, der für 8.000 Dollar Wertpapiere unterschlagen hatte. Spektakulärere Leistungen hatte er nicht zu bieten.
Die größte Stunde seines Lebens war seine letzte. Am 15. August 1873 wurde Whitney auf offener Straße am hellichten Tag von dem betrunkenen Billy Thompson, dem jüngeren Bruder des texanischen Revolvermanns Ben Thompson, erschossen.

*

Die Thompson-Brüder hatten an diesem Tag mit mehreren Cowboys in Brennans Saloon gepokert. Es wurde viel getrunken. Gegen Mittag brach Streit aus. Die Thompson-Brüder stürmten auf die Straße und zogen ihre Waffen. Wenig später war eine wilde Schießerei im Gange. Der Marshal der Stadt und seine Gehilfen hatten sich verkrochen. Die Bürger flohen in ihre Häuser. Da unternahm Whitney mit dem Mut der Verzweiflung, alleingelassen, waffenlos, den Versuch, den Kampf zu beenden.
Schüsse krachten durch die Stadt. Billy Thompson, ein blutjunger, blonder Texaner, torkelte dem Sheriff auf der Hauptstraße von Ellsworth entgegen, eine Schrotflinte schußbereit in den Fäusten.
»Hört auf zu schießen!« rief Whitney, der die Thompson-Brüder gut kannte. »Gib mir das Gewehr, Billy. Sei vernünftig.«
Billy Thompson lachte nur und feuerte. Aus unmittelbarer Nähe wurde Whitney von der Schrotladung voll getroffen. Er stürzte zu Boden und verblutete im heißen Staub. Niemand half ihm, während Billy Thompson breitbeinig neben der Leiche stand und volltrunken grölte: »Ich hätte selbst Jesus Christus erschossen!« (Wörtlich überliefert).

»Wo war während der ganzen Zeit unsere Polizei? (City-Marshal Jack W. Norton, Policemen John Morco und Ed Hogue). Niemand verhaftete den Mörder, und die Straße war voll von bewaffneten Männern, die Thompson schützten …
Eine armselige Polizei ist zwar besser als gar nichts. In diesem Moment aber war Ellsworth völlig ohne polizeilichen Schutz.«
»ELLSWORTH REPORTER«, 21. August 1873

Chauncey Belden Whitney war tot. Kein berühmter Revolvermarshal, nur ein durchschnittlicher, glückloser schwacher Beamter, ganze einunddreißig Jahre alt.

Sein Mörder wurde nicht bestraft. Erst dreieinhalb Jahre nach dem Mord fand in Ellsworth der Prozeß gegen Billy Thompson statt. Aus Furcht vor Ben Thompson, dem berüchtigten Bruder Billys, sagten die Augenzeugen der kaltblütigen Tat aus, daß sich der Schuß aus der Schrotflinte nur zufällig gelöst habe. Ein Unglücksfall also, mehr nicht.
Billy Thompson ging als freier Mann. Whitney nützte es auch nichts mehr, daß sein Mörder wenig später in Laredo ebenfalls im Straßenstaub verblutete. Der wilde Billy Thompson, der stets vergeblich versucht hatte, seinem gefürchteten Bruder Ben nachzueifern, geriet an einen schnelleren Schützen. Den Mord an Whitney hatte er nie bedauert.

IV.

BEN THOMPSON – DER GENTLEMAN-KILLER

»Er betrat einen Saloon und schaute sich um. Dann fragte er den Barkeeper, was der Spiegel kostete. Am nächsten Tag kam er wieder und zerschoß ihn. Den Spiegel, nicht den Barkeeper! Er platzte mitten in eine Versammlung von Viehzüchtern hinein und schoß Gläser und Teller vom Tisch, ohne jemanden zu verletzen. Er feuerte so lange in eine Drehorgel, bis sie keinen Ton mehr von sich gab, dann drückte er dem erschrockenen Besitzer, einem Italiener, mehr Geld in die Hand, als er brauchte, um sich eine neue zu kaufen.«

K. M. Lemnitzer im WESTERN-JOURNAL, 1969

Der vom Meer herüberwehende Wind strich sanft durch die von Sonne überfluteten Straßen von New Orleans. Der Geruch von Seetang, Fisch und Teer erfüllte die Gassen nahe der Kais, und in die frische, salzig schmeckende Brise des Meeres mischten sich Zigarettenrauch, Ausdünstung der schwitzenden Arbeiter und der Gestank von fauligem Holz.

Die Wellen schlugen, ihre Gewalt längst an zahllosen Sandbänken gebrochen, gegen die wuchtigen Holzrümpfe einiger Frachtschiffe und klatschten gegen die Kaimauern. Die aufspritzende Gischt netzte die ausgetretenen Pflastersteine der Molenköpfe.

Schwitzende Sklaven in zerfetzter Baumwollkleidung eilten mit schweren Frachtkisten auf den muskulösen Schultern über schwankende, schmale Gangways in die Laderäume der Schiffe. Schiffsjungen schütteten Abfalltonnen in das verdreckte, brackige Wasser des Hafenbeckens. Hoch mit Baumwollballen beladene Wagen rollten durch enge Gassen zu den Verladerampen des Hafens.

Am Rande des geschäftigen Treibens stand ein junger, schlanker, elegant gekleideter Mann und beobachtete fasziniert das bunte

Bild, das sich ihm bot. Sein Rock war von englischem Schnitt, der Zylinder, den er trug, stammte aus einer der besten Hutmacherwerkstätten von New Orleans, und die Uhr, die er nun aus der Tasche seiner geblümten Weste zog und aufklappte, war aus schwerem Gold.
Es fiel ihm sichtlich schwer, sich vom Anblick des farbenprächtigen Treibens loszureißen. Die Gesänge der Schauerleute hallten ihm nach, als er davonging.
Nach wenigen Minuten erreichte er die Bourbon Street, ein Stück oberhalb des Hafens. Hier herrschte eine andere, beschwingtere Atmosphäre. Unter den Bogengängen und Rosenarkaden prunkvoller Bürgerhäuser und französischer Weinlokale promenierten nach letzter Pariser Mode gekleidete Ladies. Unter den Vordächern zahlreicher Spielhallen saßen blaßgesichtige, schlanke Berufsspieler und nippten an rotem Kentucky-Whisky.
Der junge Mann schlenderte auf eine große Gambling Hall zu. Vor einem bunten Plakat, das eine Theaterveranstaltung für den Abend ankündigte, blieb er einen Moment stehen. Als er dann weiterging und die Tür der Spielhalle erreichte, stieß er mit einem untersetzten, beleibten Mann zusammen, der eine junge Frau hinter sich her zerrte und auf Französisch auf sie einredete.
Der junge Mann blieb überrascht stehen. Er warf einen Blick auf den Franzosen, und ein harter Zug kerbte sich um seinen Mund. Die Stimme des Mannes hob sich. Er faßte die junge Frau so fest an den Armen, daß sie einen Schmerzlaut ausstieß.
Der junge Mann lüftete seinen Zylinder und sagte: »Kann ich Ihnen behilflich sein, Madam?«
Die Frau antwortete nicht. Statt dessen drehte sich der Dicke um und schnauzte: »Scheren Sie sich zum Teufel, und kümmern Sie sich um Ihre Angelegenheiten, Mister.« Dabei griff er nach den Rockaufschlägen des Jüngeren und versetzte ihm einen heftigen Stoß.
Der junge Mann langte unter seine Rockschöße, zog ein schmales Messer hervor und stieß es dem Franzosen in die rechte Schulter.
Der Dicke brüllte auf und ließ die junge Frau los. Er wurde kreidebleich, taumelte und lehnte sich wimmernd gegen eine Stützsäule des vorgebauten Daches.
Der junge Mann lüftete wieder seinen Zylinder vor der Frau und

deutete eine leichte Verbeugung an.
»Darf ich Ihnen meinen Schutz anbieten, Madam? Mein Name ist Thompson, Benjamin Thompson.«
Die Frau warf einen erschrockenen Blick auf ihn und den blutenden Franzosen. Dann raffte sie ihre Röcke und lief wortlos davon. Der junge Mann zuckte mit den Schultern und betrat die Spielhalle, ohne den Verletzten eines Blickes zu würdigen.

*

Er war immer galant, nur nicht, wenn er tötete. Er war immer ein Gentleman, solange er nicht betrunken war. Schönen Frauen war er immer zugetan, er schlug sich für sie, aber er schoß nie für Geld: Benjamin F. Thompson.
Für manche seiner Zeitgenossen war er der schnellste und sicherste Revolverschütze der amerikanischen Pionierzeit.

Am 11. November 1843 war er im englischen Knottingley geboren worden. Seine frühe Kindheit verbrachte er in der gepflegten Atmosphäre des gehobenen britischen Mittelstandes. Sein Vater war Offizier in der englischen Marine. Als er wegen eines Skandals 1858 die Uniform ausziehen mußte, wanderte die Familie nach Amerika aus und ließ sich in Austin, der 1839 gegründeten Hauptstadt des Staates Texas nieder.

»In dieser Zeit war Austin eine kleine Siedlung mit wenig mehr als tausend Einwohnern, eine richtige Grenzstadt am Rande des Indianergebiets. Nördlich, westlich und südlich von Austin war die »frontier«, die Grenze, unzivilisiertes Land. Ständig gab es Indianerüberfälle. Kriegerbanden wagten sich bis an die Stadtgrenzen vor und töteten Männer, entführten Frauen und Kinder. Die Comanchen ließen keine Gelegenheit aus, gegen die weißen Siedler vorzugehen und sie zu bestehlen. Sie kämpften um ihre angestammten Jagdgründe und um ihre Freiheit, die sie mit dem Verschwinden der Büffel und Antilopen und des anderen Wildes, das von den Siedlern vertrieben oder abgeschossen wurde, untergehen sahen.«

William M. Walton in LIFE AND ADVENTURES OF BEN THOMPSON, 1884

Der junge Ben besuchte in Austin zwar eine Privatschule und begann danach beim »Austin Southern Intelligencer«, der örtlichen Tageszeitung, eine Lehre als Buchdrucker, mit dem Ziel, später Journalist zu werden. Trotzdem warf ihn der radikale Wechsel von der feinen britischen Gesellschaft in die rauhe Wildnis der USA aus der geraden Bahn. Er verkraftete die tiefgreifende Umstellung nicht. Seine Familie war ihm in dieser Situation offenbar kein Halt. Er begann, sich in Kneipen herumzutreiben, hockte bereits als Kind an Spieltischen und bekam die ersten Waffen in die Hand. Immer häufiger ging sein jähzorniges Temperament mit ihm durch. Immer öfter wurde er in Streitereien und Gewalttätigkeiten verwickelt. Ab und zu griff er zur Waffe und entdeckte dabei, daß er eine natürliche, tödliche Begabung im Umgang mit Revolvern besaß.
Im Oktober 1858 verwundete er im Streit einen Negerjungen namens Joseph Smith. Der fünfzehnjährige Thompson wurde eingesperrt und im Dezember von einem Gericht zu sechzig Tagen Haft und einhundert Dollar Strafe verurteilt.
Als er aus dem Gefängnis entlassen wurde, warf er die letzten bürgerlichen Bindungen über Bord. Er verließ seine Familie und zog kreuz und quer durch Texas. Der frühreife Thompson verdiente sich seinen Lebensunterhalt am Spieltisch und lebte nicht einmal schlecht dabei.
1859 traf er in New Orleans ein. Das Leben im El Dorado der Berufsspieler gefiel ihm. Abends saß er an den Spieltischen der Stadt, am Tage arbeitete er in einer Buchbinderwerkstatt und spielte mit dem Gedanken, vielleicht doch noch eine bürgerliche Existenz zu gründen.
Als er eines Tages beobachtete, wie der Franzose Emil de Tour eine junge Frau belästigte, griff er ein und stieß dem Mann sein Messer in die Schulter. Kurz darauf verließ er die Stadt und kehrte nach Texas zurück.
Der Bürgerkrieg stand vor der Tür. Ben Thompson meldete sich nach Ausbruch des Krieges, 1861, freiwillig in die Südstaatenarmee. Kurz zuvor hatte er eine Austiner Bürgertochter, Catherine Moore, geheiratet. Auch dies kann als erneuter Versuch Thompsons gesehen werden, ein bürgerliches Leben zu führen. Er war jedoch schon zu weit vom Pfad eines Normalbürgers abgewichen, so daß es ihm nicht mehr gelang, sich zu fangen. Obwohl seine

Frau ihm rasch hintereinander einen Sohn und eine Tochter schenkte, kümmerte er sich kaum um seine Familie.
Auch die Armee vermochte Thompson nicht zu ändern. Er lehnte sich gegen die Zwangsjacke der Disziplin auf, brachte es zwar bis zum Sergeant (Feldwebel), war aber bei seinen Vorgesetzten als schlechter Soldat angesehen.
Als Mitglied der D-Kompanie des 2. Regiments der »Texas Kavallerie« diente er in Fort Clark, Texas, und geriet 1862 mit seinem Vorgesetzten, dem First Sergeant William D.Vance, in Streit wegen zu knapp bemessener Rationen. Die Auseinandersetzung artete in ein Handgemenge aus, bei dem Vance plötzlich eine Waffe zückte. Thompson zögerte nicht, seinen Revolver zu ziehen und Vance auf der Stelle zu erschießen. Der herbeieilende Freund des Toten, der First Lieutenant George W. Hagler, der Thompson mit einem Säbel angriff, wurde ebenfalls mit mehreren Revolverschüssen niedergestreckt.
Thompson kam vor ein Kriegsgericht. Er konnte beweisen, daß er in Notwehr gehandelt hatte, und wurde freigesprochen. Man versetzte ihn. 1863 wurde er wegen unerlaubten Verlassens der Truppe – er pflegte heimlich Ausflüge über die Grenze in mexikanische Spielhöllen zu unternehmen – zum einfachen Soldaten degradiert.
Wie viele andere, so wurde auch Thompson, der für die Ideale der Südstaaten in den Kampf gezogen war, von der Niederlage der Konföderierten schwer getroffen und verließ Texas, in das Besatzungssoldaten aus den Nordstaaten mit Willkür und Gewalt einzogen, desillusioniert. Er ließ seine Familie im Stich und ging nach Mexiko.
Hier herrschte der Erzherzog Maximilian, heftig bedrängt von den republikanischen Revolutionären des Benito Juarez. Thompson, der das Abenteuer suchte, um die Niederlage im Bürgerkrieg zu vergessen, ließ sich als Söldner für die Truppen Maximilians anwerben. Mit einigen anderen ehemaligen konföderierten Soldaten, die nach dem Krieg nach Mexiko gegangen waren, wurde Thompson der Leibwache des Erzherzogs zugeteilt.
Ben Thompson stand wieder auf der falschen Seite. 1867 war das Regime Maximilians am Ende. Die Truppen von Juarez schlossen den gestürzten Erzherzog in Queretaro ein und zwangen ihn zur Kapitulation. Ben Thompson gelang es, verwundet aus der bela-

gerten Stadt zu entkommen. In Vera Cruz versteckte er sich, bis seine Verletzungen ausgeheilt waren. Dann kehrte er nach Austin zurück und beschloß, endlich für seine Familie eine gesicherte Existenz aufzubauen – als Berufsspieler.

Das konnte nicht lange gutgehen. Die Familie seiner Frau machte ihm immer wieder schwerste Vorwürfe. Am 2. September 1868 kam es zu einem handfesten Familienkrach. Der angetrunkene Thompson zog seinen Revolver und schoß den Bruder seiner Frau, James Moore, nieder. Ernüchtert stellte er sich den Behörden, wurde des versuchten Mordes angeklagt und am 20. Oktober zu vier Jahren Zuchthaus verurteilt. Unter der Nr. 1285 wurde er ins Staatsgefängnis Huntsville eingeliefert.

1870 erließ Präsident Grant eine Generalamnestie, von der auch Thompson profitierte. Er wurde freigelassen und kehrte nach Austin zu seiner Frau zurück, die trotz allem zu ihm gehalten hatte. Er nahm seine Tätigkeit als Berufsspieler wieder auf und hatte Erfolg damit. Ab 1871 war er in den wilden Rinderstädten von Kansas zu finden und nahm an den Spieltischen der Saloons die texanischen Cowboys aus. In Abilene finanzierte er seinem Freund Phil Coe den »Bull's-Head-Saloon«. Nach der Ermordung Coes durch Wild Bill Hickok, gab Thompson das Etablissement wieder auf. 1874 pokerte er in den Spielhallen von Wichita, 1875 und 1876 fand man ihn in den Saloons von Dodge City. Seine Familie war jetzt immer dabei. Nur in den Wintermonaten kehrte er mit seiner Frau und den Kindern nach Austin zurück.

*

Am Weihnachtsabend des Jahres 1876 befand Ben Thompson sich mit seiner Familie wieder in Austin. Am 25. Dezember, nach dem Besuch der Christmesse, wollte er sich ein spezielles Weihnachtsvergnügen gönnen. Mit einem Freund besuchte er mehrere Lokale der Stadt und wankte schließlich angetrunken in das überfüllte »Capital Varriety Theater« des stadtbekannten Gastronomen Mark Wilson. Sie fanden keinen Platz mehr, die Vorstellung hatte bereits begonnen. Thompsons Freund begann, die Gäste anzupöbeln. Mark Wilson, der Besitzer, rief nach der Polizei. Thompsons Freund weigerte sich standhaft, das Theater zu verlassen, und Thompson war nicht der Mann, der Freunde im Stich ließ. So blieb auch er und stand seinem Freund bei.

Ben Thompson: Aus mexikanischem Sold zurückgekehrt, begann er eine steile Karriere als Berufsspieler und Revolvermann. Er war einer der Schnellsten.

Der Revolvermann hat es geschafft: Ben Thompson als City-Marshal von Austin, der Hauptstadt von Texas.

Jack Harris, Berufsspieler und Besitzer des »Vaudeville Theaters« in San Antonio. Ein gefährlicher Mann mit dem Revolver. Für Ben Thompson war er zu langsam.

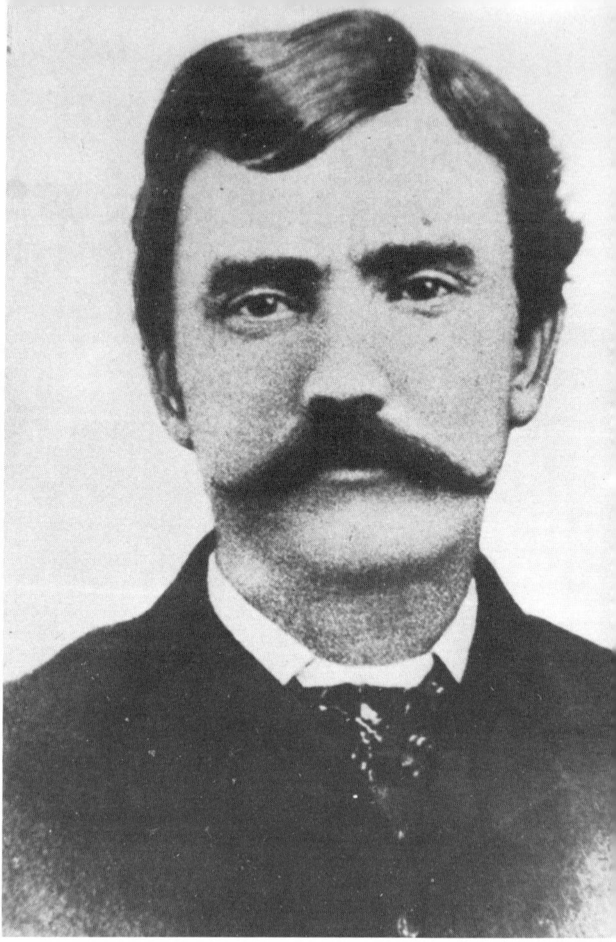

King Fisher, Revolvermann, Viehdieb und Deputy-Sheriff in Texas. Er lockte Ben Thompson in die Todesfalle – und starb neben ihm.

San Antonio, geschäftlicher Mittelpunkt im texanichen Ranchland. Ben Thompson weilte oft in dieser temperamentvollen, pulsierenden Stadt. Hier erschoß er den Theaterbesitzer Jack Harris, hier saß er im Gefängnis. Hier starb er.

Der Wortwechsel wurde immer heftiger. Mark Wilson ging schließlich und kehrte mit einer doppelläufigen Schrotflinte zurück. Er feuerte einen Schuß über die Köpfe der Streitenden ab. Ben Thompson zog sofort seinen Revolver und streckte Wilson mit vier Schüssen nieder.

Ein Angestellter Wilsons, Charles Matthews, eilte mit der Waffe in der Hand seinem Chef zu Hilfe. Sein Schuß streifte Thompson nur. Thompsons Kugel traf den Mann in den Mund.

Im April 1877 wurde Ben Thompson unter Mordanklage gestellt. Er plädierte auf Notwehr, und er bekam recht. Er ging als freier Mann und tauchte im Sommer wieder als Spieler in Kansas auf.

Die Zeitungen schrieben über ihn. Sein Name wurde im ganzen Land genannt. Er wurde geachtet, und er wurde gefürchtet. Andere berüchtigte Revolverhelden wichen ihm aus.

Er reiste durch Colorado, saß an den Spieltischen von Pueblo, Trinidad und Denver. Sein Biograph, William M. Walton, der ihn noch persönlich kannte, schrieb in seinem Buch »LIFE AND ADVENTURES OF BEN THOMPSON«:

»Er war einer der berühmtesten Berufsspieler seiner Zeit. Es gab kaum eine Spielhalle im Westen und Süden der Vereinigten Staaten, die er nicht betreten hatte. Er spielte hoch, gewann viel und verlor viel, aber er spielte immer fair.«

1880 war Thompson wieder mit seiner Familie in Austin. Abermals unternahm er einen Anlauf, um den Sprung ins bürgerliche Leben zu schaffen. Am 14. Dezember 1880 kandidierte er für das Amt des City-Marshals und wurde mit überwältigender Mehrheit zum Polizeichef der Hauptstadt von Texas gewählt, ein ehemaliger Zuchthäusler und Killer.

Die Wahl zum Marshal von Austin war Thompsons größter Erfolg. Zwar kam er von den Karten und dem Alkohol nicht mehr los und war Abend für Abend in den Spielhallen der Stadt zu finden, trotzdem war er einer der besten Polizeichefs, die Austin gehabt hat. Er nahm seine Pflichten ernst, engagierte sich gute Gehilfen und konnte im Laufe eines Jahres die Kriminalitätsrate der Stadt erheblich senken. Seine Berichtskladden weisen zwischen Dezember 1880 und Oktober 1881 über 1200 Festnahmen und ein merkliches Nachlassen von nächtlichen Überfällen, Morden und Betrügereien auf.

Diese Tatsachen dürften ausschlaggebend dafür gewesen sein, daß Thompson, der häufig nach nächtlichen Saufgelagen grölend durch die Straßen von Austin taumelte und Straßenlaternen zerschoß, am 7. November 1881 für eine zweite Amtszeit wiedergewählt wurde.

Er hatte Austin zu einer ruhigen, sicheren Stadt gemacht und gönnte sich 1882 eine Urlaubsreise nach San Antonio, wo er mit seinen Kindern Freunde und Verwandte besuchen wollte.

San Antonio war ihm nicht fremd. Während seiner ersten Amtsperiode als Marshal hatte er immer wieder kurze Ausflüge dorthin unternommen, um die Spielhallen und Saloons zu besuchen, und es gab gute Gründe, die ihn hätten veranlassen müssen, um San Antonio einen Bogen zu machen. Ein solches Verhalten aber lag nicht in Thompsons Natur.

Im Jahre 1880 hatte er bei einem Besuch der Stadt in einem Hinterzimmer des »Vaudeville Theaters« mit dem Besitzer, Jack Harris, und einigen anderen Männern gepokert und mehr Geld verloren, als er bei sich trug. Thompson verdächtigte Harris, falschgespielt zu haben, und weigerte sich, seine Spielschuld zu begleichen. Als er im Juli 1882 nach San Antonio zurückkehrte, standen die Schulden immer noch offen.

Ben Thompson ließ das kalt. Er fühlte sich im Recht, und Angst hatte er nie gekannt. Obwohl seine Freunde ihn warnten, suchte er am 11. Juli das »Vaudeville Theater« auf. Der Geschäftsführer des Unternehmens mahnte sofort Thompsons Schulden an, als der Revolvermann an der Bar auftauchte. Als Thompson sich weigerte, zu zahlen, wurde Jack Harris geholt. Der kam mit einer Schrotflinte, um zu kassieren. Das war ein Fehler, und zwar sein letzter. Als er sein Gewehr auf Ben Thompson anlegte, zog dieser blitzschnell seinen Revolver und schoß Harris über den Haufen.

Am nächsten Morgen stellte Thompson sich den Behörden, als er gehört hatte, daß Harris noch in der Nacht gestorben war. Er wurde eingesperrt und unter Mordanklage gestellt. Aus Austin reisten Honoratioren und Freunde an, um ihren City-Marshal zu verteidigen. Mit ihrer Unterstützung wurde Thompson schließlich freigesprochen. Das Gericht bestätigte ihm, daß er in Notwehr gehandelt hatte.

Umjubelt kehrte Thompson nach Austin zurück. Trotzdem kostete ihn die Affäre in San Antonio sein Amt. Die Anfeindungen gegen ihn wuchsen. Am 23. Oktober 1882 legte Thompson freiwillig den Stern nieder und nahm sein altes, unstetes Leben als Berufsspieler wieder auf. Wieder war er im bürgerlichen Leben gescheitert.

Zwei Jahre später traf er wieder in San Antonio ein. Dort hatten sich die Wogen inzwischen geglättet. Thompson war ein gefährlicher Mann. Niemand wagte, ihm den Tod von Harris vorzuhalten. Aber vergessen war die Tat nicht. Vor allem die Freunde von Harris, die das »Vaudeville Theater« übernommen hatten und weiterführten, sannen noch immer auf Rache.

Ben Thompson war nicht der Mann, der sich davon schrecken ließ. Unbeeindruckt zog er durch die Spielhallen der Stadt und traf am 11. März 1884 auf einen Mann, der in Texas ebenfalls einen berühmt-berüchtigten Namen hatte. Die Begegnung kam nicht zufällig zustande, aber das wußte Thompson nicht. Er fand den Mann, der sich plötzlich zu ihm an den Spieltisch setzte und sich vorstellte, sympathisch, und er schloß Freundschaft mit ihm. Der Name des Mannes war King Fisher.

*

»Das Zentrum von Fishers Operationen war seine Ranch am Pendencia Creek im Dimmit County, nicht weit vom Rio Grande. Von diesem Hauptquartier aus beherrschte er wie ein Fürst einen ganzen Landstrich in einer turbulenten Zeitspanne der texanischen Geschichte.

»Dies ist King Fishers Straße, nimm eine andere!«

Diese Warnung, auf ein einfaches Brett gebrannt und nahe der Gabelung einer Wagenstraße, die zu King's Pendencia-Ranch führte, an einen Baum genagelt, wies 1876 eindeutig darauf hin, welche Rolle Fisher in diesem Grenzabschnitt spielte. Die Warnung war nicht leicht zu nehmen. Dies war King Fishers Land, und das sollte jeder wissen ...

Der Fremde, der diese Warnung ignorierte, riskierte sein Leben.«

O. C. Fisher und J. C. Dykes in KING FISHER, HIS LIFE AND TIMES, 1966

King Fisher war, mehr vielleicht als viele andere, ein Produkt seiner Zeit und des Landes, in dem er geboren wurde und auf-

wuchs. Das scheinbar so widersprüchliche Leben, das er führte, war typisch für eine Epoche, in der entfesselte menschliche Urinstinkte regierten und alle zivilisatorischen Errungenschaften für immer verlorengegangen zu sein schienen.
John King Fisher wurde 1854 im südlichen Texas geboren. Seine Eltern besaßen eine kleine Farm. Der Vater war ein Luftikus, der sich nicht um seine Familie kümmerte und von regelmäßiger Arbeit nicht viel hielt. Er träumte vom Reichtum und eröffnete ständig neue Geschäfte, riskierte das wenige Geld der Familie in immer neuen, aussichtslosen Unternehmungen. Stets scheiterte er mit seinen Ideen, und stets war größere Armut der Familie die Folge.
Er war keine Leitfigur für seinen Sohn, der sich dafür immer enger an einen entfernten Verwandten, den Treckführer und haltlosen Abenteurer Grey White anschloß, der King Fishers Persönlichkeitsbildung maßgeblich beeinflußte.
Schon als Halbwüchsiger trieb Fisher sich in übler Gesellschaft herum. Als er 1870 in Goliad mit sechzehn Jahren einen Mann tötete, war das, in Anbetracht der Verhältnisse, unter denen er großgeworden war, nur die logische Folge einer Entwicklung, der viele junge Menschen im Alter Fishers in der Pionierzeit Amerikas ausgesetzt waren: Vom Elternhaus alleingelassen, mußten sie in einer Zeit des Faustrechts und der Gewalttätigkeit, in der nur das Recht des Stärkeren zählte, aufwachsen und ihren Weg im Leben finden. Daß viele von ihnen selbst die Flucht in die Gewalt antraten, konnte ihnen niemand vorwerfen.
Ein Gericht verurteilte King Fisher wegen Totschlags zu zwei Jahren Gefängnis. Im Zuchthaus Huntsville saß er seine Strafe ab, und als er entlassen wurde, hatte seine kriminelle Laufbahn begonnen.
Er ging nach Mexiko, wo er Grey White wiedertraf, der ihn nur noch weiter vom geraden Weg wegführte und ihm den blitzschnellen und tödlichen Umgang mit dem Revolver beibrachte. Fisher überflügelte seinen Lehrmeister sehr bald und entwickelte sich zu einem der wenigen echten »Zweihandschützen«, der in der Lage war, gleichzeitig beidhändig zu schießen und zu treffen.
Als Fisher aus Mexiko zurückkehrte, sammelte er eine Bande um sich und begann, das Grenzland von Texas zu terrorisieren. Sein Wort wurde zum Gesetz. Er lebte von Viehdiebstahl und Er-

pressung. Wenn ihm jemand in die Quere kam, schoß er, so 1875, als er allein drei Mexikaner tötete, die versucht hatten, seiner Bande Konkurrenz zu machen.

Trotz seiner kriminellen Aktivitäten strebte auch Fisher, wie die meisten Männer seines Schlages, nach einem Stück bürgerlicher Sicherheit. Am 6. April 1876 heiratete er Sarah Vivian, eine Jugendliebe. Bereits zwei Monate später hoben Texas Ranger ihn und seine ganze Bande aus. Wenig später war Fisher wieder auf freiem Fuß. Der Texas Ranger George Durham, der die Verhaftungsaktion geleitet hatte, schrieb in seinem Bericht:

»Es ist meine feste Überzeugung, daß King Fisher Kopf und Gehirn einer Bande von Viehdieben ist. Ich kann es nicht beweisen, aber alles deutet darauf hin.«

King Fisher verstand es, Zeugen zu seinen Gunsten zu beeinflussen, so standen die Vertreter der öffentlichen Ordnung gegen ihn auf verlorenem Posten.

Im Dezember 1876 tötete er im Streit einen Mann namens William Donovan im Zavalla County im Revolverduell. Er wurde des Mordes angeklagt und – freigesprochen.

Im Mai 1877 stand er vor der Grand Jury des Mavarick County, angeklagt des Mordes. Der Staatsanwalt forderte die Todesstrafe. Fisher hatte zwei Mexikaner erschossen. Er wurde freigesprochen. Notwehr, konstatierte das Gericht.

Dann wurde es still um ihn. 1879 schrieb die Zeitung »AUSTIN DAILY STATESMAN«:

»King Fisher, der Desperado früherer Jahre, der die Gerichte dieses Landes mehr als reichlich beschäftigte, hat sich zum angesehenen, fleißigen Rancher gewandelt. Es ist noch nicht lange her, da schuf er Unruhe, wo immer er auftauchte. Beim geringsten Anlaß schoß er um sich. Jetzt scheint er ruhiger und reifer geworden zu sein.«

Die wilden Jugendjahre Fishers schienen eine Episode gewesen zu sein. Trotzdem war auch er überrascht, als Sheriff Boatright aus dem Uvalde County, wo Fisher sich mit seiner Familie niedergelassen hatte, ihm am 1. Oktober 1883 das Amt eines Deputy-Sheriffs anbot.

Fisher nahm an und fand sich in der neuen Rolle überraschend gut zurecht. Einflußreiche Männer des Uvalde Countys legten ihm nahe, für das Amt des Sheriffs zu kandidieren. Bis zu den nächsten

Wahlen war es nicht mehr weit, und Sheriff Boatright war überaltert und pensionsreif. Fisher willigte ein und meldete seine Kandidatur an. Da traf er am 11. März 1884 den Revolvermann Ben Thompson in San Antonio.

*

King Fisher war über die Schießerei Thompsons mit Harris informiert. Er wußte über die Vorfälle vor zwei Jahren Bescheid und redete Ben Thompson zu, sich mit den Freunden Harris' zu versöhnen. Thompson war nicht abgeneigt. Nach einem ausgiebigen Rundgang durch die Lokalitäten von San Antonio, hatte Fisher Thompson überredet. Er wollte das Versöhnungsfest arrangieren, da er die Freunde des toten Harris, die jetzigen Besitzer des »Vaudeville Theaters«, William Simms und Joe Foster, gut kannte. Am gleichen Abend noch steuerten die beiden Revolvermänner das ehemalige Harris-Theater an. Sie wurden bereits erwartet. Was an jenem 11. März 1884 im »Vaudeville Theater« geschah, schilderte in einem Artikel wenig später die Tageszeitung »AUSTIN DAILY STATESMAN«:

»Ben Thompson und King Fisher betraten das Vaudeville Theater um 10.30 Uhr am Abend und kauften Eintrittskarten für die Galerie. Kurz nachdem sie Platz genommen hatten, traten William Simms, Manager des Theaters, und Joe Foster zu ihnen. Foster reichte Thompson die Hand, um ihn zu begrüßen. Dieser aber sagte: »Du gottverdammter Pferdedieb, dir gebe ich nicht die Hand.« Sodann versuchte Thompson, seinen Revolver zu ziehen.

Jacob Croy, ein Ordner des Theaters, riß Thompson den Revolver aus der Hand. Dann fielen die ersten Schüsse.

Ben Thompson stürzte als erster, von Kugeln zersiebt, zu Boden. King Fisher gab noch einige Schüsse ab, bevor er tödlich getroffen wurde. Durch den Pulverdampf flüchteten schreiend Frauen und Männer aus dem Zuschauerraum.

Als unser Reporter das Theater betrat, lagen Thompson und Fisher nebeneinander in einer riesigen Blutlache.

Fisher ist in den Kopf geschossen worden. Er war Deputy-Sheriff des Uvalde Countys, dreißig Jahre alt, und hinterläßt Frau und Kinder. Er konnte im Fallen noch Joe Foster niederschießen, der wenig später an seinen Wunden starb.«

Der Bericht enthielt eine Reihe von Unrichtigkeiten. Er war ten-

denziell darauf gerichtet, Thompson die Schuld an der Schießerei zu geben. Er verschwieg, was später durch intensive Nachforschungen ermittelt wurde.
Simms und Foster hatten ihre Rachegelüste niemals aufgegeben. Sie hatten eine Falle für Thompson vorbereitet. King Fisher hatte sich als Lockvogel mißbrauchen lassen. In einer Loge der Galerie hatten professionelle Mörder gelauert, die, nachdem Thompson ganz bewußt zum Ziehen seines Revolvers provoziert worden war, mit Gewehren das Feuer auf ihn eröffnet hatten, auf ihn, den im offenen Revolverduell niemand hätte schlagen können. King Fisher wurde aus Versehen mit erschossen. Er begriff erst, als die ersten Kugeln ihn trafen, auf was er sich eingelassen hatte, und versuchte, sich zu wehren. Es war zu spät.
Die Obduktion ergab, daß Ben Thompson von neun Kugeln getroffen worden war. Davon hatten fünf seinen Kopf durchschlagen, vier seine Brust.
Die Nachricht von der Schießerei ging durch die Presse Amerikas. Zum letztenmal machten Ben Thompson und King Fisher Schlagzeilen, diesmal mit ihrem eigenen Tod.
Sowohl Thompson als auch Fisher waren eiskalte, menschenverachtende Revolvermänner gewesen, die mit dem Colt in der Faust zu einem zweifelhaften Ruhm gekommen waren. Aber ihre Entwicklung basierte in den Umständen, unter denen sie aufgewachsen waren, und der Zeit, in der sie lebten.
Dale T. Schoenberger schrieb in »THE GUNFIGHTERS«:
»Ben Thompson war das Produkt einer wilden Zeit, der er selbst das Prädikat »wild« aufzudrücken half. Nur im Rahmen dieser Zeit darf man ihn sehen und beurteilen. Er war ein gewalttätiger Mann in einer gewalttätigen Ära. Die Zeit ging vorbei, und Männer seiner Art starben aus.«

V.

WYATT EARP – DER HOLLYWOOD-MARSHAL

»War Wyatt Earp, der Western-Gunman, ein Ritter ohne Furcht und Tadel, tugendsam und kraftvoll, der machtvoll alles Böse und Schlimme zerstampfte, das in seinen Weg geriet, als der »größte Gesetzesvertreter des Wilden Westens«? Oder war er nur ein Blender und Showman, der an seinem eigenen Mythos bastelte? War die Rüstung des »Ritters« glanzlos und schmutzig? Über diese Frage werden wütende Kontroversen geführt, denn Legenden sterben nicht so leicht.«

Ed Bartholomew in WYATT EARP, THE MAN AND THE MYTH, 1964

Mittwoch, 26. Oktober 1881.
Vier Männer schritten nebeneinander die Fremont Street der kleinen, pulsierenden Silberminenstadt Tombstone in Arizona hinunter. Die Sonne stand hoch im Mittag. Es war genau 2.30 Uhr. Siesta-Zeit, die Zeit der größten Tageshitze. Jeder suchte den Schatten, deshalb waren die Straßen fast menschenleer.
Die Männer trugen schwarze Prince-Albert-Röcke, weiße Hemden und dunkle Schnürsenkelkrawatten, die traditionelle Kleidung der Berufsspieler im Westen. Sie hatten die Rockschöße zurückgeschlagen, so daß die Griffe der schweren Revolver sichtbar waren, die sie in ihren Gürtelholstern stecken hatten. Einer trug eine abgesägte Schrotflinte in der linken Armbeuge.
Als am Ende der Hauptstraße der Schmied das Tor seiner Werkstatt öffnete, verließen die vier Männer die Fremont Street und bogen bei der Photogalerie von Camillus S. Fly in eine Seitengasse ein, die zum O.K.Corral-Mietstall führte. Hier wurden sie von fünf anderen Männern erwartet.
Die vier dunkel gekleideten Männer blieben stehen, bis auf einen, einen vierschrötigen, bulligen Mann, der noch ein paar Schritte auf die Wartenden zumachte.

»Ihr seid verhaftet«, sagte er. »Legt eure Waffen ab.«
»Hol sie dir«, erwiderte einer der fünf. Dann griff er zum Revolver. Sekunden später krachten Schüsse durch die Stadt und rissen die Bürger von Tombstone aus dem Mittagsschlaf.
Es war der Beginn des berühmtesten Revolverduells des Wilden Westens, aus dessen Pulverdampfschleiern ein Mann hervortrat, der durch diesen Straßenkampf nationale Berühmtheit erlangte: Wyatt Earp.

*

Hollywood machte ihn zum Supermarshal. Aber auch, wenn er oft den Stern eines Gesetzeshüters trug, Polizeichef einer Stadt oder eines Countys ist er nie gewesen. Legendenschreiber erhoben ihn zum Jugendidol, ja, zum Nationalhelden. Es gab in seinem Leben nichts, was dies hätte rechtfertigen können. Inzwischen ist sein Glorienschein verblaßt, aber noch immer geben seine erlogenen Abenteuer zugkräftige Filmthemen her.
Geboren wurde Wyatt Berry Stapp Earp am 19. März 1848 in Monmouth im Staate Illinois. 1869 zog die Familie Earp nach Missouri und ließ sich nahe der kleinen Stadt Lamar nieder. Hier begann der Weg Wyatt Earps als eine der umstrittensten und zwielichtigsten Persönlichkeiten der amerikanischen Pioniergeschichte.
Über sein Leben in Lamar ist nicht viel bekannt. Man weiß, daß er schon damals den Ehrgeiz hatte, eine wichtige Rolle im öffentlichen Leben zu spielen. Am 10. Januar 1870 heiratete er Irilla Sutherland, die Tochter einer angesehenen Familie der Stadt, und wurde am 4. April des gleichen Jahres mit Förderung seines einflußreichen Schwiegervaters zum Constable von Lamar gewählt. Aus seiner kurzen Amtszeit gibt es kaum Unterlagen. Die wenigen Aufzeichnungen weisen lediglich aus, daß er im Juni 1870 zwei betrunkene Randalierer zur Ausnüchterung ins städtische Gefängnis einlieferte.
Im Frühjahr 1871 wurde Lamar von einer Typhusepidemie heimgesucht. Im Februar stand der junge Wyatt Earp am Grab seiner Frau, die zu den Opfern der Epidemie gehörte. Wenige Tage später legte er seinen Stern nieder und verließ die Stadt, um in den Westen zu ziehen.

Sein Weg führte ihn in das Indianerterritorium Oklahoma, wo er sich mit zwei Männern, Edward Kennedy und John Shown, zusammentat. Zu dritt stahlen sie am 28. März 1871 einem Farmer einige Pferde und trieben sie nach Kansas, um sie dort zu verkaufen. Der Farmer aber organisierte ein Aufgebot, das die drei Diebe am 1. April an der Kansas-Grenze einholte und festnahm. Earp und seine Freunde wurden einem US-Marshal übergeben, der sie am 13. April nach Van Buren im Staate Arkansas, dem Sitz des für Oklahoma zuständigen Bundesgerichts transportierte. Hier wurden sie des Pferdediebstahls angeklagt. Wyatt Earp kam gegen Hinterlegung einer Kaution frei und setzte sich schleunigst nach Kansas ab. Zur Gerichtsverhandlung in Van Buren erschien er nicht mehr. Seine Spur verlor sich für längere Zeit.

In dieser Zeit entstanden in Kansas die großen Viehmärkte und Verladestationen für die Longhorn-Rinder aus Texas. In den wilden Viehstädten jener Tage blühte die Prostitution und das Glücksspiel. 1872 fand sich der Name Wyatt Earps im Melderegister von Hays City. Er war Berufsspieler geworden.

Nach einer kurzen Zwischenstation in Ellsworth, erreichte er 1874 Wichita. Hier hatte sich bereits James Earp, sein ältester Bruder, niedergelassen, und betrieb mit seiner Frau Bessie ein florierendes Bordell.

Wyatt Earp bemühte sich sofort um eine Aufnahme in die Stadtpolizei, um der Familie Earp neben der geschäftlichen, auch eine amtliche Basis in Wichita zu verschaffen. Er wurde abgewiesen und war gezwungen, sich seinen Lebensunterhalt als Zuhälter im Bordell seiner Schwägerin und als Berufsspieler zu verdienen.

In Wichita war das Glücksspiel verboten, so lebte Earp zwangsläufig in der Illegalität, unter Betrügern, Huren und Halsabschneidern. Allerdings ließ er auch keine Gelegenheit außer acht, Kontakte zu Personen zu knüpfen, die seinem Aufstieg vielleicht nützlich sein konnten. Auch Bat Masterson, einen ehemaligen Büffeljäger und Indianerkämpfer, der wenige Jahre später selbst Geschichte machen sollte, lernte Earp in Wichita kennen und freundete sich mit ihm an.

Immer wieder versuchte er, Mitglied der örtlichen Polizei zu werden. Nicht ohne geschäftliche Hintergedanken. Ein Gesetzesbeamter in einer wilden Stadt jener Tage hatte viele Möglichkeiten, gestützt auf seine amtliche Autorität, sich an Halbweltgeschäften zu beteiligen und Schutzgebühren von Geschäftsleuten zu erpressen. Die städtischen Behörden drückten in diesen Fällen meist beide Augen zu, solange der Beamte dafür sorgte, daß die Bürger in Ruhe und Frieden leben konnten.

Am 21. April 1875 gelang es Wyatt Earp endlich, als einfacher Policeman für ein Monatsgehalt von sechzig Dollar eingestellt zu werden. Im Gegensatz zu seinen eigenen Erzählungen spielte er aber nur eine untergeordnete Rolle.

Am 4. Mai 1875 verhaftete er einen Viehdieb namens W. W. Compton. Einen Monat später nahm er einen betrunkenen Cowboy fest, der im Übermut mit seinem Revolver auf Straßenlaternen schoß. Am 8. Dezember konnte er einen weiteren Betrunkenen verhaften und dessen Eigentum, einen Geldbeutel mit fünfhundert Dollar, sicherstellen. Größere »Heldentaten« vollbrachte er nicht, darüber geben die Polizeiakten von Wichita eindeutig Auskunft.

Im Jahre 1876 setzte der Wahlkampf für das Amt des City-Marshals ein. Earp mischte sich in die Auseinandersetzung ein. Er unterstützte den amtierenden Polizeichef Meagher, und zwar auf sehr rabiate Weise. Am 2. April griff er den Gegenkandidaten Meaghers tätlich an und verletzte ihn schwer. Earp wurde festgenommen und sofort aus der Polizeitruppe entlassen. Eine gegen ihn eingeleitete Untersuchung führte zu dem Ergebnis, daß er städtische Steuergelder unterschlagen hatte. Nachdem er das Geld bei der Stadtkasse abgeliefert hatte, wurde er am 22. Mai unter Anwendung des Landstreichergesetzes aus Wichita ausgewiesen.

Earp sattelte sein Pferd und war am nächsten Tag in Dodge City, einer Stadt, die nahe bei einem alten Fort entstanden war. Hier hatten sich früher Büffeljäger und Indianer getroffen, um Handel miteinander zu treiben. Als die Eisenbahn kam, zogen Siedler und Geschäftsleute hierher. Ein Ort entstand, der schlagartig aufblühte, als Abilene, der erste zentrale Rindermarkt der USA, durch das verantwortungslose Regiment seines Town-Marshals Wild Bill Hickok für die texanischen Rinderzüchter seine Reputation verspielt hatte. Dodge City wurde zur Marktzentrale für das Texas-Vieh. Im Gegensatz zu Abilene stellten sich die Dodger Bürger besser auf die texanischen Cowboys ein, ließen ihnen mehr Freiheiten und boten ihnen größere Vergnügungen. Bald hatte sich die

Stadt den Beinamen »Queen of Cowtowns«, Königin der Rinderstädte, verdient.
Wyatt Earp hatte Freunde hier. Behilflich bei seinem Weiterkommen war ihm vor allem der Abenteurer Bat Masterson, der Deputy-Sheriff des Ford Countys war, in dem Dodge City lag. Durch seine Vermittlung wurde Earp sofort als Assistant-Marshal der Stadt eingestellt. Wenig später folgte ihm sein jüngster Bruder Morgan in die Stadt der Cowboys. Wyatt Earp zeigte Familiensinn und sorgte dafür, daß sein Bruder bei den County-Behörden als Deputy-Sheriff angestellt wurde.
Wyatt Earp gab trotz seiner polizeilichen Aufgaben seine Tätigkeit als Berufsspieler nicht auf. Er hatte Verbindungen zu Prostituiertenkreisen und erhielt von führenden Persönlichkeiten der Stadt bald den Beinamen »fighting pimp« (wörtl.: kämpfender Zuhälter).
Zum erstenmal trat er öffentlich hervor, als am 4. September 1876 ein texanischer Cowboy namens Patrick Sweeny enge Beziehungen zu einem Mädchen anknüpfte, als deren Beschützer Earp auftrat. Im »Long Branch Saloon« kam es zu einer Schlägerei zwischen Earp und dem Cowboy, weil Sweeny beschlossen hatte, die Prostituierte zu heiraten und mit nach Texas zu nehmen. Am nächsten Tag flüchtete Sweeny mit dem Mädchen aus der Stadt, und Earp hatte eine Einnahmequelle weniger.
Trotz dieser Eskapaden wurde Earp nicht als schlechter Polizist angesehen. Die örtlichen Zeitungen bescheinigten ihm stattdessen, daß er über »eine große Kaltblütigkeit« verfüge und es verstehe, für Ruhe und Ordnung zu sorgen.
Im Frühjahr 1877 verließ er für kurze Zeit die Stadt und kehrte am 1. Juli zurück. Die »DODGE CITY TIMES« schrieb:
»Wyatt Earp, der im vorigen Sommer Mitglied unserer Polizei war, ist in die Stadt zurückgekehrt. Wir hoffen, daß er wiederum eine Position innerhalb der örtlichen Polizei akzeptieren wird. Er hat in ruhiger und überzeugender Weise viele gefährliche Personen in ihre Schranken gewiesen und für die Sicherheit in der Stadt gesorgt. Es war nicht allein seine Überlegenheit im Umgang mit der Waffe, sondern auch seine souveräne Persönlichkeit, die ihn während seines Dienstes weitgehend ohne den Revolver auskommen ließ.«
Earp erfüllte den Wunsch der Zeitung nicht. Er verließ die Stadt im

gleichen Monat noch, zog nach Texas und ließ sich als Berufsspieler zeitweilig in Fort Worth, in Jackboro, Fort Davis und Fort Griffin nieder. Hier lernte er die Tänzerin Mattie Baylock kennen, die später seine Frau wurde, hier traf er auch zum erstenmal mit einem verkrachten Zahnarzt namens Doc Holliday zusammen, der später an seiner Seite zu Ruhm und Ehre kommen sollte. Die Männer wurden Freunde.

Am 8. Mai 1878 traf Wyatt Earp, begleitet von Mattie Baylock, wieder in Dodge City ein und wurde sofort Assistant-Marshal. Er war beliebt bei Bürgern und Presse, trotz seiner vielen dubiosen Geschäfte. Dennoch gelang es ihm nicht, City-Marshal zu werden, ein Ziel, das er mehrfach anpeilte, aber stets verfehlte.

Am 26. Juli 1878 schoß Wyatt Earp den Cowboy George Hoyt, der als Viehdieb gesucht wurde und betrunken und wild um sich feuernd durch die Stadt geritten war, aus dem Sattel.

Im Mai 1879 tötete er im Verlauf einer Schießerei mit einer Horde betrunkener Cowboys einen Mann.

Damit war Earps Karriere als Gesetzeshüter in Kansas bereits beendet. Earp, der nach seinen eigenen Erzählungen während seiner Zeit in Kansas die gefährlichsten Banditen des Westens und wahre Heerscharen von Revolvermännern verhaftet und erschossen haben wollte, hatte in Wahrheit, wie Historiker inzwischen festgestellt haben, ganze dreißig unbedeutende Personen verhaftet und insgesamt zwei Männer erschossen, deren Qualitäten im Umgang mit dem Revolver allenfalls unterdurchschnittlich waren.

Im September 1879 verließ Earp mit Mattie Dodge City und ging nach Las Vegas in New Mexico, wo er sich an einem Saloon beteiligte.

Da erreichte ihn Ende des Jahres die Nachricht, daß sein Bruder Virgil am 27. November 1879 zum US-Deputy-Marshal in Arizona ernannt worden war. Er hatte seine Zelte in Tombstone aufgeschlagen, einer Stadt, die nach gewaltigen Silberfunden über Nacht aus dem Boden gestampft worden war.

Wyatt Earp witterte ein großes Geschäft. Ein US-Deputy-Marshal war eine einflußreiche Person. Er konnte aus seinem Amt sehr wohl geschäftliches Kapital schlagen, wenn er es richtig anfing und mit seiner amtlichen Autorität die richtigen Leute unterstützte. Wyatt Earp benachrichtigte seinen Bruder Morgan und seinen Freund Doc Holliday und machte sich sofort auf den Weg nach

Arizona. Am 1. Dezember traf er in Tombstone ein, mit Mattie die er inzwischen geheiratet hatte. Sofort investierte er in Saloons und Silberminen und nahm eine Stellung als Postkutschenfahrer und bewaffneter Begleitmann für Silbertransporte bei der örtlichen Agentur der »Wells-Fargo-Express-Company« an. Wenig später traf sein Bruder Morgan in der wilden Minenstadt ein. Ihm folgte ein magerer, elegant gekleideter und gefürchteter Mann, der zu den farbigsten und ungewöhnlichsten Gestalten des Wilden Westens gehörte: Doc Holliday.

»Er war einer der kaltblütigsten Killer mit dem Revolver. Er war ein Schwindler mit vielen Kartentricks, von ungewöhnlicher Gewandtheit mit den Fingern und voller Winkelzüge, was häufig dazu führte, daß sich die Vertreter des Gesetzes für ihn interessierten... Aus diesen und vielen anderen Gründen kann man freimütig von ihm sagen, er war kein guter Mann.«

John Myers Myers in DOC HOLLIDAY, 1955

»Holliday hatte einen schlechten Charakter und ein zügelloses Temperament. Unter Alkohol stehend war er ein außerordentlich gefährlicher Mann.

Er war hitzköpfig und ungestüm, und, sowie er getrunken hatte, streitsüchtig.

Ich half ihm manchmal, aber nicht, weil ich ihn mochte, sondern weil ich glaubte, das meinem Freund Wyatt Earp schuldig zu sein.«

Bat Masterson in FAMOUS GUNFIGHTERS, 1907

Das Leben des John Henry Holliday ist noch heute über weite Strecken geheimnisumwittert. Die Filmindustrie machte aus ihm den typischen Berufsspieler des Westens – ein Beruf, der in diesen Tagen nicht ungewöhnlich und nicht ehrenrührig war, ja, sogar ein gewisses Ansehen genoß. Das war Holliday nicht. Seine Zeitgenossen liebten ihn nicht, sie respektierten ihn nicht einmal, sie fürchteten ihn nur, und viele haßten ihn.

Sein genaues Geburtsdatum ist unbekannt. Die erste amtliche Eintragung über ihn findet sich im Kirchenbuch von Griffin, Georgia. Dort steht verzeichnet, daß das Ehepaar Henry B. und Alice Jane

Holliday am 21. März 1852 ihr wenige Monate altes Baby auf den Namen John Henry taufen ließen.
Der Junge wuchs in Valdosta auf, wo die Familie Holliday kurz nach der Geburt des Kindes ansässig wurde. Sein Vater, Henry B. Holliday, gehörte bald zu den Honoratioren des Ortes und erwarb sich nach dem Bürgerkrieg große Verdienste um den Wiederaufbau von Valdosta. Er wurde Bürgermeister der Stadt. Noch heute erinnert eine »Henry-Holliday-Straße« an ihn.
John litt unter der übermächtigen Persönlichkeit des Vaters und schloß sich stark der Mutter an. Als diese 1866 starb, wurde der Junge immer verschlossener und kapselte sich mehr und mehr von seiner Umwelt ab, ein Charakteristikum, das später auch beim erwachsenen Spieler und Revolvermann Holliday zu beobachten war. Zur zweiten Frau des Vaters fand er keinen Kontakt, so strebte er danach, das Elternhaus bald zu verlassen.
Hier setzen die Legenden über ihn an, die sich besonders um seinen »Doktorgrad« ranken. Jahrelang galt die These, Holliday habe nach der Oberschule das »Dental College« in Baltimore besucht und sei dort zum Zahnarzt ausgebildet worden. Es gibt in den Unterlagen dieser heute noch existierenden Schule aber nicht den geringsten Hinweis, daß jemals ein Schüler namens John Henry Holliday die harten Bänke der zahnärztlichen Fakultät gedrückt hat. Sein Name taucht im Archiv der Schule, in dem sich Unterlagen über jeden Schüler befinden, nicht ein einziges mal auf. Statt dessen verzeichnet das Melderegister von Dallas, Texas, daß Holliday im Jahre 1873, in dem er angeblich in Boston studierte, in dieser Stadt lebte. John Henry Holliday arbeitete dort als Gehilfe bei dem Zahnarzt Dr. John A. Seegar und ließ sich zum Dentisten ausbilden.
In diese Zeit fällt auch der Beginn seiner Erkrankung. Bei einem Bordellbesuch infizierte er sich mit der Tuberkulose, einer Krankheit, die zu jener Zeit noch unheilbar war.
Für den Einundzwanzigjährigen war die Erkenntnis, ein Todeskandidat zu sein, nur noch auf Frist zu leben, ein schwerer Schock. Sein Wesen veränderte sich. Er ließ sich mehr und mehr gehen, begann zu trinken und widmete sich immer stärker dem Pokerspiel, für das er eine nahezu teuflische Begabung besaß. Er war von nun an mehr an den Spieltischen der Saloons zu finden, als in der Praxis seines Lehrmeisters. Das konnte nicht ohne Folgen blei-

ben. Holliday verlor seine Arbeit und sackte nun völlig ab. Er hatte vom Leben nichts mehr zu erwarten, und es schien, als suche er den schnellen Tod, um der langsamen, qualvollen Auszehrung durch seine Krankheit zu entgehen. Er verfiel vollends dem Alkohol und wandelte sich zu einem Mann ohne Skrupel und Hemmungen. Er ging keiner Herausforderung mehr aus dem Weg. Er trug nun Waffen, und er benutzte sie auch, wobei sich herausstellte, daß er im Umgang mit seinen vernickelten Colts die gleiche Begabung besaß, wie mit den bunten Spielkarten. Er schoß schnell und sicher, und die Zeitungen von Dallas versahen ihn mit dem Spitznamen »the deadly dentist«.
Am Neujahrstag 1875 geriet er mit dem Kneipenbesitzer Charles W. Austin in einen Streit, der zu einer Schießerei ausartete. Beide Männer waren betrunken. Das mochte der Grund gewesen sein, daß keiner verletzt wurde. Beide wurden zur Ausnüchterung ins städtische Gefängnis eingeliefert. Nach dieser Affäre verließ Holliday Dallas und vagabundierte als Spieler durch das Land. Wenige Monate später tauchte er in Fort Griffin auf, wo er eine Frau traf, die in den folgenden Jahren seine ständige Begleiterin und später seine Ehefrau wurde. Sie hieß Kate Elder und war eine ehemalige Prostituierte.

»Fort Griffin, Texas, war ein Sammelpunkt unweit des »Western-Trail«, einer Treibherdenstraße für Texas-Vieh nach Kansas, für jede Art von Gesindel, das es in West–Texas gab.«
Dale T. Schoenberger in THE GUNFIGHTERS, 1971

Hier wurde Holliday am 12. Juni 1875 zusammen mit einem anderen Berufsspieler, Mike Lynch, wegen Falschspiels verhaftet und gegen Kaution freigelassen. Danach verließ er zusammen mit Kate Elder die Stadt, saß an den Spieltischen von Fort Concho und Fort Davis und erschoß 1876 in Jacksboro einen Soldaten, der ihn des Falschspiels beschuldigte.
1877 war er wieder in Fort Griffin. Er besaß bereits einen gewissen Ruf als Spieler und Killer, und traf auf Wyatt Earp, der ebenfalls an den Pokertischen von Fort Griffin seinen Lebensunterhalt verdiente. Wie die beiden Männer sich kennenlernten, liegt im Dunkeln. Bekannte von Earp wunderten sich jedoch stets

Wyatt Earp, 1885.

Morgan Earp, 1851–1882. Ermordet in Tombstone.

Virgil Earp, 1843–1906. In Tombstone zum Krüppel geschossen.

»Doc« J. H. Holliday.

Kate Elder. Die ehemalige Prostituierte war Doc Hollidays Ehefrau.

Isaac Clanton. Er führte die Rancherpartei in Tombstone an und war einer der erbittertsten Gegner Wyatt Earps.

Von den Gebrüdern Earp und Doc Holliday im Revolverduell erschossen. Von links nach rechts: Tom McLowery, Frank McLowery, Billy Clanton.

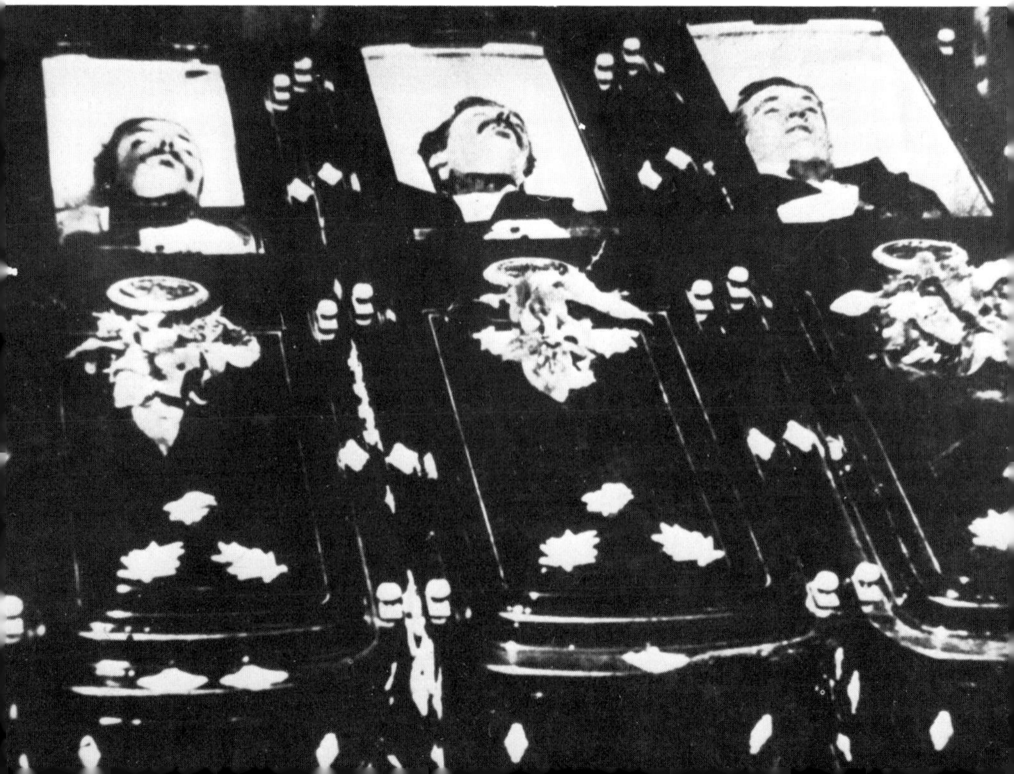

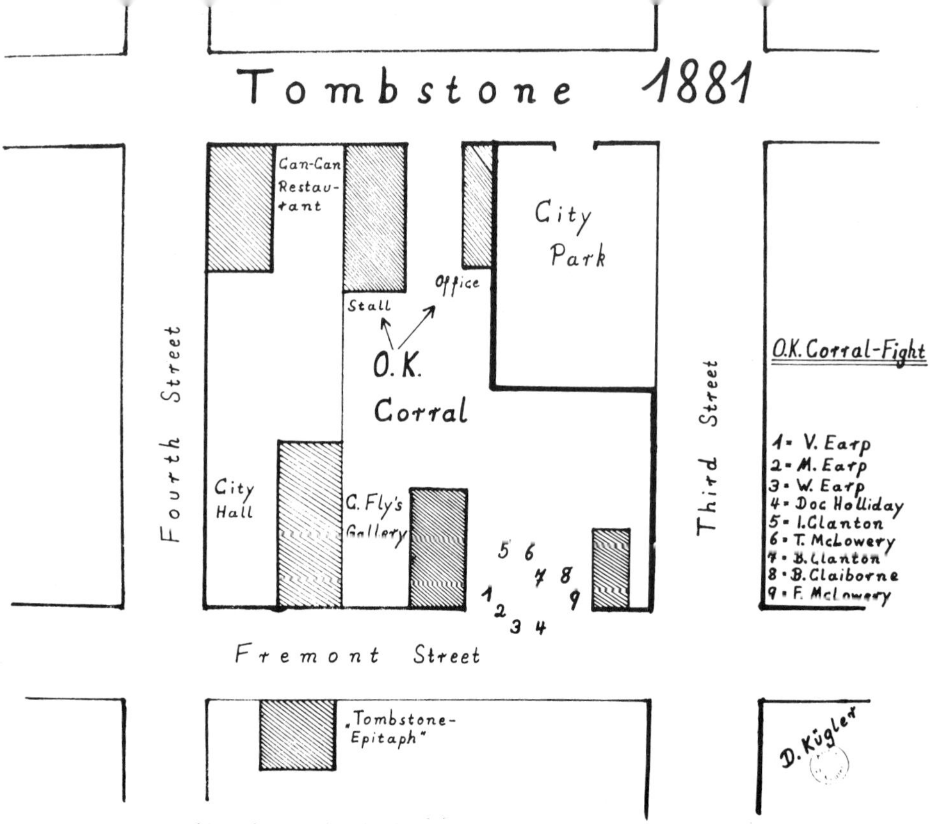

Skizze des Revolverduells im O. K. Corral.

Deputy-Sheriff Johnny Behan.

Frank Stillwell, Deputy-Sheriff und Postkutschenräuber. Von Wyatt Earp erschossen.

The Tombstone Epitaph.

DAILY EDITION—VOL. NO. TOMBSTONE, COCHISE COUNTY, ARIZONA, THURSDAY MORNING OCTOBER 27, 1881.

YESTERDAY'S TRAGEDY.

Three Men Hurled Into Eternity in the Duration of a Moment.

CORONER'S INQUEST.

Tombstone Corral,

H. H. TUTTLE

BEWARE OF IMITATIONS

PIONEER BAKING POWDER

The Public is CAUTIONED against SPURIOUS imitations.

The Pioneer Baking Powder is the only Powder consisting of nothing but REFINED Grape Cream Tartar and English Bicarb. Soda SCIENTIFICALLY COMBINED.

A. SCHILLING & Co. SAN FRANCISCO.

Tombstone Carriage SHOP,

GEORGE L. OTT, Third Street.

FASHION SALOON.

Just Opened.

ALLEN STREET,

KEPT BY D. T. MOONEY.

Capitol Saloon.

MOSES & MEHAN.

Trinidad Coke.

THE BEST DRESSED MAN IN TOW[N]

Clothes Cut and Mad[e]

SAM'L BLACK, THE TAILOR, 206 FOURTH STREET,

CALIFORNIA TIN SHOP,

205 FOURTH STREET | W. FESENFELD, Man[ager]

PLUMBING, TIN, COPPER, AND Sheet-Iron Work and Tin Roofing.

Call before Purchasing Elsewhere—205 Fourt[h]

G. F. SPANGENBERG,

PIONEER LOCKSMITH.

212 FOURTH STREET, NEAR BROWN'S HOTEL.

The Only Complete Gun and Locksmithing Shop in Ar[izona]

FRENCH RESTAURA[NT]

CLAPP & MURRAY, GENERAL INSURANCE AGENCY

508 Allen Street,

COMBINED ASSETS

$75,000,000!

BARNETT & BL[OCK]

Accommodation DAILY Line to BENS[ON]

CROUCH, Proprietor.

Fare at Lowest Ra[tes]

LEAVE TOMBSTONE DAILY AT 3 A. M.

Office at I. Levi & Co.

Arizona Mail and Stage Line

Lowest Stage Rat[es]

TOMBSTONE TO BENSON DAILY!

TOMBSTONE TO CHARLESTON DAILY!

Fastest Time and Best St[ock]

OFFICE WITH WELLS, FARGO & CO., TOMBSTO[NE]

MARSHALL WILLIAMS, AGE[NT]

Ho! for the California Mining Distric[t]

A. O. RYNERSON & CO

UNITED STATES MAIL LINE STAGE

Through Freight to Ramsey Canyon

»Tragödie am gestrigen Tag! Drei Männer im Bruchteil eines Moments in die Ewigkeit befördert.« Mit dieser Schlagzeile erschien am Tag nach dem Duell im O. K. Corral die Zeitung »Tombstone Epitaph«.

über die Freundschaft der beiden. Earp blieb der einzige Freund, den der schwindsüchtige Dentist je haben sollte.
Nachdem Holliday im Januar 1878 einen Mann namens Ed Bailey am Spieltisch erstochen hatte, machte er sich schleunigst auf und davon.
Zusammen mit Kate Elder zog Holliday nach Santa Fe. Er erschoß drei Männer und mußte die Stadt verlassen. Im Sommer 1878 tauchte er in Dodge City auf, wo er abermals mit Wyatt Earp zusammentraf.

»John Henry Holliday, Zahnarzt, erlaubt sich respektvoll, den Bürgern von Dodge City und des umliegenden Landes im Verlauf dieses Sommers seine Dienste anzubieten. Die Praxis befindet sich im Dodge-House-Hotel, Zimmer 24. Wer mit der Behandlung nicht zufrieden ist, bekommt sein Geld zurück.«
Anzeige in der »DODGE CITY TIMES« vom 8. Juni 1878.

Holliday verdiente als Zahnarzt in Dodge City keinen Cent. Er war ständig betrunken, und schon nach wenigen Tagen erschienen keine Patienten mehr. Kurz darauf zog er darum wieder weiter und mietete sich im März 1879 für fünfundzwanzig Dollar pro Woche in einem Saloon von Las Vegas einen Spieltisch. Als er hier den Saloon-Keeper Charles White erschoß, nannte ihn die örtliche Zeitung einen »Killer und professionellen Halsabschneider«.
Am 19. Juli 1879 stürmte der angetrunkene Berufsspieler Mike Gordon in den Saloon, in dem Holliday arbeitete, um seine Geliebte, die im gleichen Etablissement als Tänzerin beschäftigt war, zu ermorden. Er feuerte wild um sich, wobei Holliday von einer Kugel gestreift wurde. Daraufhin zog dieser seine Waffe und tötete Gordon auf der Stelle.
Holliday mußte nach diesem Vorfall seine Koffer packen und die Stadt verlassen. Als ihn am Ende des Jahres die Nachricht Wyatt Earps erreichte, daß in Tombstone, Arizona, fette Pfründe warteten, zögerte er nicht, dem Ruf Folge zu leisten. Zusammen mit Kate Elder machte er sich auf den Weg nach Tombstone. Hier hatten die Brüder Earp bereits Fuß gefaßt und arbeiteten daran, sich gewisse Machtpositionen zu errichten. Doc Holliday mietete sich zunächst einen Spieltisch im »Oriental Saloon«, dem größten Etablissement dieser Art in der Silberminenstadt.

Wyatt Earp gelang es bemerkenswert schnell, mit Hilfe seines Bruders Virgil, sich mit den Verhältnissen in Tombstone vertraut zu machen. Die Stadt war in diesen Tagen in zwei Fraktionen gespalten. Auf der einen Seite standen die städtischen Geschäftsleute und Minenbesitzer, auf der anderen die Rancher und Cowboys des Umlands, die sich von den Geschäftsleuten politisch unter Druck gesetzt sahen. Es ging um Machtfragen, und die Rancher, die durchaus auch innerhalb von Tombstones Bevölkerung Sympathien genossen, befürchteten, daß ihre Interessen von den städtischen Behörden und deren Vertretern in Regierungsstellen nicht genügend vertreten wurden. Sie fühlten sich an die Wand gedrückt, verhielten sich aber zu dem Zeitpunkt, als die Earp-Brüder sich in der Stadt etablierten, noch ruhig.

Wyatt Earp und seine Brüder schlossen sich sofort der stärkeren Partei in diesen Auseinandersetzungen an, den Minenbesitzern und Geschäftsleuten, die die gefürchteten, schußschnellen Brüder mit offenen Armen aufnahmen. Man rechnete auf längere Sicht mit einer gewaltsamen Entwicklung der Situation in der Stadt. Für diesen Fall wollte die Minenbesitzerpartei die Earps auf ihrer Seite haben.

Wyatt Earp gelang es, vom County-Sheriff Charles A. Shibell als Deputy angestellt zu werden. Sein jüngerer Bruder Morgan nahm dafür seine Stellung als Postkutschenbegleitmann bei der Wells-Fargo ein. Besonders starke Rückendeckung erhielten die Earp-Brüder von John Clum, dem Bürgermeister der Stadt und Besitzer der größten Zeitung am Ort, dem »Tombstone Epitaph«.
Auch Clum war in der Geschichte Arizonas kein Unbekannter. Er hatte als erster Indianeragent in diesem Staat die »San Carlos Reservation« aufgebaut, in der die geschlagenen Apachenstämme Arizonas angesiedelt wurden. Clum, der sich um ein verständnisvolles, partnerschaftliches Verhältnis zu den Indianern bemüht hatte, hatte sich schließlich dermaßen mit dem für Indianerfragen zuständigen Innenministerium in Washington zerstritten, daß er aus dem Dienst scheiden mußte. Er war nach Tombstone gegangen, erster Bürgermeister und Postmeister geworden, und hatte eine Zeitung gegründet. In der Auseinandersetzung um die Macht in der Stadt stand er auf seiten der Geschäftsleute und Minenbesitzer.

Kurz nach dem Eintreffen der Gebrüder Earp spitzte sich die Situation in Tombstone zu. Die Polarisierung zwischen den gegnerischen Fraktionen verschärfte sich.
Virgil Earp, der US-Deputy-Marshal, versuchte, Polizeichef der Stadt zu werden. Trotz massiver Unterstützung durch Clum und seine Freunde, verlor er die Wahl. Im vorausgegangenen Wahlkampf aber waren die Fronten härter geworden.
Der County-Sheriff Shibell offenbarte sich jäh als Anhänger der Rancher-Partei und entließ seinen Deputy Wyatt Earp. Als Ersatz stellte er den unentschlossenen, schwachen Johnny Behan ein, der nicht in der Lage war, in Tombstone für Ordnung zu sorgen, der zudem eine persönliche Feindschaft gegen Wyatt Earp hegte. Wyatt hatte ihm – er lebte inzwischen von seiner Frau Mattie getrennt – die Freundin abspenstig gemacht, eine ehemalige Tänzerin namens Josephine Sarah Markus. Auch das trug dazu bei, daß die Vertreter der gegnerischen Parteien härter miteinander umgingen.
Die Führung der Ranchergruppe hatten inzwischen die Familien Clanton und McLowery mit ihren Cowboys, deren Ranches in dem Tombstone vorgelagerten San Pedro Valley lagen, übernommen. Kopf der Aktionen gegen die Geschäftsleute und Minenbesitzer war Isaac Clanton, ein Kleinrancher, der nicht gerade den Ruf eines Kämpfers hatte. Mehr und mehr arteten die Machtkämpfe in der Stadt zu einer persönlichen Auseinandersetzung zwischen den Earps und den Clantons aus, den Vertretern der beiden Fraktionen. Dabei spielten zumindest von seiten der Earps starke finanzielle Gesichtspunkte eine Rolle. Die Geschäftsleute und Minenbesitzer zahlten den Earps nicht unbeträchtliche Beträge für ihren Einsatz, und es lag daher durchaus im Interesse der gefährlichen Brüder und des skrupellosen Doc Holliday, der an ihrer Seite stand, die Situation zu verschärfen, um die eigene Position stärker herausstreichen zu können.
Man versuchte, sich gegenseitig Verbrechen in die Schuhe zu schieben, um den Gegner in die Illegalität zu drängen. Das begann, als Ende 1880 aus einem Armeecamp sechs Maultiere gestohlen wurden. Da es sich bei den Tieren um Regierungseigentum handelte, war Virgil Earp als US-Deputy-Marshal für den Diebstahl zuständig. Er verpflichtete seine Brüder als Gehilfen und spürte die Tiere auf der Ranch der Brüder McLowery auf, den Mitstrei-

tern der Clantons. Die Maultiere wurden gewaltsam herausgeholt. Die Lunte an einem großen Pulverfaß begann zu schwelen.
Am 15. März 1881 wurde die aus Benson kommende Postkutsche überfallen, der Kutscher Bud Philpot wurde erschossen. Die Banditen erbeuteten insgesamt 26000 Dollar.
Ein Anhänger der Rancherpartei in Tombstone, ein Mietstallbesitzer, behauptete, Doc Holliday habe vor dem Überfall sein Pferd geholt, die Stadt verlassen, und sei erst nach dem Überfall zurückgekehrt. Sofort erhob die Gruppe um Isaac Clanton die Beschuldigung, daß Doc Holliday den Überfall ausgeführt und den Kutscher ermordet habe.
Die Männer um Wyatt Earp gerieten in Bedrängnis, zumal sich der Deputy-Sheriff Behan an Hollidays Frau Kate heranmachte, sie unter Alkohol setzte und ihr die Aussage abzwang, Holliday habe ihr gegenüber den Überfall auf die Kutsche gestanden.
Diese Aussage genügte, um Holliday hinter Gitter zu bringen. Kate bereute ihre Leichtfertigkeit bitter. Jahre später nahm sie ihre Aussage zurück. Holliday, der gegen eine Kaution von fünftausend Dollar auf freien Fuß gesetzt wurde, trennte sich sofort von ihr.
Trotzdem waren die Earps und die Männer um John Clum nach diesen Vorfällen in die Defensive gedrängt. Ihre Stellung war angeschlagen, was die gegnerische Partei weidlich ausnutzte und zum Anlaß nahm, den Earps die zahlreichen Überfälle auf Postkutschen, die in den Wochen zuvor vorgekommen waren, anzuhängen. Da wendete sich das Blatt jäh.
Am 8. September 1881 wurde die Kutsche aus Bisbee überfallen. Die Tat konnte vereitelt werden, und auf frischer Tat ertappt wurden Cowboys der Clanton-Ranch und der Deputy-Sheriff Frank Stillwell, ebenfalls ein Anhänger der Rancherfraktion.
Nun waren die Earps wieder obenauf und begannen unverhohlen damit, die Clantons aus Tombstone zu verdrängen und eine gewaltsame Entscheidung zu provozieren.
Doc Holliday hatte sich in der Zwischenzeit noch enger an die Earps angeschlossen. Am 30. Mai bereits hatte er sich mit dem Inhaber des »Oriental Saloon«, der hauptsächlich von Ranchern und Cowboys frequentiert wurde, überworfen. In einer Auseinandersetzung hatte Holliday Mike Joyce, dem Besitzer des Saloons, in die Hand und einem Barkeeper in den Fuß geschossen. Holliday

hatte seinen Spieltisch nun im »Alhambra Saloon« stehen, einem Etablissement, dessen Inhaber zur Front der Tombstoner Geschäftsleute zählte und an dem Wyatt Earp finanziell beteiligt war.
In der Nacht des 25. Oktober 1881 gab es einen ersten Zusammenstoß der beiden Parteien. Der Kampf blieb aus, da die Clantons nicht bewaffnet waren. Als Doc Holliday und Wyatt Earp sie jedoch offen zum Duell forderten und darauf drängten, die Sache »miteinander auszuschießen«, nahmen die Clantons die Forderung an. Sie sagten zu, am nächsten Tag am O.K. Corall-Mietstall auf die Earps zu warten.
Am Nachmittag jenes denkwürdigen 26. Oktober 1881 schritten die Brüder Earp und Doc Holliday durch Tombstone zum O. K. Corral.
Tatsächlich hielten die Clantons Wort. Auf die Earps warteten fünf Männer: Isaac Clanton, sein achtzehnjähriger Bruder Billy Clanton, die Brüder Tom und Frank McLowery, und der junge Cowboy Billy Claiborne.
Virgil Earp trug sein US-Deputy-Marshal-Abzeichen und erklärte die Clantons für verhaftet. Sekunden später rissen beide Parteien ihre Waffen aus den Holstern, und das legendärste Revolverduell in der Pioniergeschichte Amerikas begann.
Isaac Clanton floh schreiend, als die ersten Schüsse krachten. Billy Claiborne folgte ihm. Die anderen blieben und schossen ihre Revolver leer.
Der Kampf dauerte nicht einmal eine Minute. Wyatt Earp und Doc Holliday hatten den größten Anteil daran. Allein Holliday streckte zwei Gegner nieder.
Als der Pulverdampf sich verzogen hatte, stand als einziger unverletzt Wyatt Earp auf der Szene. Morgan und Virgil Earp lagen verletzt am Boden. Doc Holliday hatte einen Streifschuß davongetragen. Die Brüder Tom und Frank McLowery und der junge Billy Clanton waren tot.
Ein paar Stunden später bereits ließen Isaac Clanton und seine Freunde die Toten in gläsernen Särgen öffentlich ausstellen, versehen mit einem Plakat, das die Aufschrift trug: »Ermordet in den Straßen von Tombstone«.
Viel ist seitdem über dieses Duell geschrieben worden. Die Tatsache, daß es überhaupt stattgefunden hat, ist zweifelsohne den Earps anzulasten, die auf diese Weise ihre Gegner ausschal-

ten und eine Atmosphäre der Gewalt schaffen wollten, in der sie als »starke Männer« ungehindert die Macht in der Stadt hätten an sich reißen können, was nicht gelang. Von »Mord« darf aber, ausgehend von den Verhältnissen im damaligen Amerika, nicht gesprochen werden. Die Earps hielten sich an die seinerzeit gültigen »Spielregeln« eines »Gunfights«, auch wenn nicht verschwiegen werden darf, daß ihnen ihre Gegner, was die Handhabung eines Revolvers anging, hoffnungslos unterlegen waren. Folgerichtig wurde dennoch die gegen die Gebrüder Earp und Doc Holliday erhobene Mordanklage am 1. Dezember 1881 zurückgewiesen.

Wyatt Earp hatte mit dem Duell im O. K. Corral eine Klärung der Situation herbeiführen wollen. Dies war aber nicht gelungen. Die Schießerei bewirkte lediglich eine weitere Verschärfung der Feindschaft unter den Parteien. Die Rancherfraktion schwor nach der Zurückweisung der Mordanklage Rache, und diesen Schwur nahmen die Earps zu leicht.

Am 28. Dezember 1881 wurde Virgil Earp bei einem Rundgang durch die Stadt am späten Abend von einem Heckenschützen mit einer Schrotladung zum Krüppel geschossen. Die Täter entkamen unerkannt.

Am 18. März 1882 hielten sich die Earps in einer Billardhalle auf. Morgan Earp stand dicht an einem hellerleuchteten Fenster, als aus dem Dunkel der Nacht mehrere Gewehrkugeln die Scheibe durchschlugen und ihn auf der Stelle töteten. Wyatt Earp entging dem Anschlag nur dadurch, daß er sich blitzschnell unter den Tisch, an dem er saß, fallen ließ.

Die Mörder Morgan Earps wurden ermittelt. Es handelte sich um Cowboys der Clanton-Ranch: Pete Spence, Frank Stillwell und Florentino Cruz.

Morgan Earp war Wyatts Lieblingsbruder gewesen. Fassungslos stand der Revolvermann vor der Leiche des jungen Mannes. Dann schwor auch er, gnadenlos zurückzuschlagen. Aus dem Interessenkonflikt zweier Fraktionen in einer Stadt war eine Privatfehde geworden.

Bereits zwei Tage später spürten Wyatt Earp und Doc Holliday einen der Mörder, Frank Stillwell, in einem Saloon von Tucson auf. Stillwell stand an der Theke, als Wyatt Earp und Doc Holliday eintraten. Er versuchte gar nicht erst zu fliehen. Er wußte, was die Stunde geschlagen hatte und griff zum Revolver. Wyatt

Earp schoß sofort. Viermal trafen seine Kugeln Stillwell in den Leib, dann feuerte Doc Holliday beide Läufe seiner Schrotflinte ab. Stillwell war auf der Stelle tot.

Am 22. März stießen Wyatt Earp und Doc Holliday in einem Holzfällerlager bei Tombstone auf Florentino Cruz. Sie ließen ihm keine Chance. Mit fünf Kugeln im Körper wurde später seine Leiche gefunden.

Bevor der Amok laufende Wyatt Earp auch den dritten Täter, Pete Spence, stellen konnte, flüchtete der sich in Todesangst freiwillig zu den Behörden und ließ sich in Schutzhaft nehmen.

Nun aber wurde Earp gejagt. Ein Aufgebot unter Johnny Behan setzte sich auf die Spur Wyatt Earps. Ein Haftbefehl gegen ihn und Doc Holliday wurde erlassen.

Beide entkamen nach Colorado. Hier trennten sich die Wege der beiden Männer. Hollidays Krankheit hatte sich während der Zeit in Tombstone verschlimmert. Physisch war der Killer nur noch ein Wrack. Er war fast zum Skelett abgemagert und litt unter Hustenanfällen mit blutigem Auswurf. Holliday beschloß, sein wildes, unstetes Leben in der gesunden Luft der Berge Colorados, die seinen Qualen etwas Linderung verschaffte, zu beschließen. Als Wyatt Earp und Doc Holliday sich in Pueblo zum Abschied die Hände schüttelten, war es das letztemal, daß sie sich sahen.

Trotz stetig fortschreitender Verschlechterung seines Gesundheitszustands gab Holliday, der wie die Earps in Tombstone zu einem erheblichen Vermögen gekommen war, dessen Ursprung nur in den finanziellen Zuwendungen von den Tombstoner Geschäftsleuten für seine Revolverarbeit gesucht werden kann, seinen Beruf als Spieler nicht auf, obwohl er es sich hätte finanziell erlauben können. Er schien sich noch einmal richtig ausleben zu wollen, bevor es zu Ende ging.

Währenddessen versuchten die Behörden Arizonas intensiv, Holliday, den die Grenzen Colorados vor dem gegen ihn erlassenen Haftbefehl schützten, zurückzuholen und wegen Mordes vor Gericht zu stellen. Vergeblich.

Im Frühjahr 1887 wurde Hollidays Gesundheitszustand so schlecht, daß er nicht mehr in der Lage war, sich allein zu versorgen. Er zog sich in ein Sanatorium in Glennwood Springs zurück, einem beschaulichen Luftkurort, der noch heute von Touristen aus allen Teilen Amerikas aufgesucht wird, die das Grab

Hollidays besichtigen wollen. Hier starb der gefürchtete Revolvermann am 8. November 1887 an der Tuberkulose.

*

Wyatt Earp besuchte die Beerdigung seines Freundes nicht.
Er profitierte von den Jahren in Tombstone. Sie hatten ihn berühmt gemacht. Abenteuerautoren und Sensationsjournalisten umlagerten ihn, wo immer er auftauchte, und er erzählte ihnen, was sie hören wollten. Die Wahrheit wollte niemand wissen. Die Wyatt-Earp-Legende entstand.
Von 1889 bis 1890 lebte er in San Diego, Kalifornien. Er war an einem Reitstall und an drei Spielhöllen beteiligt und lebte nicht schlecht. Mattie, seine zweite Frau, war mittlerweile an einer Überdosis Rauschgift in Arizona gestorben. Earp hatte seine Geliebte aus Tombstoner Tagen, Josie Markus, geheiratet.
In diesen Jahren bastelten eifrige Reporter, die ihren Lesern, die nach Abenteuern aus dem Wilden Westen dürsteten, etwas bieten mußten, am Mythos des Wyatt Earp. Überall begegnete man ihm mit Achtung. Kaum ein Mensch wußte, wie er wirklich gelebt hatte. Niemand stellte Nachforschungen an. Seinen Erzählungen wurde blind geglaubt.
Als in Alaska Gold gefunden wurde, brach auch Earp noch einmal aus seinem geordneten Alltag aus. In Nome eröffnete er einen Saloon und traf hier noch einmal auf John Clum, den Freund und Kampfgefährten aus Tombstone.
Clums Karriere war nach dem Fortgang der Earp-Brüder aus Arizona beendet gewesen. Die Rancherpartei hatte in Tombstone die Oberhand gewonnen. Clum hatte den »Epitaph« verkauft und war nach Kalifornien gegangen, wo er eine Anstellung als stellvertretender Herausgeber des »San Francisco Exeminers« bei Randolph Hearst erhalten hatte.
1898, als Wyatt Earp ihn in Alaska wiedertraf, organisierte er dort im Auftrag der Regierung das Postwesen. Er beschloß seinen Lebensabend friedlich als Regierungsbeamter.
Im Jahre 1900 eröffnete Wyatt Earp Saloons in vom Silberrausch geschüttelten Städten von Nevada.
1906 ließ er sich schießlich als wohlhabender, angesehener Bürger in Los Angeles nieder. Eine Anklage wegen Falschspiels – er hatte

wood Springs,
ado. In diesem
rium starb Doc
ay, einer der ge-
tsten und zwie-
sten Männer der
anischen Pio-
schichte, an Tu-
ose.

Eine Postkutsche der »Wells Fargo Company« vor dem Stationsgebäude in Tombstone. Während der wilden Zeit des Silberrausches war sie oft das Ziel von Überfällen. Der bewaffnete Begleitmann auf dem Bock hatte stets alle Hände voll zu tun.

THE PISTOL.

Murder of Edward J. Masterson City Marshal.

THE ASSAILANTS SHOT—ONE OF THEM DEAD.

DODGE CITY IN MOURNING.

On Tuesday evening, about 10 o'clock, Edward J. Masterson, Marshal of Dodge City, was murdered by Jack Wagner and Alf Walker, two cattle drivers from near Hays City. The two cow boys were under the influence of bad whisky and were carrying revolvers. Early in the evening Marshal Masterson disarmed Wagner; later Marshal Masterson and Deputy Marshal Nat Haywood tried the second time to disarm Wagner. While in the act Masterson was shot in the abdomen. Walker in the meantime snapped a pistol in the face of Officer Haywood. Masterson fired four shots, one of them striking Wagner in the bowels from the left side. Walker was struck three times, one shot in the lungs and his right arm horribly shattered with the other shots.

The shooting occurred on the south side of the Railroad track. Marshal Masterson coolly walked over to the business side of the street, a distance of about 200 yards, and upon reaching the sidewalk he fell exhausted. He was taken to his room where he died about 40 minutes afterwards.

Wagner and Walker were removed to Mr. Lane's room, where the former died at about 7 o'clock Wednesday evening. Walker is lying dangerously wounded, with no hopes of his recovery.

Some of the flying shots grazed the faces of one of our citizens and a cattle man. The shots were fired almost simultaneously, and the wonder is expressed that more death and destruction did not ensue, as a large crowd surrounded the scene of the shooting.

The officers were brave and cool though both were at a disadvantage, as neither desired to kill the whisky crazed assailants.

The death of Marshal Masterson caused great feeling in Dodge City. The business houses were draped in mourning, and business on Wednesday generally suspended.

Elsewhere we give the expression of sympathy and ceremonies following this terrible tragedy.

Ausschnitt aus der »Dodge City Times« vom 13. April 1878 mit dem Bericht vom Mord an City-Marshal Masterson.

Edward J. Masterson, Deputy-Sheriff und City-Marshal von Dodge City. Der Bruder Bat Mastersons wurde in der Ausübung seines Dienstes auf offener Straße erschossen.

Bat Masterson, Sheriff des Ford County, Kansas, und US-Deputy-Marshal in New York.

Die Hauptstraße von Dodge City, der »Queen of the Cowtowns«, während Bat Mastersons Zeit als Sheriff des Ford Countys.

einen Mann namens Patterson am Spieltisch um 25000 Dollar betrogen – konnte er im Juli 1911 abwenden, indem er die Summe zurückerstattete. Danach wurde es ruhig um ihn.
Im Jahre 1928 trat der junge Journalist Stuart N. Lake an ihn heran und bot ihm an, seine Biographie zu schreiben. Wyatt Earp ergriff die Chance, sich ewigen Nachruhm zu sichern, mit beiden Händen und erzählte dem ahnungslosen Lake seine Lebensgeschichte, ein Lügengespinst ohnegleichen, in dem er sich selbst glorifizierte und zu einem nationalen Idol aufbaute, daß der cleverste Werbemanager vor Neid erblaßt wäre. Und obwohl die Angaben in dieser Biographie, die 1931 erschien und zu einem der größten Bestseller der amerikanischen Literatur wurde, inzwischen längst von der seriösen Geschichtsforschung widerlegt sind, werden sie noch immer von geschäftstüchtigen Drehbuchautoren vermarktet.
Wyatt Earp erlebte das Erscheinen des Buches nicht mehr. Am 13. Januar 1929 starb er an Blasenkrebs. Auf dem Friedhof der kleinen Stadt Colma bei San Francisco liegt er begraben. Er hinterließ ein Vermögen von fast einer halben Million Dollar, was bewies, daß der Revolvermann zumindest ein guter Geschäftsmann gewesen war. Seine Frau Josephine überlebte ihn bis 1944.

VI.

BAT MASTERSON – DER ABENTEURER

»Bat Masterson ist uns gut bekannt als junger Mann mit starken Nerven und großer Kaltblütigkeit in gefährlichen Situationen. Er ist qualifiziert, den Posten eines Gesetzesvertreters zu bekleiden und wird bestimmt, wenn er gewählt wird, keinen Schwierigkeiten aus dem Wege gehen.«

»DODGE CITY TIMES«, 13. Oktober 1877

Die Büffelherde zog von Osten nach Westen. Eine Staubwolke verdeckte den Himmel.

Die Büffeljäger ritten eine Hügelkette hinauf und hielten ihre Pferde auf einem hohen, grasbedeckten Erdbuckel an. Sie beugten sich in den Sätteln vor und beobachteten die Herde.

Sie rückte näher. Die Luft um die Jäger war plötzlich voller Staub, der sie einhüllte wie ein feiner Schleier und in die Poren der Haut drang. Die Prärie zwischen den Hügeln verschwand unter braunen, massigen Leibern, die sich schwerfällig heranschoben und auf der Ebene ausbreiteten wie ein zähflüssiger, wogender, brodelnder Brei.

Die riesigen Tiere walzten das kniehohe Gras nieder. Der Horizont verdunkelte sich. So weit das Auge reichte, waren nur noch die graubraunen Rücken mit dem verfilzten, moosbesetzten Fell zu sehen, und die riesigen, kantigen Schädel mit dem zottigen Pelz, in dem Dornengestrüpp hing, und den kurzen gebogenen Hornpaaren.

Die Büffeljäger ritten von der Hügelkuppe auf die Flanke der Herde zu. Ein intensiver, strenger Geruch waberte ihnen entgegen. Der Staub in der Luft wurde immer dichter. Unter den Hufen der Pferde vibrierte der Boden. Die Reiter spürten es bis in die Sättel.

Die Bisons beachteten die Reiter nicht. Sie zogen mit tief ge-

senkten Schädeln in gleichförmigem Trott weiter. Zwanzigtausend Tiere, dreißigtausend, vielleicht sogar mehr.
Die Jäger ritten seitlich der Hügelkette entlang. Es waren rauhe Männer, in Wildleder gekleidet, mit langen Haaren und struppigen Bärten. Sie hielten langläufige Sharps-Gewehre in den Fäusten. Ein junger Mann war unter ihnen. Etwas beklommen schaute er über das Meer von Büffelrücken, das mittlerweile die ganze Ebene ausfüllte. Er trug einen Hut aus schwerem Filz auf dem Kopf. Ein ungepflegter Bart bedeckte Kinn und Wangen. Er hatte die Fäuste so fest um Schaft und Lauf seiner Sharps-Rifle geschlossen, daß die Knöchel seiner Finger weißlich unter der Haut hervorschimmerten.
Ein anderer Reiter drehte sich im Sattel um. »Na, Bat, sowas hast du noch nicht gesehen, wie?«
Der junge Mann schüttelte den Kopf.
»Da läuft unser Geld«, sagte der andere. »Für jede Haut gibt es gute Dollars. Warte nur, bis wir mit der ersten Ladung nach Dodge City zurückkehren. In ein paar Monaten sind wir reiche Männer.«
»Wenn die uns nicht vorher in Grund und Boden stampfen«, sagte der junge Bat Masterson, ohne seine Blicke von der Herde zu nehmen, die wie ein unaufhörlich flutender Strom an den Reitern vorbeistrebte. Meile um Meile ritten die Jäger, um das Ende der Büffelherde zu erreichen. Es schien, als gehöre die Erde den Bisons, als wollten die gewaltigen Tiere alles weitere Leben verdrängen. Dann, nach Stunden, gegen Mittag, lockerte sich die dichte Formation der Büffel auf. Das Ende der Herde kam in Sicht. Die Jäger zügelten ihre Pferde und luden die Gewehre auf.
»Ruhig bleiben«, rief ein älterer Jäger dem jungen Bat Masterson zu. »Nur in Abständen schießen, damit die Büffel nicht nervös werden.«
Der junge Mann nickte. Der dichte, unter den Hufen der Tiere aufwirbelnde Staub, vermischte sich mit dem Schweiß auf seinem Gesicht und bildete eine graue Kruste auf seiner Haut. Jetzt hob er die Sharps an die Schulter, zielte auf einen mächtigen Bullen mit fast quadratischem Schädel und dichten, struppigen Bartflechten, die von seinem Maul hinunterhingen. Der Rückschlag der Waffe ließ den Lauf etwas hochzucken. Der Bisonbulle schwankte und brach zusammen. Einige Tiere unweit von ihm vollführten ein

paar nervöse Sprünge, fielen dann jedoch rasch wieder in den langsamen Trott zurück, in dem die gesamte Herde dahinzog.
»Bravo!« rief einer der älteren Jäger. »So war es richtig, Bat.« Dann schoß er selbst.
Als es Abend wurde, hatten die Jäger eine lange Spur von toten Büffeln gelegt. Die Sonne stand wie ein Feuerrad über den Bergen im Westen, als die Reiter die Gewehre sinken ließen.
Noch bevor es Nacht wurde, hatten sie die geschossenen Tiere, weit über hundert Stück, enthäutet, und die Häute auf einen flachen Wagen geladen, der später zu der Jägergruppe gestoßen war.
»In einer Woche haben wir mehr Häute, als der Wagen tragen kann«, sagte Billy Dixon, der Anführer der Jäger. »Wie hat dir's gefallen, Bat?«
Der junge Mann verzog sein Gesicht zu einem etwas gezwungen wirkenden Lächeln. Er spürte jeden Knochen in seinem Körper, und seine Muskeln schmerzten so sehr, daß er sicher war, am nächsten Tag sein schweres Gewehr nicht mehr heben zu können. Seine Wildlederkleidung war befleckt von Pulverrauch und Blut, und er befürchtete, den strengen Geruch der Bisons, der ihm nach der harten Arbeit des Enthäutens anhaftete, nie wieder loszuwerden.
»Es ist hart«, sagte er. »Schlimmer, als ich gedacht habe.«
»Ein Zuckerlecken ist es nicht.« Dixon grinste breit und füllte sich seinen Blechbecher aus dem verbeulten Kaffeekessel, der an einem Dreibein über dem Lagerfeuer hing. »Dafür lohnt es sich aber. In einer Woche sind wir in Adobe Walls. Da gibt es saubere Betten, heißes Wasser und viel Whisky.«
Eine Woche, dachte Bat Masterson, als er sich in seine Decke rollte. Nach seinem ersten Tag als Büffeljäger kam ihm diese Frist wie eine kleine Ewigkeit vor.

*

William Barclay »Bat« Masterson war ein Mann, der lange Jahre seines Lebens das Abenteuer suchte, nur um des Abenteuers Willen. Er schrieb später nicht, wie andere Männer seiner Art, seine Memoiren, um sich selbst ein Denkmal zu setzen. Er nutzte das dollarträchtige Interesse der Bevölkerung in den Oststaaten der USA an den Revolvermännern des Wilden Westens nicht aus. Er behauptete nie, irgendwelche hehren Ziele in seinem Leben verfolgt zu haben, wie Wyatt Earp oder Wild Bill Hickok dies taten. Er war immer ein eigenwilliger Mann, der sich nicht einfach in Klischees einordnen ließ. Vielleicht ist das der Grund, daß sein Name von Film, Fernsehen und Literatur immer sehr stiefmütterlich behandelt wurde, daß er immer eine Randfigur blieb, wenn über die amerikanische Pionierzeit und die wilden Rinderstädte in Kansas geschrieben oder berichtet wurde. Obwohl er eine größere Rolle spielte als manche andere. Bat Masterson versagte es sich, aus sich einen Helden zu machen. Er tat recht daran, denn er war kein Held. Andere, die dies von sich behaupteten, waren es auch nicht. Trotzdem präsentierten sie sich den zivilisierten Amerikanern, die vom weiten Westen träumten, als Pulverdampfheroen, die mit dem Colt in der Faust das Land jenseits des Mississippi erschlossen hatten. Sie lebten von der Legende. Bat Masterson tat das nicht, und vielleicht war das die beste Tat in seinem turbulenten Leben.

Geboren wurde er am 26. November 1853 in Quebec, Kanada. Als er zwölf Jahre alt war, zog der Vater, Thomas Masterson, mit seiner Familie nach Illinois, um eine Farm zu gründen. Ein endgültiges Zuhause fanden die Mastersons aber erst im Jahre 1867, zwei Jahre nach dem Bürgerkrieg, als sie sich mit einem Planwagen, der ihre wenige Habe enthielt, nach Kansas aufmachten und sich in der Nähe von Wichita niederließen.

Bat war jetzt vierzehn Jahre alt. Er führte das Leben eines typischen Farmersohnes jener Zeit. Es war ein hartes, ein karges Leben. Die Tage waren mit Arbeit angefüllt, denn jede Maisstaude, jeder Quadratmeter Ackerland mußten der unbearbeiteten, jungfräulichen Scholle abgerungen werden.

Ein Strom von Neusiedlern überschritt in jenen Tagen den Mississippi und zog in die weite Prärie. Der Westen lockte. Dort wartete das große Abenteuer. Die Berichte über Büffeljagden, Indianerkämpfe, Goldfunde und den Eisenbahnbau boten viel Stoff für die Träume eines Halbwüchsigen, dem das sorgenreiche Dasein auf einer kleinen Farm stumpfsinnig, eintönig und langweilig erscheinen mußte. Bat wollte aus dieser Atmosphäre ausbrechen, er wollte sich den Wind der weiten Prärien um die Nase wehen lassen.

Aber erst fünf Jahre später wagte er den Absprung aus der Geborgenheit des Elternhauses, um sich auf eigene Füße zu stellen. 1872 zog er mit seinem Bruder Edward nach Fort Dodge, einem vorgeschobenen Armeeposten, der die Aufgabe hatte, den nach Westen ziehenden Siedlern Schutz zu bieten. Unweit davon war ein Büffeljägercamp entstanden, in dem auch Handel mit den Indianern getrieben wurde. Von dort aus belieferte der Händler Raymond Ritter die Armee in Fort Dodge mit Fleisch und anderen Lebensmitteln. Er heuerte die Masterson-Brüder als Wagenlenker an. Als jedoch sein Vertrag mit der Armee abgelaufen war, machte sich Ritter mitsamt der Kasse aus dem Staub und ließ die jungen Männer ohne Bezahlung sitzen. Enttäuscht vom ruhmlosen Ende ihres ersten Ausflugs in die Welt der Abenteuer kehrten sie nach Hause zurück. Bat aber ließ sich nicht entmutigen. Bereits im November war er wieder in Dodge City und schloß sich professionellen Büffeljägern an. In dieser Zeit begann auch die Blüte des kleinen Ortes.

»Fort Dodge stand am Nordufer des Arkansas River, direkt neben den Wagenspuren des alten »Santa Fé Trails«. Fünf Meilen westlich dieses Armeepostens entstand mit der Zeit ein Camp, in dem Whisky an die Soldaten des Forts verkauft wurde. Es wurde »Buffalo City« genannt. Wenig später, im Sommer 1872, als die Eisenbahngesellschaften ihren Schienenstrang in diesen Teil von Kansas vortrieben, wurde das Camp eine Stadt und erhielt den Namen Dodge City, nach dem alten Fort.
In den frühen Jahren der Stadt wurde Dodge bekannt als die »sündhafteste, gottloseste Kleinstadt in Amerika«, wegen der großen Zahl von Tanzhallen, Bordellen und Kneipen, die samt und sonders von hemmungslosen Frauen und verdorbenen Männern bevölkert wurden. In Dodge City, so wurde gesagt, konnte ein Mann in einer einzigen Nacht alle zehn Gebote mehrfach brechen, in seinen Stiefeln sterben und am Morgen bereits auf dem »Boot Hill« begraben sein, wenn die Sonne aufging. Fast fünfzehn Jahre lang war Dodge City die wildeste Stadt in Amerika.«
Stanley Vestal in QUEEN OF COWTOWNS, DODGE CITY, 1952

Bat Masterson wurde Büffeljäger und folgte den großen Herden gewaltigen Tiere in den Ebenen von Südwest-Kansas und dem Indianerterritorium Oklahoma. Immer wieder kehrte er mit der

Jagdgesellschaft, der er sich angeschlossen hatte, nach Dodge City zurück, um die erbeuteten Häute zu verkaufen. Am Ende jeder Jagdsaison suchte er sich Arbeit auf den Farmen rings um Dodge City, oder in den Geschäften der Stadt.
1874 waren die großen Büffelherden von einer Armee von unersättlichen Häutejägern, die aus dem Modebedürfnis der Amerikaner des Ostens und der Europäer nach Stiefeln, Taschen, Handschuhen und anderen modischen Accessoires aus weichem, porösem Büffelleder, ihren Profit schlugen, erheblich dezimiert worden. Auf den Ebenen von Kansas und Oklahoma gab es keine Büffel mehr.

»Generell wird geschätzt, daß die Büffel – oder Bisons, wie der eigentliche Name dieser Tiere lautete – in einer Anzahl von dreißig- bis sechzig Millionen Stück auf den amerikanischen Prärien umherzogen, als der spanische Eroberer Francisco Vasquez de Coronado 1540/41 in die südwestlichen Ebenen der USA vordrang. 1870 waren die Büffel reduziert auf eine Zahl von fünf Millionen. In dieser Zeit brachte eine Büffelhaut 1,25 Dollar, die delikaten Büffelzungen wurden für 25 Cents das Stück verkauft, die Knochen für 8 bis 12 Dollar die Tonne.«
Dale T. Schoenberger in THE GUNFIGHTERS, 1971

Die Erträge waren für die damalige Zeit durchaus lohnend, und war die Arbeit auch schwer, worüber Masterson in den ersten Jahren klagte, so war sie doch besser, als die eintönige Arbeit auf einer Farm.
1874 hatten sich die Reste der großen Büffelherden in den Texas-Panhandle zurückgezogen. In dieser rauhen, unwirtlichen Gegend war die Raststation der Büffeljäger »Adobe Walls«, ein 1843 gegründeter Handelsposten am Canadian River, mitten im Land der Comanchen. Hier traf im Juni 1874 eine Jagdgesellschaft unter Billy Dixon ein, der Bat Masterson angehörte. Es war kein günstiger Zeitpunkt. In diesem Sommer hatten sich die Comanchen und Kiowas zusammengeschlossen, um einen letzten großen Feldzug gegen die weißen Eindringlinge zu unternehmen. Die Büffeljäger ließen sich davon nicht abschrecken.
»Adobe Walls« bestand, als die Männer dort ankamen, aus drei Gebäuden, zwei Stores und einem Saloon mit Boardinghouse. Die

Stores gehörten den Händlern Charles Myers, Fred Leonard und Charles Rath, der Besitzer des Saloons war ein Abenteurer namens Jim Hanrahan. Alle hatten eines gemeinsam, sie stammten aus Dodge City und waren daher den Männern um Billy Dixon und Bat Masterson bestens bekannt.
Die Jäger wollten sich hier ausrüsten und auf die große Jagd vorbereiten. Kurz nachdem sie eingetroffen waren, erreichte ein Armeescout aus Camp Supply in Oklahoma den Handelsposten. Er kam, um die Bewohner zu warnen, daß in Kürze mit massierten Angriffen der Indianer auf einsame Ansiedlungen Weißer zu rechnen sei. Große Kriegerverbände näherten sich dem Gebiet am Canadian River. Überall waren bereits Farmen niedergebrannt und geplündert worden.
Ein Angriff auf »Adobe Walls« war wahrscheinlich. Den Indianern waren die Weißen zwar insgesamt, die Büffeljäger aber im Besonderen verhaßt.
Der Büffel war vor dem Auftreten der Häutejäger die Existenzgrundlage der Prärieindianer gewesen. Aus seinen Häuten entstanden ihre Kleidungsstücke und Zeltbahnen, sein Fleisch stellte die Ernährungsbasis da. Aus den Knochen wurden Werkzeuge gefertigt, die Sehnen fanden als Nähmaterial und Bogensehnen Verwendung, die Hörner dienten als Schmuck. Die Vernichtung der großen Büffelherden war daher gleichbedeutend mit dem Niedergang der Indianerstämme, die Jahr für Jahr in ohnmächtiger Wut vor den bleichenden Büffelknochen standen, die die Prärien übersäten.
Die beiden Händler Myers und Rath verließen nach dieser Warnung »Adobe Walls«. Zurück blieben neunundzwanzig Männer, deren Geschäft die Büffeljagd war und die nicht daran dachten, sich von den Indianern verdrängen zu lassen.
Wie der Armeescout es vorausgesagt hatte, tauchten am 27. Juni Hunderte von Indianern unter der Führung des Häuptlings »Quanah Parker« vor dem Handelsposten auf und griffen sofort an.
Etwa dreihundert Krieger bedrängten die Jäger, die den Angreifern allerdings in der Bewaffnung erheblich überlegen waren.
Der Kampf der Neunundzwanzig gegen die Dreihundert wurde später von der Presse zu einer der berühmtesten Indianerschlach-

ten der amerikanischen Geschichte hochstilisiert, ob zu recht, darf bezweifelt werden. Der Büffeljäger Billy Dixon schilderte seine Eindrücke später in dem Buch »The Life of Billy Dixon« so:

»Niemals zuvor hatte man ein so glanzvoll barbarisches Schauspiel gesehen... Hunderte von Kriegern, die Blüte der jungen Männer aus der Prärie des Südwestens, ritten auf ihren besten Pferden, bewaffnet mit Gewehren, Lanzen und den schweren Schilden aus Büffelhaut heran ... Überall waren die leuchtenden Farben Rot, Zinnober und Ocker zu sehen – auf den Körpern der Männer und auf den Pferden. An den Zügeln waren Skalps befestigt, und die herrlichen Federn der Kriegshauben flatterten im Wind. Bunte Federn schmückten auch Mähnen und Schwänze der Pferde, und die bronzefarbenen, halbnackten Körper der Reiter glänzten im Schmuck der Silber- und Messingornamente.«

»Zu einem eigentlichen Kampf kam es nur am ersten Tag, und gegen vier Uhr war die »Schlacht« praktisch vorüber. Drei Weiße und dreizehn Indianer waren tot. Die Krieger trieben sich noch ein paar Tage in der Umgebung herum, aber die mächtigen Sharps-Gewehre der Jäger hielten sie in respektvoller Entfernung. Billy Dixon soll einen Indianer aus einer Reiterschar auf eine Entfernung von tausendzweihundert Metern aus dem Sattel geschossen haben. Bald danach verschwanden die Indianer.«

Norman B. Wiltsey in BRAVE WARRIORS, 1963

Am 1. Juli waren die Comanchen verschwunden. Aus der Jagd aber wurde nun doch nichts mehr. Die Jäger beschlossen, nach Dodge City zurückzukehren.

Als sie Mitte Juli in Dodge City eintrafen, hatte der Kampf bereits Schlagzeilen gemacht. Sie wurden wie Helden empfangen. Ihre Namen gingen durch die Zeitungen.

Die Armee interessierte sich für die Kämpfer von »Adobe Walls« und engagierte Billy Dixon und Bat Masterson sofort als Zivilscouts für den Feldzug gegen die aufständischen Comanchen.

Am 12. Oktober 1874 schied Masterson wieder aus Armeediensten aus und war im Februar 1875 in Camp Supply, Oklahoma, zu finden, wo er für fünfunddreißig Dollar im Monat eine Anstellung als Frachtwagenführer erhalten hatte. Aber an die disziplinarischen

Zwänge, denen er sich auch als Zivilangestellter der Armee weitgehend unterwerfen mußte, konnte er sich nicht gewöhnen. Bereits im März 1875 zog er darum nach Texas weiter. Er suchte sich Arbeit auf einem Handelsposten in Sweetwater. Hier ließ er sich fürs erste nieder. Die Arbeit schien ihm zuzusagen, und das wichtigste Bindeglied an Sweetwater dürfte die Tänzerin Molly Brennan gewesen sein, mit der Masterson in dieser Zeit zusammenlebte.

Sie war schließlich auch der Grund für das erste Duell, mit dem er als Revolvermann bekannt wurde.

Der Corporal Melvin King aus dem nahen Fort Richardson hatte sich in Molly Brennan verliebt. Eifersüchtig stellte er ihr nach und drang schließlich in der Nacht des 24. Januar 1876 mit gezücktem Revolver in das Schlafzimmer von Bat und Molly ein. Er schoß sofort. In die Hüfte getroffen stürzte Masterson zu Boden. Im Liegen zog er seinen Revolver und erwiderte das Feuer.

Pulverdampf wogte auf. Molly versuchte, den Kampf zu beenden, indem sie sich zwischen die beiden Männer warf.

Als die Detonationen verhallt waren, lagen King und Molly Brennan tot am Boden. Schwer verletzt, dem Tode näher als dem Leben, schleppte sich Bat Masterson ins Freie.

*

Bats Genesung zog sich lange hin. Gesundheitlich wieder hergestellt tauchte er im Frühjahr 1877 in Dodge City auf. Er besaß aus seiner Zeit als Büffeljäger etwas Geld. So war er in der Lage, mit einem Partner, Ben Springer, einen Saloon mit daran angeschlossenem Bordell zu eröffnen.

In Dodge City war zu jener Zeit der Saloonbesitzer James H. Kelley Bürgermeister. Sein Ziel war es, den Einfluß der Kneipenwirte, Berufsspieler und Bordellbesitzer auf die Politik der Stadtverwaltung zu vergrößern. Unterstützung fand er dabei bei den Verlegern der »Dodge City Times«.

Masterson freundete sich mit Kelley an, der schon bald daran dachte, Bat in seine politischen Überlegungen miteinzubeziehen. Kelley brauchte loyale Gefolgsleute auf allen Ebenen der Stadt- und Bezirksverwaltung, auch unter den Gesetzesvertretern des Ford County, dessen Hauptstadt Dodge City war, um seine eigene

Stellung zu stärken und die Freiräume der Dodger Vergnügungsindustrie zu vergrößern. Bat Masterson schien dazu der richtige Mann zu sein, zumal er durch den Kampf von »Adobe Walls« eine gewisse Berühmtheit erlangt hatte.
Es gelang Kelley, Masterson den Posten eines Deputy-Sheriffs zuzuschanzen. Gleichzeitig sorgte er dafür, daß die Stadtverwaltung Bats Bruder Edward, der inzwischen ebenfalls wieder in Dodge City lebte, als Assistant-Marshal einstellte.
Am 6. November 1877 standen die Neuwahlen für das Amt des County-Sheriffs an. Mit massiver Unterstützung von Bürgermeister Kelley und der »Dodge City Times« wurde Bat Masterson mit knapper Mehrheit auf diesen Posten gewählt.

*

Bat Masterson trat sein Amt in einer turbulenten Zeit an. In den Viehstädten von Kansas, die Sommer für Sommer von texanischen Cowboys überrollt wurden, eskalierte die Gewalt, weitgehend toleriert von Geschäftsleuten, die ihren Profit mit dem Texas-Vieh machen wollten. Die einfachen Bürger von Dodge, die sich gegen den Terror auflehnten, wurden in die politische Einflußlosigkeit gedrängt. Aber das sollten nicht Mastersons einzige Sorgen sein. Seine Bewährungsprobe kam bald.
Am 27. Januar 1878 überfielen nordöstlich von Dodge City fünf Banditen eine Eisenbahn und plünderten die Fahrgäste aus. Bat Masterson stellte sofort ein Aufgebot zusammen. Es gelang ihm, bereits am 1. Februar zwei der Gangster zu stellen. Am 15. März verhaftete er zwei weitere Täter. Der fünfte entkam.
Die Viehsaison des Jahres 1878 begann. Für Bat Masterson als Polizeichef des Countys, und seinen Bruder Ed, der inzwischen von James Kelley zum City-Marshal gemacht worden war, brachen harte Zeiten an.
In der Nacht des 9. April kam es zu einer größeren Schlägerei zwischen einigen Cowboys. Ed Masterson und einer seiner Policemen, Nat Haywood, mischten sich ein und versuchten, den Streit zu schlichten. Einer der Cowboys, ein junger Mann namens John Wagner, war nicht zu besänftigen. Ed Masterson nahm ihm seine Waffe ab und übergab den Revolver einem der Kameraden des Texaners mit der Bitte, ihn solange zu behalten, bis Wagner wieder nüchtern sein würde.

Wenig später besaß Wagner seine Waffe wieder, und er randalierte weiter. Als Ed Masterson und Nat Haywood den Männern kurz darauf wieder über den Weg liefen, reagierte der Marshal ärgerlich, als er Wagner wieder bewaffnet sah. Er wollte ihm den Revolver noch einmal abnehmen. Da zog Wagner die Waffe und begann zu schießen.

Nat Haywood sprang an Ed Masterson vorbei auf den Cowboy zu und wurde von der Kugel ins Gesicht getroffen. Blutüberstömt brach er zusammen. Ed Masterson wurde von einem Projektil gestreift, hielt dann seine Waffe in der Faust, streckte einen Cowboy nieder und verwundete John Wagner schwer, bevor er selbst tödlich getroffen in den Staub stürzte. Wagner schleppte sich blutend in einen Hauseingang. Hier verschanzte er sich, als Bat Masterson kam. Am Morgen des 10. April wurde er in die Werkstatt des Sargtischlers getragen.

Bat Masterson kam lange nicht über den gewaltsamen Tod seines Bruders hinweg. Daran änderten auch die Probleme nichts, mit denen er als Sheriff bedrängt wurde. Die Kriminalitätsrate Dodge Citys stieg rasant an. Mehrere Menschen kamen bei Schlägereien in Saloons ums Leben. Es war ein blutiges Jahr. Masterson tat, was er konnte, aber auch er wurde von der Flut der Verbrechen überrollt.

Am 4. Oktober 1878, fast am Ende der Saison, ermordete der Cowboy Jim Kenedy die im Westen außerordentlich bekannte und beliebte Schauspielerin Fannie Keenan, die in Dodge City gastierte.

Der Anschlag Kenedys hatte dem Bürgermeister und Saloonbesitzer James Kelley gegolten, der Kenedy ein paar Tage zuvor wegen einiger Rüpeleien in seinem Etablissement hatte arestieren lassen.

Am Morgen seiner Freilassung ritt Kenedy zu Kelleys Haus und feuerte blindlings durch die Tür. Kelley aber war gar nicht im Haus. Er hatte seine Zimmer an Fannie Keenan vermietet, die im Bett lag und schlief, als die Kugeln des Cowboys die Tür durchschlugen. Ein Querschläger tötete die Schauspielerin.

Bat Masterson stellte ein Aufgebot zusammen, mit dem er den Mörder jagte und schließlich stellte. Kenedy saß lange im Gefängnis von Dodge, dann sprach ihn ein Gericht frei. Man billigte ihm zu, daß er unter Alkoholeinwirkung gehandelt hatte und seine

Aktion nicht gegen Fannie Keenan gerichtet gewesen war. Die Tat wurde als Unglücksfall eingestuft. Kenedy war frei. Man war in solchen Dingen im Westen nicht sehr zimperlich.

*

Trotz der vielen Arbeit hatte Masterson Zeit, in Saloons und Tanzhallen zu investieren und sich um eine Reihe von Halbweltgeschäften zu kümmern, die ihm gutes Geld einbrachten. Aber der Tod seines Bruders lag wie ein Schatten über allem. Bat kümmerte sich immer weniger um seine Amtspflichten. Er nahm seine Arbeit nicht mehr sonderlich ernst. Charakteristisch dafür war, daß er, obwohl er gewählter Polizeichef eines der unruhigsten Counties von Kansas war, sich im März 1879 von der »Santa-Fé-Railroad-Company«, die einen Privatkrieg gegen eine Konkurrenzgesellschaft, die »Denver-und-Rio-Grande-Company« führte, als Boß einer Revolvermannschaft anheuern ließ.

Die Interessen der beiden Bahngesellschaften waren in einem Teil Colorados kollidiert, der bis dahin von der Öffentlichkeit nicht sonderlich beachtet worden war.

In den Bergen Colorados und New Mexicos waren seit einiger Zeit enorme Silberfunde gemacht worden. Dutzende von Minenstädten waren entstanden, von denen viele durch die beiden Eisenbahngesellschaften, die sich dadurch die profitablen Erztransporte sicherten, mit einem Anschluß an das Schienennetz versehen worden waren.

Die »Denver-und-Rio-Grande-Eisenbahn« beabsichtigte nun, um aus finanziellen Schwierigkeiten, in denen sie seit längerer Zeit steckte, herauszukommen, einen Schienenstrang nach Leadville, dem Zentrum des Silberminengebiets, zu legen, was erheblich größere Transporteinnahmen garantieren sollte.

Als diese Pläne in Angriff genommen wurden, hielt sich die »Santa-Fé-Eisenbahn« noch zurück. Sie hatte durch die Viehtransporte in Kansas bereits große Geschäfte gemacht. Als jedoch die Silberfunde in den Bergen New Mexicos und Colorados immer üppiger wurden, begann auch die »Santa-Fé« sich für eine Strecke nach Leadville zu interessieren.

Aber es gab nur zwei Wege in die Silberstadt, und auf beiden Wegen war nur Platz für eine Bahnlinie. Um das Wegerecht auf diesen Strecken entbrannte zwischen beiden Bahngesellschaften ein erbitterter Streit, der mehr und mehr zu einem regelrechten Krieg ausartete.

Die »Santa-Fé-Railroad« war dabei die finanziell stärkere Partei. Sie heuerte genauso skrupellose wie gefährliche Revolverhelden an, eine Privatarmee, die die »Denver-und-Rio-Grande« in die Knie zwingen sollte, und Bat Masterson sollte sie anführen.

Mit dreißig rauhen Kämpfern zog er nach Colorado, um das Wegerecht für die »Santa-Fé« zu erkämpfen. Die Auseinandersetzung dauerte bis zum Juni. Am Ende hatte Masterson verloren. Am 11. Juni 1879 gingen die Behörden Colorados massiv gegen die »Santa-Fé-Railroad« vor. Im Hauptquartier in Pueblo ergab sich schließlich auch Bat Masterson mit seinen Leuten. Besiegt verließ er Colorado und kehrte auf seinen Posten in Dodge City zurück.

Hier hatte sich in der Zwischenzeit eine starke Opposition gegen ihn gebildet. Er hatte sich mit seiner Eskapade außerhalb des Rechts gestellt. Der gewählte Polizeichef des Ford County, der für Recht und Ordnung in diesem Verwaltungsbezirk verantwortlich war, hatte sich wie ein bezahlter Killer aufgeführt und verantwortungslos und unentschuldbar gehandelt. Die Quittung erhielt er bei der Neuwahl des County-Sheriffs. Im September 1879 wurde er vernichtend geschlagen. Er hatte sein Amt verloren und seine Reputation verspielt.

Bat Masterson verließ die Stadt, wurde Berufsspieler und zog unstet durch Nebraska und Colorado. Einigemale unternahm er noch Abstecher nach Dodge City, so am 16. April 1881, um seinem jüngsten Bruder Jim zu helfen, der inzwischen einen Saloon in der Stadt besaß und von einigen ehemaligen Geschäftspartnern bedrängt wurde. Im offenen Straßenduell schoß Bat Masterson die Gegner seines Bruders nieder und verließ am gleichen Tag wieder die Stadt.

1886 war er noch einmal für kurze Zeit Deputy-Sheriff im Ford County, dann verließ er Kansas endgültig und wurde als Berufsspieler in Denver, Colorado, ansässig. Seine große Zeit als Revolversheriff lag hinter ihm. Der Abenteurer war ruhiger geworden. Er versuchte, eine halbwegs gesicherte Existenz aufzubauen. 1890 fungierte er als Geschäftsführer des »Palace Saloons« in Denver. 1892 erhielt er von der Gastronomiefirma »Watrous, Banninger & Co.« eine Anstellung. Im Auftrag dieser Firma richtete er

1892/93 Spielhallen in der Goldrauschstadt Creede ein und war auch kurze Zeit Marshal des Ortes, ein »kleiner, dicker Mann«, wie eine örtliche Zeitung ihn beschrieb, vor dem sich allerdings die Banditen aus dem Staube machten und »die rauhesten Kerle nur noch zu flüstern wagen, wenn er vorbeigeht.«
Masterson aber wußte, daß Männer wie er nicht mehr gefragt waren. Sein Name war zwar berühmt, aber die Zeit, in der der Westen noch wild gewesen war, neigte sich dem Ende zu. Creede war eine der letzten Goldrauschstädte im Westen der USA. Im Grunde war die Stadt genauso ein Relikt wie Masterson, aus einer Zeit, die sich inzwischen selbst überlebt hatte.

*

Nicht nur die Revolvermänner, auch die Berufsspieler starben aus. Masterson begriff, daß er in einer Zeit der Umwälzungen lebte, in der er sein Leben nachhaltig ändern mußte, wenn er überleben wollte. Da kam er 1897 mit dem Berufsboxsport in Kontakt, als er einem Kampf von Jim Corbett gegen Bob Fitzsimmons beiwohnte. Bei diesem rauhen Sport traf er Männer, die seine Sprache sprachen, die wie er den Kampf und das Abenteuer liebten. Masterson versuchte, selbst ins Boxgeschäft einzusteigen. Zusammen mit einigen Bekannten gründete er in Denver die »Colorado Athletic Association«, eine Box-Promotions-Firma, die Preiskämpfe organisierte. Masterson fungierte bei den von der Firma ausgerichteten Kämpfen als Ringrichter, spielte ansonsten aber nur eine untergeordnete Rolle. Das große Wort führte der Sportjournalist und Herausgeber der »Denver Post«, Otto Floto, der der Firma die publizistische Basis gab.
Diese Tatsache übersah Masterson, als er sich 1899 unzufrieden von seinen Partnern trennte und ein Konkurrenzunternehmen ins Leben rief, den »Olympic Athletic Club«.
Mit viel Optimismus startete er sein Unternehmen. 1902 stand er vor den Trümmern seiner Hoffnungen.
Die »Colorado Athletic Association« und vor allem der Journalist Otto Floto verfügten über einflußreiche Freunde in Polizei und Verwaltung, die Mastersons junge Firma mit immer neuen Auflagen schickanierten, bis es ihm schließlich unmöglich wurde, weiter Preiskämpfe zu veranstalten. Er konnte sich nicht dage-

gen wehren. Ihm fehlte ein öffentliches Organ, wie Floto es mit seiner »Denver Post« besaß. Masterson wurde in den Ruin getrieben.

Nach dem Zusammenbruch des Unternehmens war Masterson ein gebrochener Mann. Er, eine Kraftnatur, ein Mann von großer Energie und Tatkraft, der in der Pionierzeit Amerikas immer die Gefahr und das Abenteuer gesucht hatte, der immer nach den ungeschriebenen Gesetzen der Fairneß des Wilden Westens gelebt und gehandelt hatte, war den Intrigen und geschäftlichen Winkelzügen der neuen Zeit nicht gewachsen. Er suchte Vergessen im Alkohol.

Für ihn war im Westen kein Platz mehr, das fühlte er. Er ließ das Land, in dem er aufgewachsen, in dem er berühmt geworden war, hinter sich, und zog in den Osten, nach New York.

In dieser großen Stadt aber fühlte sich der Mann aus den fernen Prärien völlig einsam und verloren. Er geriet in Unterweltkreise und wurde im Juni 1902 wegen Falschspiels eingesperrt.

Fast fünfzig Jahre war er nun alt. Seine Zukunft sah finster aus. Vor ihm schien sich ein Abgrund aufzutun. Bat Masterson war am Ende.

Aber er hatte noch immer den Ruhm aus vergangenen Tagen, und man erinnerte sich an ihn. Zeitungen griffen seinen Fall auf, schrieben von der Schlacht von »Adobe Walls«, schrieben über die wilden Jahre Dodge Citys. Die Schwergewichtsboxer Jack Johnson, Jesse Willard und Jack Dempsey, denen Masterson einst Kämpfe ausgerichtet hatte, setzten sich für ihn ein.

Diesen Bemühungen hatte er es zu verdanken, daß er schließlich aus dem Gefängnis entlassen wurde. Trotzdem war seine Situation trostlos, und sie wäre es auch geblieben, wenn die Zeitungskampagne zu seinen Gunsten nicht den Präsidenten der USA auf ihn aufmerksam gemacht hätte, und der hieß zufällig Theodore Roosevelt.

Roosevelt war selbst auf einer Ranch im weiten Westen unter Cowboys aufgewachsen. Auch er war im Grunde ein Abenteurer. Er liebte den rauhen Menschenschlag, der den Westen erobert und zivilisiert hatte, und er empfand starke Zuneigung für Männer von Bat Mastersons Art. Er holte den Ex-Sheriff aus Kansas ins Weiße Haus.

Mit der Hilfe Roosevelts gelang es Masterson schließlich, in New

York Fuß zu fassen. Er überwand seine innere Krise, fing sich wieder und begann, sich in der Großstadtatmosphäre New Yorks wohlzufühlen. Bat Masterson vollzog nun auch den Schritt ins zwanzigste Jahrhundert nach, um den viele seiner Artgenossen sich herumzudrücken versuchten. Als Roosevelt ihn am 28. März 1905 zum US-Deputy-Marshal des südlichen Distrikts von New York ernannte, war Mastersons Existenz fürs erste gesichert.

Darüber, wie aktiv Masterson seinen Dienst versah, gibt es keine Unterlagen. Es liegt aber die Vermutung nahe, daß die Ernennung nur der Form halber vollzogen wurde, um Masterson eine finanzielle Grundlage aus der Staatskasse zu verschaffen. Gleichzeitig begann Masterson bei der Zeitung, die ihm in der Zeit, die er im Gefängnis zugebracht hatte, beigestanden hatte, eine Karriere als Sportjournalist, beim »Morning Telegraph«. Nachdem er am 1. August 1909 von seinem Posten als US-Deputy-Marshal entbunden worden war – Roosevelt war nicht mehr Präsident –, wurde Masterson als Sportredakteur fest angestellt. Er hatte es geschafft. Seine Zukunft war wieder gesichert.

Ein langer Weg lag hinter ihm. Durch die staubigen Ebenen des Westens hatte er geführt, durch den Pulverdampf blutiger Straßenkämpfe, in denen es darauf angekommen war, daß ein Mann so schnell wie möglich seinen Revolver ziehen und gezielt schießen konnte, um zu überleben, bis in die bürgerliche Zivilisation des 20. Jahrhunderts.

Noch einmal erlebte Bat Masterson einen gewissen Aufstieg. Durch seine Berichte über die großen Berufsboxkämpfe jener Tage, wurde er zu einem der meistgelesensten und prominentesten Sportjournalisten der USA.

Der Bruch mit seinem früheren Leben war total. Die Jahre, als der Westen erobert wurde, waren vorbei, waren nur noch Erinnerung. Masterson wollte davon nichts mehr wissen. Zwar wurde er oft von Journalisten, Schriftstellern und Historikern darauf angesprochen, aber er sprach nicht gern über diese Zeit. Er wollte nicht als wandelndes Museumsstück enden, konnte aber nicht verhindern, daß seine Umgebung ihn, je älter er wurde, doch mehr und mehr als solches betrachtete. Ein Mann, der noch mit Indianern gekämpft, der noch Revolverduelle ausgefochten, der mit den berühmtesten und berüchtigsten Western-Helden am Pokertisch gesessen hatte. Aber auch ein Mann, der jeden Morgen pünktlich

von seiner kleinen Wohnung zur Redaktion des »Morning Telegraph« ging und sich an seinen Schreibtisch setzte, der zu vergessen suchte, was einmal gewesen war, der keine lebende Legende sein, der als normaler Mensch akzeptiert werden wollte.
Am Morgen des 25. Oktober 1921 erlag der ehemalige Revolvermann einem Herzinfarkt, nachdem er gerade an seinem Schreibtisch Platz genommen hatte.

»Bat Masterson, Indianerkämpfer und Gesetzesvertreter in Dodge City, Kansas, starb letzte Woche in New York. Bat hatte, so wurde gesagt, siebenundzwanzig Männer mit seinem Colt getötet, in den Tagen, da eine Waffe mächtiger war als ein gedrucktes Argument. Seine Karriere als Sheriff in Dodge City wurde begleitet von schauerlichen Vorfällen, und der Fortschritt der Zivilisation ließ ihn schließlich eine neue Zukunft im Osten unseres Landes suchen. Er war Sportjournalist als er starb.«

»DAILY DROVERS TELEGRAM«, Kansas City, 4. November 1921

VII.

LUKE SHORT – DER KLEINE KILLER

»Viele berühmte Revolvermänner waren alles andere als Athleten. Die meisten hatten kleinere oder größere körperliche oder geistige Mängel…
Es ist klar, daß viele Männer zu Experten mit dem Revolver wurden, um ihre körperlichen Handicaps auszugleichen. Colt's »Equalizer« (dtsch. Gleichmacher), der 45er Single-Action-Army-Revolver, war die einzige Möglichkeit, die sie zur Selbstverteidigung und Selbstverwirklichung hatten.«
Stanley Vestal in QUEEN OF COWTOWNS, DODGE CITY, 1952

Der einspännige Kastenwagen verließ den ausgefahrenen Karrenweg, der durch das hügelige Land nach Norden führte, als die Sonne den höchsten Stand erreicht hatte. In der flirrenden Hitze des Mittags rollte der Wagen quer durch das Hügelland auf die Ausläufer des Chimney Rock zu, der sich westlich des Trails wie ein natürliches Monument aus dem Land erhob. Seine schroffen Gipfel ragten in den blaßblauen Himmel, in den die sengende Sonne ein weißglühendes Loch gebrannt hatte.
Der Kutscher des Wagens war ein kleiner, schmächtiger Mann. Der breitkrempige Stetson, den er auf dem Kopf trug, beschattete ein schmales, glattes Gesicht mit einem sorgfältig gestutzten Oberlippenbärtchen.
Nach fast einer Stunde Fahrt erreichte der Wagen einen kleinen Talkessel inmitten der Ausläufer der Berge. Hier herrschte absolute Windstille. Die Hitze hatte sich gestaut. Der Kutscher schwitzte stark. Er trank einen Schluck aus der Feldflasche, die er neben sich am Bock hängen hatte, und wischte sich mit seinem Halstuch, das er vorher anfeuchtete, über Stirn und Wangen.
Als er Hufschlag hörte, erhob er sich und lüftete den schweren Revolver im Halfter an der Hüfte leicht an. Abwartend blieb er auf dem Bock stehen, die Fäuste in die Hüften gestützt.

Wenig später tauchten Reiter oberhalb des Talkessels auf. Sie saßen in leichten Deckensätteln. Ihre muskulösen, bronzefarbenen Oberkörper waren nackt. Sie trugen Lendenschurze und fransenbesetzte Hosen aus weich gegerbtem Wildleder. Bunter Federschmuck steckte in ihrem Haar.

Hintereinander ritten sie in den Talkessel und zügelten ihre Pferde vor dem Wagen. Ihre Gesichter waren markant, ebenmäßig und edel geschnitten. Es waren Krieger vom Stamme der Cheyennes. In den Gürteln hatten sie kunstvoll gearbeitete Tomahawks und lange Jagdmesser stecken. Am Sattel des Anführers baumelte ein schwerer Schädelbrecher mit einem Schlagstück aus Wapitihirschhorn.

Der kleine Kutscher auf dem Bock hob die flache linke Hand.

»Ich grüße dich, White Tail.«

Der Anführer der Krieger nickte nur. In seinem Gesicht zuckte kein Muskel. Es blieb starr wie eine Maske.

»Ich habe alles mitgebracht, was du haben wolltest«, sagte der Kutscher. Seine Blicke glitten rasch über die Gesichter der Krieger. Irgend etwas stimmte nicht. Er fühlte es. Er hatte Erfahrung mit Indianern. Trotzdem ließ er sich nicht anmerken, daß er innerlich unruhig wurde.

»Brandy?« fragte der Häuptling. »Viel Brandy, very well?«

»Viel Brandy, zwei Fässer«, sagte der Kutscher.

»Brandy, gut.« Der Häuptling glitt geschmeidig aus dem Sattel.

Er ging um den Wagen herum, riß die Plane auf und entdeckte die zwei wuchtigen Holzfässer, die direkt am Heck des Gefährtes nebeneinander standen. Er wuchtete eines von der Ladefläche, als sei es leicht wie eine Feder. Die Muskelstränge an seinen Oberarmen traten wie Taue unter der Haut hervor.

»Laß das Faß stehen!« sagte der Kutscher.

»Brandy gehört uns«, sagte der Indianer.

»Wenn ihr bezahlt habt«, erwiderte der Kutscher. »Und ihr habt noch nicht bezahlt. Also los. Rück die Nuggets 'raus, und du kannst den Wagen haben. Wir machen das nicht zum erstenmal.«

»Gewehre?« fragte der Indianer in kehligem, gebrochenem Englisch, ohne auf die Worte des anderen einzugehen. »Good guns, very well.«

»Auch Gewehre«, sagte der Kutscher. »Und Munition. Und jetzt zum Geschäft. Bezahlen, verstehst du!«

»Patronen schlecht«, sagte der Häuptling. »Letzte Patronen sehr schlecht. Du bist ein Betrüger. Patronen schießen vorbei. Pulver zu schwach.«
»Blödsinn«, sagte der Kutscher. Er fühlte sich unbehaglich, und das sah man ihm nun an. »Ihr könnt bloß nicht schießen.«
Der Häuptling ließ das Faß stehen und trat neben den Bock. Er zeigte mit der rechten Hand anklagend auf den Kutscher.
»Du, Luke Short«, sagte der Häuptling. »Du Betrüger!«
»Idioten«, sagte der schmächtige Kutscher. »Weißt du eigentlich, was ich riskiere, wenn ich euch Waffen und Brandy bringe? Wenn die Armee mich erwischt, werde ich aufgehenkt.«
»Betrüger!« wiederholte der Indianer hartnäckig. »Wir bezahlen nicht. Wir nehmen Wagen so.«
»Das könnte euch so passen.« Luke Short wandte sich halb ab, so daß die Indianer nicht sehen konnten, daß er seine Rechte auf den Griff des Revolvers legte.
»Wir dich töten«, sagte der Indianer. Er hob seinen rechten Arm und gab den wartenden Kriegern ein Zeichen. Sie trieben ihre Pferde an und rissen ihre Tomahawks aus den Gürteln.
Luke Short wirbelte auf dem Bock des Wagens herum und hielt bereits seinen Revolver in der Faust, als der Häuptling versuchte, über das linke Vorderrad auf den Bock zu springen. Short feuerte und traf den Cheyenne aus unmittelbarer Nähe.
Der Mündungsblitz der Waffe verbrannte das Gesicht des Indianers. Das großkalibrige Geschoß zerriß die ebenmäßigen Züge des Häuptlings und trat am Hinterkopf wieder aus.
Short wartete nicht, bis der tote Indianer am Boden aufschlug. Er ließ sich fallen und warf sich auf der den Indianern abgewandten Seite vom Bock. Ein Tomahawk wirbelte auf ihn zu. Er zog den Kopf ein. Die Streitaxt blieb mit häßlichem Laut im Holz des Bocks stecken. Wenig später schoß Short den Krieger, der den Tomahawk geworfen hatte, aus dem Sattel. Die restlichen vier umrundeten den Wagen und trieben ihre Pferde direkt auf ihn zu.
Unmittelbar vor den wirbelnden Hufen rollte Short sich unter den Wagen und schoß von hier aus zwei weitere Krieger aus dem Sattel. Die beiden Cheyennes, die übriggeblieben waren, tötete er, als sie zu Boden sprangen und ihn zu Fuß angriffen.
Sein Revolver war leer. Pulverdampf hing in einem dichten,stinkenden Schleier über dem Talkessel.

Short fluchte leise. Er stieß die leeren Patronenhülsen aus der Trommel und lud die Waffe neu auf. Dann versuchte er vergeblich, das Fünfzig-Liter-Brandy-Faß, das der Häuptling vom Wagen gehoben hatte, wieder aufzuladen. Es gelang ihm nicht einmal, das Faß ein Stück zu bewegen. Verwünschungen ausstoßend bestieg er, nachdem er eingesehen hatte, daß es sinnlos war, sich weiter mit dem Faß abzugeben, den Bock, und nahm die Zügel auf. Ohne sich weiter um die toten Indianer zu kümmern, lenkte er den Wagen aus dem Talkessel und steuerte ihn durch das Hügelland ostwärts.

Gegen Abend erreichte er den Karrenweg wieder und schwenkte in südlicher Richtung darauf ein. Wind war inzwischen aufgekommen und hatte eine dunkle Wolkenwand herangeschoben. Es hatte sich etwas abgekühlt. Wenig später fielen die ersten Tropfen. Im strömenden Regen erreichte der Wagen schließlich einen kleinen, primitiven Handelsposten unweit des Karrenweges. Als der Wagen auf den Hof rollte, riß ein großer, bärtiger Mann die Tür der flachen Hütte auf, die das Hauptgebäude darstellte. Trotz des Regens eilte er über den Hof und blieb neben dem Bock stehen.

»Luke, gottseidank, daß du wieder da bist. Was glaubst du, was passiert ist. Soldaten waren hier und haben überall herumgeschnüffelt.«

»Wir müssen weg«, sagte Short. Er sprang durchnäßt vom Bock und schirrte das Pferd aus. »Die verfluchten Rothäute haben gemerkt, daß wir Holzkohle unter das Pulver gemischt haben.«

»Was war los?«

»Was soll losgewesen sein? Sie sind tot. Sechs Krieger.«

»Sechs ... Jesus Christus, wenn uns die Cheyennes in die Finger kriegen, ziehen die uns bei lebendigem Leib das Fell über die Ohren. Hast du die Gewehre alle wieder mitgebracht?«

»Hätte ich sie an die Toten verkaufen sollen? Sie hatten nicht mal Gold mit. Sie wollten mich umbringen. Verdammt, was hätte ich denn tun sollen?«

»Schon gut, schon gut.« Der bärtige Mann nickte nervös. Auch er war jetzt völlig durchnäßt. Er folgte Luke Short mit dem Pferd zum Stall.

»Wir lösen das ganze Lager auf«, sagte Short. »Dann trennen wir uns. Wenn die Soldaten zurückkehren, sind wir weg.«

»Ich möchte, zum Teufel, wissen, wie sie uns entdeckt haben.«

»Irgendwann erwischen sie jeden«, sagte Short. Er lief zurück auf den Hof, wo sich große Pfützen gebildet hatten und der Boden vom Regen in grundlosen Morast verwandelt wurde. »Morgen sind wir weg!« rief er über die Schulter zurück. »Uns kriegen sie nicht.«
Der andere nickte und blieb im Stalltor stehen. Trübsinnig starrte er in die bleigrauen Regenschleier. »Sechs Indianer ...«, flüsterte er vor sich hin. »Ganz allein ... Verdammt, und es war so ein gutes Geschäft ...«

*

Er hieß Short, und das war er auch. Ein kleiner Mann von 1,60 m Körpergröße und rund 125 Pfund Gewicht. Kein Athlet, der den Boden, über den er schritt, zum Erbeben brachte. Ein schmächtiger Dandy, der seine Revolver aber so schnell zog, daß ihm körperlich überlegene Männer aus dem Weg gingen. Denn er machte keine halben Sachen. Wenn er, was er selten tat, seinen Revolver aus seiner mit Leder verstärkten Hosentasche zog, dann nur, um zu töten.
Seine körperliche Schwäche war sein Komplex. Er ließ sich Maßanzüge mit stark wattierten Schultern und Schuhe mit besonders dicken Sohlen anfertigen, um größer und breiter zu wirken. Dabei besaß er einen Namen als Killer, der seine körperliche Beschaffenheit unwichtig erscheinen ließ.
Luke L. Short war einer von den Männern, die Ärger und Schwierigkeiten wie ein Magnet anzogen. Er machte sich allerdings auch nie die Mühe, ihnen aus dem Wege zu gehen. Das hatte gute Gründe. Er glaubte, es sich wegen seiner körperlichen Schwäche nicht leisten zu können, ohne Gesichtsverlust zurückzustecken. Er wollte immer der Stärkere sein. Sein Bedürfnis, stets Sieger zu sein, besser, schneller und härter als andere zu sein, war geradezu psychopathisch.
Im Jahre 1854 wurde er als Sohn eines Farmers in Mississippi geboren. Zwei Jahre später zog die Familie nach Texas, wo es besseres Siedlungsland gab. Der Vater gründete erneut eine Farm.
Hier wuchs Luke Short auf.
Eine unbeschwerte Kindheit lernte er nie kennen. Das Leben war kärglich und eintönig. Früh drängte es ihn, daß Elternhaus zu verlassen.

Der schmächtige Junge träumte davon, groß, hart, zäh und stark zu werden. Das war wohl der Grund, daß er sich bereits als Vierzehnjähriger Arbeit als Cowboy suchte, eine Arbeit, die ihn überforderte. Aber die Weidereiter entsprachen seinem Ideal. Als er jedoch 1870 einen Rindertrail nach Dodge City mitmachte, verlor er angesichts des flitternden, bunten, wilden und abenteuerlichen Lebens in den wilden Rinderstädten von Kansas das Interesse und die Lust an der harten Cowboyarbeit. Nachdem er nun einmal gesehen hatte, wie leicht professionelle Spieler und Saloonbesitzer ihr Geld verdienten, kehrte er nicht mehr nach Texas zurück. Er trampte herum und sammelte seine ersten Erfahrungen in zwielichtigen Spielhallen und Bordellen.
1876 tauchte der junge Mann mit einem Revolver und etwas Geld, das er am Spieltisch verdient hatte, in Sidney, Nebraska, auf. Im Nachbarstaat Süd-Dakota war Gold gefunden worden. Ungeachtet der Tatsache, daß die Goldminen in einem Gebiet lagen, das den Stämmen der Sioux und Cheyennes gehörte, strömten Tausende von Menschen, die das Goldfieber erfaßt hatte, in die Berge Süd-Dakotas. In diesen Tagen war das Städtchen Sidney, Nebraska, einer der vorgeschobensten Posten der Zivilisation. Hier hielten die Trecks der Goldsucher zum letztenmal an, bevor sie ins Indianerland zogen.
Short versprach sich gute Geschäfte in diesem Gebiet, in dem sich Armee und Indianer heftige Schlachten lieferten. Mit einem namentlich nicht bekannten Trader baute er einen kleinen Handelsposten mitten im Indianerland nördlich von Sidney auf und verkaufte Whisky und Waffen an die Sioux und Cheyennes. Darauf standen hohe Strafen, und bald schon gab es Schwierigkeiten. Short erschoß sechs Indianer, die ihn umzubringen versuchten. Kurz darauf wurde die Armee auf den schwunghaften Schnapshandel aufmerksam. Short setzte sich rechtzeitig ab, bevor die Behörden zugreifen konnten.
Im Oktober 1878 kehrte er nach Sidney zurück und verdingte sich als Scout und Kundschafter bei Major Thomas Thornburgh von der 4. US-Infantrie. Wo und wie er seine Erfahrungen mit den Indianern gesammelt hatte, die ihn zu diesem Dienst befähigten, verschwieg er wohlweislich.
Der Dienst bei der Armee sagte ihm nicht sonderlich zu, vor allem war er nicht einträglich genug. So hielt Short es nicht lange in

Nebraska aus. Im gleichen Jahr noch tauchte er in der Silberminenstadt Leadville in Colorado auf, begann, sich seinen Lebensunterhalt am Spieltisch zu verdienen und erschoß seinen ersten Gegner im Revolverduell. Es sollte nicht sein einziger »Gunfight« bleiben.
Short machte Schlagzeilen. Als er 1879 nach Dodge City zog, eilte ihm sein Ruf voraus. Er war ein gefürchteter Mann. In Dodge City freundete er sich mit dem Deputy-Marshal Wyatt Earp und dem County-Sheriff Bat Masterson an, die ihm Zugang zu den wichtigsten Spielhallen der Stadt verschafften, in denen das große Geld zu verdienen war. Und Short wollte viel Geld verdienen. Er war weniger Abenteurer, dafür mehr Geschäftsmann. In Dodge City pokerten viele Männer um Geld. Nur wenigen aber gelang es, Einlaß in die Saloons zu finden, in denen ein Berufsspieler ein reicher Mann werden konnte. Dazu brauchte man Beziehungen. Short schuf sie sich.

*

»Nahezu jedermann in Dodge City spielte. Mein Stiefvater erzählte gern die Geschichte eines selbsternannten »Predigers«, der eines Tages in Dodge auftauchte. Er hängte seinen schwarzen Rock über die Lehne eines Stuhls, bevor er sich setzte, und eröffnete jedes Spiel mit einem Gebet. Er sagte, daß er Gott auf diese Weise gnädig stimmen wolle, um seinen Beistand zu haben, bei der verwerflichen Sünde des Glücksspiels. Da wurde bei einer Gelegenheit entdeckt, daß er ein Ass im Ärmel trug. Er bewahrte Haltung und behauptete genauso unverschämt wie salbungsvoll und mit nachsichtiger Milde, daß nur Gott persönlich das Ass dorthin praktiziert haben könne, um ihm zu helfen.«

Stanley Vestal in QUEEN OF COWTOWNS, DODGE CITY, 1952

Short machte das große Geschäft. Er spielte ehrlich. Er hatte es nicht nötig, mit Tricks zu arbeiten. Seine Kaltblütigkeit, seine Nervenstärke halfen ihm, einer der erfolgreichsten Spieler in Dodge City zu werden.
Bis 1881 hatte er einen Spieltisch im »Long Branch Saloon« gemietet, dem populärsten Etablissement in Dodge City. Dann folgte er Wyatt Earp nach Tombstone. Zusammen mit Doc Holliday ließ er

sich im »Oriental Saloon« nieder. Er blieb nicht lange. Nachdem ihm klar wurde, worum es den Brüdern Earp in Tombstone ging –um die politische Macht in der Stadt –, hielt es ihn nicht länger in Arizona. Er hatte keine Ambitionen, sich in politische Auseinandersetzungen einzuschalten. Er wollte einfach nur Geld verdienen. Nachdem er am 25. Februar 1881 den Falschspieler Charlie Storms am Spieltisch erschossen hatte, brach er seine Zelte in Tombstone ab und kehrte zurück nach Dodge City.

Im »Long Branch Saloon« wurde er mit offenen Armen aufgenommen. Short spielte mit dem Gedanken, sich in Dodge City endgültig niederzulassen und mit seinen Gewinnen am Spieltisch eine bürgerliche Existenz aufzubauen. Am 6. Februar 1883 bot sich ihm die Gelegenheit, einen Anteil am »Long Branch Saloon« zu erwerben. Er griff sofort zu. Aber wenig später war es mit dem Frieden vorbei. Der »Long Branch Saloon« war das mit Abstand geschäftlich erfolgreichste Lokal in Dodge City. Das stach dem Besitzer des »Alamo Saloon« ins Auge, der seine Bar gegenüber des »Long Branch« eröffnet hatte und meist hinter einer leeren Theke stand. Er hieß A. B. Webster und verfügte über sehr viel Einfluß in der Stadt. Gerade war seine zweite Amtszeit als Bürgermeister abgelaufen, und sein Nachfolger, der ehemalige Marshal Larry Deger, war eine Marionette Websters. Webster gedachte, Luke Short das Geschäft gründlich zu versalzen. Er begann, den Konkurrenzkampf gegen Short mit politischen Mitteln zu führen.

Zunächst veranlaßte er, daß die Stadtverwaltung den Beschluß faßte, innerhalb der Stadtgrenzen das Betreiben von Bordellen zu verbieten und alle Personen, die sich an solchen Unternehmungen beteiligten, dem Landstreichergesetz zu unterwerfen, was bewies, welche Auswüchse politische Korruption bereits in jenen Tagen erreicht hatte. Bürgermeister Deger erklärte sodann in einem beispiellosen Willkürakt den »Long Branch Saloon« zu einem Bordell, ließ ihn schließen und Luke Short, sowie dessen Geschäftspartner Will Harris, am 28. April einsperren. Sie wurden kurz darauf aus der Stadt ausgewiesen.

Luke Short dachte nicht daran, sich diesem Komplott zu beugen. Er ging nach Kansas City, um von hier aus den Widerstand zu organisieren. Das war der Beginn einer Auseinandersetzung, die als »Dodge City Krieg« in die Geschichte von Kansas einging.

Short telgraphierte an all seine Freunde und bat sie um Hilfe. Männer wie Wyatt Earp, Bat Masterson, Charley Bassett und andere, alles ehemalige Spieler und Gesetzesvertreter von mehr oder weniger zwielichtigem Ruf, erhörten Shorts Hilferufe und machten sich auf den Weg nach Kansas.

A. B. Webster und sein Freund, der neue Bürgermeister Larry Deger, hörten alsbald von Shorts Plänen und bekamen kalte Füße. Ihnen war klar, daß sie zu weit gegangen waren und sich mit einem Mann angelegt hatten, der über Freunde verfügte, mit denen sie sich nicht messen konnten. Auch dem amtierenden County-Sheriff, der die Webster-Fraktion gegen Short unterstützte, war nicht wohl bei dem Gedanken, bald den gefährlichsten Revolvermännern des Westens gegenüberstehen. Er sandte ein SOS-Telegramm an den Gouverneur von Kansas und bat um Bereitstellung von Staatsmiliz. Anders, so glaubte er, ließe sich die Ordnung in Dodge City nicht mehr verteidigen.

Während der Gouverneur noch zögerte, ritt am 5. Juni 1883 Luke Short mit seinen bis an die Zähne bewaffneten Freunden in die Stadt und nahm den »Long Branch Saloon« wieder in Besitz. Bürgermeister Deger, A. B. Webster und der County-Sheriff Hinkle gingen in die Knie. Noch in der Nacht des 6. Juni trafen sich die Kontrahenten. Ohne daß ein Schuß abgefeuert werden mußte, wurde ein »Friedensvertrag« ausgehandelt. Luke Short hatte gesiegt. Er setzte seinen Willen durch. Wenige Tage später verließen die Revolvermänner die Stadt. Der Frieden war wieder hergestellt.

Trotzdem hatte Short die Lust verloren. Das Leben in Dodge City war ihm verleidet. Im November verkaufte er seinen Anteil am »Long Branch Saloon« und verließ die Stadt für immer, nachdem die Stadtverwaltung ihm für seine widerrechtliche Ausweisung aus der Stadt zuvor einen Schadenersatz in Höhe von 15000 Dollar gezahlt hatte.

Er zog nach Texas und ließ sich in Fort Worth nieder, einer Stadt, die für seine Zwecke wie geschaffen war. Das Glücksspiel war dort verboten. Verbote aber pflegen animierend zu wirken. Folglich konnte es eine bessere Geschäftsgrundlage gar nicht geben. Die illegalen Spielzimmer von Fort Worth waren stets überfüllt, und über die samtbespannten Spieltische wanderten höhere Summen, als in Städten, in denen das Glücksspiel eine legale Basis hatte.

Luke Short suchte und fand Einlaß in die gehobene Gesellschaft von Fort Worth. Bald mietete er sich selbst ein Hinterzimmer in einem Saloon und nahm seine Tätigkeit als Spieler auf. Nicht lange, da war sein Spielzimmer ein Geheimtip in Fort Worth. Bei Short verkehrte die Prominenz der Stadt, und er begann, sich nach einer festen geschäftlichen Basis umzuschauen.

Im Februar 1887 stand der »White Elephant Saloon« zum Verkauf, ein Nobellokal der Stadt. Short interessierte sich dafür. Er war inzwischen selbst ein angesehener Bürger geworden, und es gelang ihm, den Saloon zu erwerben. Wenige Tage nach der Eröffnungsfeier stand ein bulliger, breitschultriger Mann an der Theke des »Weißen Elefanten«. Bürger von Fort Worth, die an diesem Morgen den Saloon betraten, machten einen Bogen um den Mann, der diese Geringschätzung mit einem verächtlichen Lächeln quittierte. Er wartete auf Luke Short, und als der kam, legte er seinen Hut auf die Theke und stellte sich vor. Sein Name war Jim Courtright.

*

»Er war der erste Marshal von Forth Worth, der für eine zweite Amtszeit wiedergewählt wurde. Viele alteingesessene Bürger der Stadt erinnern sich noch gut an die vielen Geschichten, die über Jim entstanden, als er furchtlos antrat, den Ort zu säubern und von Halsabschneidern, Viehdieben und Mördern zu befreien, die sich aus ganz Texas in der Stadt angesammelt hatten.«

F. Stanley in LONGHAIR JIM COURTRIGHT, 1956

Er machte Schlagzeilen als ein Mann, der konsequent für Recht und Gesetz eintrat, der den Respekt seiner Mitbürger genoß und als echter Pionier anderen Gesetzesbeamten Vorbild war. Er endete als Gangster und Revolvermann, als verachteter und gefürchteter Killer, den mancher an den Galgen wünschte: Timothy Isaiah »Jim« Courtrigth, ein tragisches Schicksal im Westen, das beispielhaft für die Zerrissenheit der Zeit steht.

Im Frühjahr 1845 wurde er auf einer kleinen Farm in Iowa geboren. Bereits als blutjunger Mann trat er in die Südstaatenarmee ein und nahm am Bürgerkrieg teil. Nach dem Ende des Krieges zog die Familie Courtright nach Texas und ließ sich in Fort Worth nieder. Man lebte mehr schlecht als recht. Die Courtrights wurden von der allgemeinen wirtschaftlichen Not, die so kurz nach dem Bürgerkrieg in den Südstaaten, besonders in Texas, herrschte, nicht verschont. Der junge Jim mußte sich außerhalb der Farm seiner Eltern Arbeit suchen und hatte das Glück, auf seinen ehemaligen Kommandanten bei der Armee, den Bürgerkriegsgeneral J. A. Logan, zu treffen. Zu ihm hatte Courtright schon während seiner Soldatenzeit ein sehr herzliches Verhältnis gehabt. Logan nahm sich sofort seiner an und verschaffte ihm einen Posten als Armeescout. Jim Courtright diente in Nordwest-Texas, in Arizona und New Mexico. Durch sein unerschrockenes, kühnes Auftreten wurde er binnen kurzem außerordentlich populär. Sein Name war bei den Siedlern im Indianerland, die dem jungen Mann häufig genug ihr Leben verdankten und bei Angriffen von Indianern seinen Beistand erhielten, bald in aller Munde. Er erwarb sich einen Ruf als tapferer, erfahrener Kämpfer.

Als berühmter Mann kehrte er nach Fort Worth zurück, wo sich die wirtschaftliche Lage seiner Familie noch immer nicht merklich gebessert hatte. Jim Courtright aber brauchte sich um seine weitere Zukunft keine Sorgen zu machen. Er hatte einen Namen und wurde von der Stadtverwaltung von Fort Worth sofort als Deputy-Marshal angestellt.

Am 5. April 1876 standen die Wahlen für das Amt des City-Marshals an. Courtright kandidierte und wurde gewählt.

Er war ein erfolgreicher Polizeichef. Die Stadt, die zuvor ein Tummelplatz für Banditen und Viehdiebe aus ganz Texas gewesen war, wurde von ihm mit harter Faust gesäubert. Er war ein »Revolvermarshal« im klassischen Sinn. Ein Mann, der im Grunde durchaus selbst einen desperaten Charakter hatte, der aber seine Fähigkeiten in den Dienst des Gesetzes stellte. Bürger, die es satt hatten, sich von einer Handvoll schießwütiger Gangster terrorisieren zu lassen, holten Männer wie Courtright, weil sie überzeugt waren, daß der Teufel nur mit dem Belzebuben auszutreiben sei.

Courtright wurde ein Jahr später für eine zweite Amtszeit wiedergewählt, aber er beging den Fehler, sich auf politische Intrigen innerhalb der Stadtverwaltung einzulassen, denen er nicht gewachsen war. Er wurde zwischen den Fronten der Demokratischen und der Republikanischen Partei zermahlen und verlor seinen Posten.

Verbittert verließ er Texas, wo sein Erfolg, aus Fort Worth eine sichere und friedliche Stadt gemacht zu haben, nicht vergessen wurde. Schon bald trug der breitschultrige Mann mit den beiden Revolvern, die er mit tödlicher Sicherheit zu gebrauchen wußte, den Stern in der im Goldfieber entstandenen Kistenbretterstadt Lake Valley in New Mexico. Courtright tötete schon in den ersten Tagen zwei Diebe, die sich einer Verhaftung widersetzt hatten. Es blieben nicht seine einzigen Opfer. Er ging hart und rücksichtslos gegen Verbrecher vor, doch der Erfolg, den er in Fort Worth gehabt hatte, blieb aus. Courtright hatte kein Glück mehr, und als die Goldminen in Lake Valley erschöpft waren, verwandelte sich der Ort binnen kurzer Zeit in eine Geisterstadt. Courtright war wieder arbeitslos.

Er wurde zum Tramp, der unstet umherzog und jede Gelegenheitsarbeit annehmen mußte, um sich finanziell über Wasser zu halten. Seine Popularität war verblaßt, und mit dem Erfolg schwanden auch seine Skrupel. Die einzigen Werkzeuge, die er zu gebrauchen wußte, waren seine Revolver, und für Männer wie ihn gab es eine Menge Arbeit in jenen Jahren, schmutzige Arbeit. Wer skrupellos genug war, konnte als Revolvermann viel Geld verdienen.

In dieser Situation traf Jim Courtright auf seinen alten Freund und Förderer General Logan, der inzwischen seinen Abschied von der Armee genommen, eine Ranch in New Mexico aufgebaut und es zum Senator gebracht hatte. Logan streckte Courtright auch diesmal helfend die Hand entgegen. Aber nicht ohne Hintergedanken.

Als Jim Courtright 1883 seine Arbeit als Vormann auf der Logan-Ranch antrat, strömten mehr und mehr Heimstättensiedler ins Land, die aufgrund des Heimstättengesetzes, das jedem erwachsenen Amerikaner für einen geringen Betrag ein Stück Land von 160 Acres (64,75 ha) garantierte, das er lediglich fünf Jahre lang bewirtschaften mußte, um es als Eigentum zu besitzen, die freie Weide für sich beanspruchten. Logan besaß, wie die meisten Großrancher jener Tage, keinerlei Besitztitel für große Teile seiner Ländereien. Das Land war unbesiedelt gewesen, als er sich darauf niedergelassen hatte. Also hatte er, wie andere Viehzüchter auch, seine Rinder darauf weiden lassen, und es schließlich als sein Eigentum betrachtet.

Das Auftreten der Siedler ließ ihn um seine Existenz bangen. Die

Farmer waren im Recht. Das Land, das Logan als seinen Besitz betrachtete, war juristisch gesehen Regierungsland und stand somit zur Besiedlung durch Heimstätter frei. Logan dachte nicht daran, das zu akzeptieren. Mit rechtlichen Mitteln konnte er sich nicht wehren, also beschloß er, die Farmer einzuschüchtern und zu verdrängen, notfalls mit Gewalt.

Auf Courtright wartete Revolverarbeit. Er scheute sich nicht, sie anzunehmen. Der Mann, der einst mit all seiner Energie für Recht und Gesetz eingetreten war, war zum bezahlten Schießer herabgesunken.

Im Auftrage Logans führte er einen gnadenlosen Kampf gegen die kleinen Siedler, die ihre Hütten auf der ehemaligen Logan-Weide errichteten und Felder absteckten. Es waren durchweg kleine Farmer, wie Courtrights Eltern. Daran aber dachte er nicht.

Im Sommer 1883 erschoß er während einer Auseinandersetzung drei im Umgang mit Waffen völlig unerfahrene Siedler, ohne ihnen die geringste Chance zu geben.

Ein Haftbefehl wurde erlassen. Jim Courtright floh aus New Mexico nach Texas. Aus dem einstigen Banditenjäger war ein Gejagter geworden. Texas-Ranger nahmen ihn in Fort Worth fest. Auf dem Transport nach New Mexico gelang es Courtright, seinen Bewachern zu entfliehen. Er ging nach Südamerika.

Ein Jahr später, 1884, kehrte er nach New Mexico zurück und stellte sich den Behörden, wohl wissend, daß diese nach so langer Zeit das Interesse an seinem Fall verloren hatten. Der Westen war noch wild. Verbrechen, wie Jim Courtright sie begangen hatte, gab es jeden Tag. Die Behörden wurden der Flut der Kriminalität nicht Herr. Courtright war mit diesen Praktiken vertraut und spekulierte darauf, daß sich der Sturm der Empörung nach seiner Tat im Laufe des verstrichenen Jahres gelegt hatte. So war es auch. Die Ermittlungen gegen ihn wurden eingestellt. Als freier Mann kehrte er nach Fort Worth zurück.

Aber er war ein Gestrauchelter, der sich nicht mehr die Mühe machte, richtig Fuß zu fassen. Er galt als Killer und wurde verachtet. Er war gezwungen, in Saloons als Rausschmeißer zu arbeiten, wandelte sich immer mehr zum Rowdy, der mehrfach in Revolverduellen Männer tötete, und versuchte schließlich, sich mit einer Privatdetektei durchs Leben zu schlagen.

Er verlor seine Freunde, begann, Schutzgebühren von örtlichen

Kneipenbesitzern zu erpressen, und brachte sein Leben in Spielhallen zu. Er hatte jeden Halt verloren, war ein Mann ohne Moral und Charakter geworden.
Im Februar 1887 eröffnete der Berufsspieler Luke Short in Fort Worth den „White Elephant Saloon". Courtright wußte um die erheblichen Einnahmen, die in diesem Saloon erzielt wurden. Er witterte ein gutes Geschäft für sich, als er Luke Short aufsuchte.

*

»Ich freue mich, Sie kennenzulernen, Mr. Short. Mein Name ist Courtright, Jim Courtright«, sagte der breitschultrige Mann, als der elegant gekleidete Besitzer des »Weißen Elefanten« vor ihm auftauchte und ihn kühl musterte. Courtright überragte Short um mehr als einen Kopf.
»Ich habe von Ihnen gehört, Mr. Courtright.« Short erwiderte den Gruß des anderen nicht. »Was kann ich für Sie tun?«
»Ich möchte Ihnen ein Geschäft vorschlagen, Mr. Short.«
»Ich bin nicht interessiert.«
»Ich glaube doch.« Courtright lächelte verbindlich. In seinen Augen aber lag ein kaltes Glitzern. »Ich bin Inhaber einer Detektivagentur. Wir übernehmen den Schutz von Gaststätten, Tanzhallen und Spielsälen. Wir arbeiten diskret und gründlich. Fort Worth ist eine gefährliche Stadt, Mr. Short. Es gibt eine Menge Gesindel.«
»Ja«, sagte Short. »Das glaube ich auch.«
»Sehen Sie.« Courtright überging die Anzüglichkeit. »Es ist schon oft vorgekommen, daß Saloonbesitzern die Einrichtung zerschlagen wurde, daß Gäste belästigt und ausgeplündert wurden. Das schadet dem Ruf eines Unternehmens und schreckt das Publikum ab. Ich kann Ihnen garantieren, daß so etwas bei Ihnen nicht vorkommt, wenn Sie meiner Agentur den Auftrag erteilen, den »White Elephant« unter unsere Fittiche zu nehmen.«
»Und wenn ich das nicht tue, wird mir die Einrichtung zerschlagen, wie?«
»Nun, Mr. Short, ich habe Sie auf die Situation in der Stadt hingewiesen.« Courtright lächelte noch immer. »Für nur hundert Dollar im Monat gibt es kein Risiko mehr für Sie.«

Der »Long Branch Saloon« in Dodge City war eine der berühmtesten Kneipen des Wilden Westens. Wyatt Earp saß hier oft am Spieltisch. Doc Holliday trank hier seinen Whisky. Luke Short war zeitweise Mitbesitzer des Etablissements.

Luke Short, Revolvermann, Saloonbesitzer und Berufsspieler.

Sie beendeten den »Dodge City Krieg«. Luke Shorts »Peace Commission«. Von links nach rechts: (stehend) W. H. Harris, Luke Short, Bat Masterson. Sitzend: Charley Bassett, Wyatt Earp, L. McLean, Neal Brown.

Von Luke Short im Duell erschossen: Jim Courtright. Marshal, Killer, Gangster und Erpresser. Ein typisches Schicksal im Westen.

Jesse James (links), kein Robin Hood des Wilden Westens, aber ein skrupelloser Bank- und Eisenbahnräuber und menschenverachtender Killer.

Jim Courtrights Opfer: Ein erschossener Heimstättensiedler und sein totes Pferd vor seiner Hütte in New Mexico.

Frank James, 1843 – 1915. Er machte alle Überfälle seines Bruders mit und lebte auch nach dessen Tod vom Ruhm des Jesse James. Noch als alter Mann zog er mit einer Wild-West-Show durch die USA.

Cole (links) und Jim Younger (rechts). Freunde und Kumpane von Jesse James. Nach dem Fiasko in Northfield war ihre Gangsterlaufbahn beendet.

Allan Pinkerton, Chef der legendärsten Privatdetektei der Welt. Er fing die gefährlichsten Verbrecher Amerikas. Jesse James jagte er vergeblich.

Sie besiegten Jesse James: In Northfield vereitelten sie den Überfall auf die »First National Bank«. Von l. nach r.: Sheriff J. Glispin, W. W. Murphy, G. A. Bradford, B. M. Rice, T. L. Vought, C. A. Pomeroy und S. L. Severson.

Nach dem ersten Eisenbahnüberfall der James-Younger-Bande gab die Eisenbahngesellschaft einen Steckbrief heraus.

Die Kopfprämien stiegen rasch. Kurz vor dem Ende der Banditenkarriere des Jesse James bot die »St. Louis Midland Railroad« jedem, der ihn tot oder lebend den Behörden auslieferte, 25 000 Dollar.

»Ich habe sehr gut verstanden, was Sie meinen«, sagte Short. »Ich lasse mich nicht erpressen. Verschwinden Sie. Courtright.«
»Bitte?« Courtright wirkte erstaunt. Er zog die Augenbrauen hoch.
»'raus hier«, sagte Short. »Nehmen Sie zur Kenntnis, daß ich in der Lage bin, allein für mich zu sorgen. Ich möchte niemandem raten, sich an meinem Eigentum zu vergreifen. Gehen Sie, Courtright, oder ich lasse den Marshal holen.«
Courtright lief kirschrot an. Einen Moment sah es so aus, als würde er sich auf den schmächtigen Short stürzen. Dann drehte er sich um und ging, aber er gedachte nicht, sich von dem schwächlich wirkenden, kleinen Spieler so abspeisen zu lassen.
Am 8. Februar 1887 tauchte er vor dem «White Elephant Saloon« auf und stellte sich Short in den Weg, als dieser das Haus verließ.
Courtright sah keine Waffe bei Short und griff nach kurzem Wortwechsel zum Revolver. Er feuerte sofort. Short aber hatte instinktiv einen Satz zur Seite gemacht, so wurde lediglich sein Zylinder getroffen. Dann zog er einen kurzläufigen Colt aus der Hosentasche und schoß dreimal. Seine Kugeln trafen. Courtright war tot.

»Eine Nachricht aus Fort Worth besagt, daß Jim Courtright endlich sein wohlverdientes Ende gefunden hat. Er wurde von einem Mann namens Luke Short erschossen, der ebenfalls als Revolverheld bekannt ist und eine große Rolle im »Dodge City Krieg« gespielt hat, der vor wenigen Jahren Schlagzeilen machte. Courtright ist vielen Menschen im Südwesten persönlich bekannt. Er spielte bei vielen grauenvollen Vorgängen in unserem Land eine Rolle. Es wird gesagt, er habe im Verlauf seines Lebens 14 Männer getötet. Seine Affäre in New Mexico, als er drei Männer im American Valley umbrachte, ist noch jedermann gut im Gedächtnis.«

»SANTA FE NEW MEXICAN«, 12. Februar 1887

Die Nachricht von Courtrights Tod verbreitete sich wie ein Lauffeuer in Fort Worth. Niemand weinte dem zum Gangster abgesackten Held eine Träne nach.
Luke Short wurde vorübergehend festgenommen und gegen Kaution auf freien Fuß gesetzt. Es gab Augenzeugen dafür, daß er

in Notwehr gehandelt hatte, so wurde erst gar keine Anklage gegen ihn erhoben.
In den folgenden Jahren lebte Short friedlich, ohne von sich reden zu machen. Er war ein erfolgreicher Geschäftsmann, dem es finanziell glänzend ging. Dafür machte seine Gesundheit ihm zu schaffen. Er litt unter einer beginnenden Wassersucht, als er im Dezember 1890 Streit mit einem Konkurrenten, Charles Wright, bekam. Es war ein Streit am Spieltisch, der damit endete, daß Wright dem kleinen Revolvermann am Abend des 23. Dezember auflauerte und ihn von hinten mit einer Schrotflinte niederschoß. Luke Short stürzte schwerverletzt zu Boden, konnte dennoch seine Waffe ziehen und Wright mit einem Schuß niederstrecken.
Nachdem er genesen war, verkaufte er seinen Besitz in Fort Worth. Er wußte, daß seine Tage als Revolvermann gezählt waren. Sein ehemals schmächtiger, zierlicher Körper war von der Wassersucht aufgeschwemmt worden. Short litt furchtbar und konnte sich kaum noch bewegen. Er zog von einem Arzt zum anderen und suchte schließlich im August 1893 die Heilquellen von Geuda Springs in Kansas auf. Auch hier konnte ihm niemand mehr helfen. So starb einer der gefährlichsten Revolverhelden des Wilden Westens am 8. September 1893 in einem Sanatorium, 39 Jahre alt.

VIII.

JESSE JAMES – EIN ROBIN HOOD, DER KEINER WAR

»Er war der geborene Organisator und Führer. Er demonstrierte seine Führerqualitäten während seiner Banditentätigkeit jeden Tag. Sein persönlicher Mut kann nicht bestritten werden, aber die Spur von grausamen und schäbigen Gewalttaten, die er auf seinem Lebensweg hinter sich zurückließ, zeigt seinen wahren Charakter. Er versuchte stets, seine Untaten mit der fadenscheinigen Phrase zu rechtfertigen: »Sie trieben uns dazu.« Womit er die »Yankees« meinte, und die im Bürgerkrieg siegreich gewesenen Nordstaaten, die den Süden unterjocht hätten, so daß er gezwungen worden sei, sich dagegen aufzulehnen. Das war eine der zahllosen Legenden über den Banditen Jesse James, eine, die er selbst verbreitet hatte. Andere wurden von Schriftstellern aus den Südstaaten erfunden.«

J. D. Horan und P. Sann in PICTORIAL HISTORY OF THE WILD WEST, 1954

Ein schneidender Nordwester strich über die schneebedeckte Ebene, als sich am Abend des 31. Januar 1874 mehrere Reiter von verschiedenen Richtungen aus der kleinen Bahnstation Gads Hill im südlichen Missouri näherten. Der Himmel hatte eine verwaschene, grauweiße Farbe angenommen und hing voller Schnee.

Die Männer saßen leicht vorgebeugt in den Sätteln. Sie ritten gegen den Wind an. Sie hatten sich in lange, gefütterte Mackinawa-Mäntel gehüllt und sich die Hüte tief in die von der eisigen Kälte geröteten Gesichter gezogen.

Seitlich der Station verliefen die Bahngleise. Am Nachmittag hatte ein Schneeräumer die Schienen freigeschaufelt. Rechts und links vom Bahndamm türmten sich jetzt die hohen Schneewälle, und der blanke Stahl der Schienenbänder schimmerte matt.

Die Reiter trieben ihre Pferde durch hohe Schneeverwehungen bis zu dem kleinen Stationsgebäude, das aus ungeschälten Baumstäm-

men errichtet worden war und ein flaches Dach hatte, dem der Winter eine weiße Pelzkappe aufgesetzt hatte.
Die Männer stiegen aus den Sätteln und führten ihre Pferde in einen Stallanbau seitlich des Gebäudes, dann betraten sie die Station.
Im Aufenthaltsraum, von dem aus eine breite Tür auf den Bahnsteig führte, war es warm. In der Mitte stand ein bullernder Kanonenofen.
Die Männer scharten sich sofort um den Ofen, zogen die festen, ledernen Handschuhe aus und hielten die Hände über die glühende Platte. Die Eiskristalle in ihren Bärten und auf den Kragen ihrer Mäntel schmolzen. Sie stampften von einem Bein aufs andere, um die Füße zu erwärmen, und knöpften schließlich ihre Mäntel auf. Darunter trugen sie breite, patronengespickte Revolvergurte.
Ein mittelgroßer, bärtiger Mann schritt, die Hände tief in die Taschen seines Mantels versenkt, durch den Raum zu einem der zugefrorenen Fenster an der Bahnsteigseite des Gebäudes. Er hauchte ein Loch in die dünne Eisschicht, die sich auf dem Glas gebildet hatte, und schaute hinaus.
»Noch nichts«, sagte er. Er warf einen Blick auf die Uhr an der Wand über dem Eingang. Mit großen Schritten durchquerte er den Raum und stieß die Tür neben dem geschlossenen Fahrkartenschalter auf, an der ein Schild mit der Aufschrift »Office« hing. Im Raum dahinter saß der Stationsvorsteher hinter einem alten Schreibtisch. Vor sich hatte er eine Tasse mit dampfendem Tee stehen.
»Wann kommt der Zug?« fragte der bärtige Mann.
»In höchstens zehn Minuten«, erwiderte der Stationsvorsteher.
Er erhob sich und rückte seinen dunkelblauen Uniformrock gerade.
»Verdammt kalt draußen. Wollen Sie eine Tasse Tee, Sir?«
»Sehr freundlich.« Der bärtige Mann lächelte. »Eine Tasse Tee kann nicht schaden. Aber vorher werden Sie die Station abschließen, Mister.«
»Bitte?« Der Stationsvorsteher zog verwundert die Augenbrauen hoch. Dann wurde er käsebleich. In der Faust seines Gegenübers lag ein langläufiger, schwerer 45er Colt mit fleckiger, blauschwarzer Brünierung. Die Mündung zeigte auf seinen Bauch.

»Wir werden zusammen warten«, sagte der Bärtige, immer noch freundlich, aber unmißverständlich. »Schließen Sie die Station ab.«
»Aber, Sir. Wenn Passagiere kommen...«
»Es kommen keine mehr«, sagte der andere. »Die Station ist außer Betrieb.« Seine Stimme duldete keinen Widerspruch.
Der Stationsvorsteher warf noch einen Blick auf den Revolver und hatte es dann sehr eilig, den Wünschen des Fremden und seiner Begleiter nachzukommen.
Gemeinsam saßen sie danach in dem kleinen Büro und tranken den heißen Tee, den der Stationsvorsteher mit zitternden Händen gebrüht hatte. Als aus der Ferne der schrille Ton einer Dampfpfeife zu hören war, erhoben die Fremden sich. Sie hielten jetzt ihre Waffen in den Händen und gingen zur Tür hinaus auf den Bahnsteig. Draußen rollte gerade stampfend, zischend und fauchend, wie ein dampf- und feuerspeiendes Ungetüm der Zug mit einer riesigen Baldwin-Lok an der Spitze in die Station.
Der bärtige Mann verließ das Office des Stationsvorstehers als letzter. Von draußen klang die harte Stimme eines seiner Begleiter herein.
»Aussteigen, und die Taschen öffnen, Ladies and Gentlemen. Eine milde Gabe für ein paar arme Südstaatler, denen die verfluchten Yankees ihr letztes Hab und Gut genommen haben.«
»Danke für den Tee«, sagte der Bärtige. »Lassen Sie Ihre Finger von dem Telegraphen, bis wir weg sind. Und wenn die Zeitungsleute Sie später fragen, können Sie ihnen sagen, Sie hätten mit Jesse James Tee getrunken.«
Er ging hinaus. Der Stationsvorsteher aber stand wie vom Donner gerührt und starrte stumm auf die Tür, wo der Fremde gerade noch gestanden hatte.

*

Die Legende des Jesse James ist seit vielen Jahren widerlegt, aber sie lebt noch immer. Bis auf den heutigen Tag wird er als Robin Hood der amerikanischen Pionierzeit verherrlicht, der die Reichen bestahl und die Armen beschenkte, der ein Rächer der Witwen und Waisen war. Aber selbst bei objektivster Betrachtung und großzügigster Auslegung seiner Lebensgeschichte, unter Berücksichtigung aller zeitlichen Umstände und Probleme, läßt sich nichts Edles an diesem skrupellosen Kriminellen entdecken.

Am 5. September 1847 wurde Jesse Woodson James als Sohn einer ehrenwerten Familie, die nie mit dem Gesetz in Konflikt geraten war, auf einer Farm in Missouri geboren. Der Vater starb früh. So wuchsen Jesse und seine Geschwister unter der Obhut eines verständnisvollen Stiefvaters, dem zweiten Mann der Mutter, einem Dr. Samuels, auf, dem es jedoch an Härte und Durchsetzungsvermögen fehlte, um die wilden James-Geschwister positiv zu lenken und ihr Temperament in ruhigere Bahnen zu leiten.

Die James-Kinder wuchsen in die Zeit des Bürgerkrieges hinein. Marodierende und plündernde Banden zogen durch das Land, schüchterten die Bürger ein und zwangen ihnen Bekenntnisse für oder gegen die Sklaverei ab.

Als es 1861 zum offenen Bruch zwischen den Nord- und den Südstaaten kam und der Bürgerkrieg ausbrach, stand die Fmilie James auf seiten des Südens. Frank James, Jesses älterer Bruder, meldete sich freiwillig zur Missouri-State-Miliz, wechselte aber bald zu den Partisanen des Südens und trat in die Guerilla-Bande des Charles Quantrill ein, der im Auftrage der Sezessionsregierung die Zivilbevölkerung in den Grenzgebieten der Nordstaaten terrorisierte.

»Charles Quantrill wird der ›blutigste Mann der amerikanischen Geschichte‹ genannt. Er war ein schlanker, schmächtiger Mann, einstmals Lehrer und Leiter einer Sonntagsschule. Er zeigte Jesse James wie man mordete, wie man Pferde stahl, Brände legte und plünderte.

Quantrill war Anführer der größten Guerillatruppe während des Bürgerkrieges. Jesse James war, noch bevor er das 16. Lebensjahr vollendet hatte, einer seiner besten Reiter.«

J. D. Horan und P. Sann in PICTORIAL HISTORY OF THE WILD WEST, 1954

Unter dem Kommando des ehemaligen Dorfschullehrers Quantrill ritten zeitweise über vierhundert Männer, die die Elite des menschlichen Abschaums der Südstaaten darstellten. Ihre Brutalität war nicht zu überbieten. Sie plünderten, brandschatzten, vergewaltigten, quälten und mordeten hemmungslos und wurden in den harten Jahren des Krieges zur Geißel der Zivilbevölkerung.

Spektakulärste Aktion der Quantrill-Truppe war der Überfall auf

die Stadt Lawrence in Kansas. Am 21. Januar 1863 überfielen knapp vierhundert Guerillas den Ort und machten ihn dem Erdboden gleich. Über zweihundert Häuser gingen in Flammen auf, über einhundertfünfzig unschuldige Zivilisten, die am Kriegsverlauf nicht den geringsten Anteil hatten, mußten ihr Leben lassen.
Frank James hatte sich bei dem blutigen Gemetzel besonders hervorgetan und avancierte zu einem von Quantrills »Leutnants«. Kurz nach dem Lawrence-Massaker stieß auch sein Bruder Jesse zu den Guerillas. Er überflügelte den älteren Frank bald an kämpferischem Einsatz und Blutgier und spielte, trotz seiner jungen Jahre, eine hervorragende Rolle in Quantrills Haufen.
Seine Feuertaufe erhielt er am 27. September 1864, als er an dem Überfall auf das kleine Nest Centralia im nordöstlichen Missouri teilnahm. Hier hielten die Rebellen einen Transportzug der Nordarmee an, holten dreiundzwanzig Soldaten heraus, die auf der Stelle niedergeschossen wurden, und setzten den Zug samt Inhalt in Brand.
Die Guerillas zogen ab. Wenig später erreichten rund zweihundert Soldaten des 39. Missouri-Infantrie-Regiments den Ort und nahmen die Verfolgung auf. Sie stießen nur wenige Meilen entfernt von Centralia auf den Sammelplatz der Marodeure. Hier lagerte Quantrill mit fast dreihundert Männern. Er ließ sofort zum Angriff blasen. Nach einem heftigen Kampf blieben über einhundertachtzig Nordstaatensoldaten tot auf dem Schlachtplatz zurück. Der Kommandant, ein Major Johnson, wurde von dem halbwüchsigen Jesse James erschossen.
Er stieg in der Rangordnung der Guerillas rasch auf, und bald hörte eine Reihe von Männern auf sein Kommando. Dazu gehörten auch einige entfernte Verwandte der Familie James, die es ebenfalls zu Quantrill verschlagen hatte. Es handelte sich um die Brüder Cole, Bob, Jim und John Younger.
Als der Bürgerkrieg zu Ende war, war die Wirtschaft der Südstaaten ruiniert. Die James- und die Younger-Brüder waren nach ihrer Heimkehr von der Front arbeitslos, so wie die vielen Soldaten, die in dieser Zeit von den Schlachtfeldern nach Hause zurückkehrten.
Es herrschten chaotische Zustände. Jeder wollte überleben, egal wie. In diesen Nachkriegswirren, in denen das Faustrecht regierte und Gesetz und Ordnung mit Füßen getreten wurden, schossen

die Banditen-Banden, bestehend aus ehemaligen Südstaatensoldaten und Guerillas, wie Unkraut aus dem Boden. Vorwiegend blutjunge Männer waren es, die die Flucht in die Gesetzlosigkeit antraten, weil sie mit den veränderten Lebensbedingungen nicht mehr fertig wurden.

Im Krieg waren sie aufgewachsen, unreif und unfertig hatte man sie als halbe Kinder in Uniformen gesteckt, ihnen Haß eingeimpft und Skrupel ausgetrieben. Jahrelang hatten sie mit der Waffe in der Hand gelebt, hatten gelernt zu kämpfen und zu töten. Das Denken war ihnen abgewöhnt worden. Dem Elternhaus entrissen, war die auf Befehl und Gehorsam aufgebaute Armee ihr einziger Halt gewesen. Sie konnten nicht begreifen, daß das, was sie im Krieg auf Anweisung getan hatten – Töten und Plündern –, für das sie teilweise mit Orden ausgezeichnet worden waren, nun auf einmal falsch sein sollte. Für diese Männer war das neue Recht Papier, und seine Grenzen waren fließend. Das Gesetz war der Colt.

In dieser Zeit, in der die Nordstaaten mit einer brutalen Besatzungspolitik die Südstaaten unterwarfen, kamen viele vom geraden Weg ab. Auch die Brüder Frank und Jesse James und die Gebrüder Younger, die den Krieg dort kennengelernt und geführt hatten, wo er am schmutzigsten gewesen war. Sie waren abgestumpft. Angesichts der trostlosen Situation in den Südstaaten machten sie gar nicht erst den Versuch, den Krieg zu vergessen und ein geordnetes Leben zu beginnen.

Die neuen Gesetze der Unionsregierung respektierten sie nicht. Für sie war der Krieg nicht zu Ende. Von geregelter Arbeit wollten sie nichts wissen, zumal sie sahen, daß die Militärverwaltungen der Nordstaaten, die überall im Süden errichtet worden waren, Siedler und Rancher mit willkürlichen Steuern ausbluteten. Sie erinnerten sich an das, was Quantrill, der in den letzten Kriegstagen noch gefallen war, ihnen beigebracht hatte. Rauben, Plündern und Stehlen war bisher ihr Leben gewesen, so sollte es bleiben. Diese Ansicht vertraten auch die Younger-Brüder, die sich mit den James' zusammentaten. Gemeinsam fanden sie noch weitere Männer, die ebenso gesellschaftlich entwurzelt waren, wie sie selbst.

Im Februar 1866 erfolgte der erste Überfall der neu formierten Bande auf die »Clay County Bank« in Liberty, Missouri. Mit einer Beute von 70000 Dollar verließen die Banditen die Stadt und er-

schossen einen unbewaffneten jungen Mann, der ihnen zufällig in den Weg lief.
Die kriminelle Karriere des Jesse Woodson James hatte begonnen. Er übernahm die Führung der Bande, obwohl er der Jüngste war. Aber seine Führungsqualitäten, seine kalte, berechnende Intelligenz, verwiesen jeden seiner Mitbanditen ins zweite Glied. Jedem Überfall ging eine generalstabsmäßige Planung voraus, deren Kopf der junge Jesse James war. Seine Fähigkeiten wurden von den Männern, die sich ihm anschlossen, neidlos anerkannt.

»Jesses Bande war selten groß. Er bevorzugte kleine, schlagkräftige Gruppen. Er legte Wert darauf, jeden seiner Männer auf das Intimste zu kennen, deshalb achtete er darauf, daß nach Möglichkeit innerhalb der Bande verwandtschaftliche Bindungen vorherrschten...
Die Kulisse jedes Überfalls wurde vor dem Zuschlagen sorgsam erkundet. Jesse besorgte sich stets Pläne der Orte, in denen ein Überfall geplant war. Er informierte sich genau über Anzahl und Stärke der Polizeigruppe einer Stadt und plante für alle Eventualitäten verschiedene Fluchtwege... Seine Leute mußten alle erstklassige Reiter und Experten in Guerilla-Taktik sein...«

J. D. Horan und P. Sann in PICTORIAL HISTORY OF THE WILD WEST, 1954

Nach dem ersten Überfall in Liberty folgten die Räubereien der Bande Schlag auf Schlag: Am 2. Oktober 1866 stürmten die Gangster in die Bank von Lexington, Missouri, und raubten 2000 Dollar. Anfang März 1867 beraubten sie eine Privatbank in Savannah. Am 22. Mai 1867 ritt Jesse James mit seiner Bande in Richmond ein, um die Privatbank von »Hughes & Wasson« zu berauben. Hier stießen die Männer zum erstenmal auf Widerstand und demonstrierten ihre Rücksichtslosigkeit. Als die Bande mit 4000 Dollar Beute die Stadt verließ, lagen der Bürgermeister John B. Shaw, ein unbeteiligter Bürger, und der Storebesitzer Griffins und sein Sohn tot im Straßenstaub. Vier Menschen für viertausend Dollar. Am 20. März 1868 nahm Jesse James die Bank in Russelville, Kentucky, aus.

»Am 7. Dezember betraten zwei Männer, die als Jesse James und Cole Younger identifiziert wurden, die »Daviess-County-Savings-Bank« in Gallatine, Missouri. Ein dritter Mann, Frank James, blieb vor dem Gebäude im Sattel sitzen und hielt die Pferde am Zügel.
John W. Sheets, der Kassierer der Bank, bediente gerade einen Kunden, den Farmer McDowell. Als er den Kopf hob, schaute er in die Mündung von Cole Youngers Revolver. Jesse hielt den Farmer in Schach. Jesse befahl dem Kassierer, schnell den Safe zu öffnen und den Inhalt in einen Sack zu füllen, den er ihm reichte. Der Safe war an diesem Morgen fast leer. Wenig mehr als 1000 Dollar befanden sich darin.
Ob nun die Wut über diese magere Beute oder die allgemeine Nervosität der Banditen an den folgenden Ereignissen die Schuld trug, läßt sich nachträglich schlecht sagen, jedenfalls glaubte Jesse James plötzlich, in dem Kassierer John Sheet den Lieutenant S.P. Cox der Unionsarmee wiederzuerkennen, der in einem Kampf mit den Guerillas einen Unterführer Quantrills, Bloody Bill Anderson, getötet hatte. Ohne ein Wort zu sagen, schoß Jesse James dem Mann kaltblütig eine Kugel in den Kopf. Der Kassierer war sofort tot.
Der Schuß alarmierte die Bürger der Stadt. Bewaffnete Männer stürmten aus den Häusern. Frank James stieß auf der Straße einen Warnschrei aus, und Cole und Jesse ergriffen die Flucht.«
H. S. Drago in OUTLAWS ON HORSEBACK, 1964

Am 3. Juni 1871 erbeuteten Jesse James und seine Männer 6000 Dollar in der Bank von Corydon, Iowa. Am 29. April 1872 war die Bank von Columbia, Kentucky, dran, am 21. Mai 1873 die Sparkasse von St. Geneviéve, Missouri.
Zu diesem Zeitpunkt wurde die berühmte Pinkerton-Detektiv-Agentur auf die Aktionen der James-Younger-Bande aufmerksam. Jesse James gehörte bereits zur »Prominenz« unter den Gesetzlosen Amerikas. Er machte Schlagzeilen. Hohe Prämien wurden für seine Ergreifung ausgeschrieben.
Allan Pinkerton und seine Söhne waren von der Aura des Erfolges umgeben. Das 1850 gegründete Detektiv-Büro galt als schlagkräftiger und besser organisiert als die Polizeibehörden des Landes. Wo sie versagten, griff Pinkerton klärend ein. Es gab kaum einen großen Verbrecher, der nicht früher oder später Allan Pinkerton ins Netz gegangen war. Dies mußte so bleiben, wenn der über

den ganzen Kontinent reichende Ruhm der Detektei nicht leiden sollte. Schon aus diesem Grund mußte Pinkerton sich um Jesse James und seine Spießgesellen kümmern. Doch an ihm sollte er sich die Zähne ausbeißen.

*

Bei Adair in Iowa hatte die James-Bande am 21. Juli 1873 Premiere mit ihrem ersten Eisenbahnüberfall. Die Banditen rissen die Schienen auf und brachten den Zug zum Entgleisen. Tote und Verletzte lagen neben dem Bahndamm, schreiende Menschen waren in ihren Waggons eingeklemmt, als Jesse James mit seinen Leuten die hilflosen Opfer ausplünderte. Mit einer Beute von 7000 Dollar verschwanden die Gangster in der Nacht.

Zu diesem Zeitpunkt recherchierte die Pinkerton-Detektei bereits seit einem Jahr in Sachen Jesse James, aber sie trat auf der Stelle. Es blieb bei routinemäßigen Nachforschungen, zumal die Detektive in Missouri, dem Heimatstaat des Mörders, auf eine Mauer des Schweigens stießen.

Die James-Brüder genossen Sympathie in der Bevölkerung. Man sah in ihnen gute Südstaatler, die sich gegen die Willkür der Nordstaaten auflehnten, die den Geschäftsleuten aus dem verhaßten Norden das wegnahmen, was diese sich im Süden »zusammengeraubt« hatten. Es war gut, Yankee-Dollars zu stehlen, und es war gut, Yankees zu erschießen. Das war, auch noch viele Jahre nach dem Krieg, die Einstellung im Süden. Jesse James und seine Mannen taten nichts, als dem unterschwelligen Haß der Bürger von Missouri rabiat Ausdruck zu verleihen. Daß die Banditen längst alle hehren Ziele über Bord geworfen hatten und nur noch aus nackter Geldgier raubten und mordeten, war keinem jener Männer klar, die sich schützend vor die Gangster stellten, ihnen Versteck gewährten und sie mit Proviant versorgten, wenn sie wieder einmal auf der Flucht vor dem Gesetz waren.

Am 31. Januar 1874 schlug Jesse James wieder zu. Er überfiel auf der kleinen Bahnstation Gads Hill den aus Little Rock kommenden Expreß-Zug.

Die zunehmende Dreistigkeit der Banditen bereitete Allan Pinkerton nicht geringes Kopfzerbrechen. Die Erfolglosigkeit, mit der seine Detektei im Fall Jesse James operierte, bedrohte den guten

Ruf des Unternehmens. Aber was Pinkerton auch tat, er war vom Pech verfolgt.
Einer seiner Detektive, John W. Whicher, konnte in die Bande eingeschleust werden. Seine Leiche wurde wenig später in der Nähe von Independence gefunden. Wenige Wochen danach stießen die Detektive Louis Lull, John Boyle und E. B. Daniels auf die Spur der Younger-Brüder. Am 16. März 1874 wurden sie von John und Jim Younger auf der Landstraße nach Roscoe gestellt. Die Youngers rissen als erste ihre Waffen aus den Holstern. Nur wenige Schüsse krachten, dann waren Lull und Daniels tot. Auch John Younger war tödlich getroffen worden. Pinkerton war wieder gescheitert.
Jesse James ließ sich von den Aktivitäten der Detektei nicht beeindrucken. Am 12. Dezember 1874 überfiel er in Muncie, Kansas, den Zug nach St. Louis.
Daraufhin entschloß Pinkerton sich zu einer Verzweiflungstat. Am 26. Januar 1875 ließ er ein bezahltes Aufgebot gegen das Farmhaus der Familie James vorgehen, in dem er das Versteck von Frank und Jesse vermutete. Die Aktion ging als »the bomb raid« unrühmlich in die Geschichte der Pinkerton-Agentur ein.
Pinkertons Männer warfen bei Nacht und Nebel eine Brandbombe durch das Fenster des Hauses. Im Haus befanden sich zu diesem Zeitpunkt der Stiefvater der James-Brüder, Dr. Samuels, Zerelda, die Mutter, sowie zwei kleine Kinder, Halbgeschwister von Jesse und Frank.
Die Brüder selbst waren nicht da. Pinkerton war einer Fehlinformation aufgesessen. Das kostete der Mutter der James-Brüder einen Arm und dem achtjährigen Archie, dem Halbbruder der beiden, das Leben.
Die Empörung über diesen Anschlag schlug in Missouri hohe Wellen. Die Sympathien für die James-Brüder wuchsen noch. In den Augen der Bevölkerung rechtfertigte das Bombenattentat noch im Nachhinein viele Bluttaten des Jesse James.
Seinen Zorn über die Pinkerton-Aktion gegen seine Angehörigen ließ Jesse James an den Opfern seiner Überfälle aus. Im Mai 1875 überfiel er mit fünf Begleitern in Texas die Postkutsche aus San Antonio und plünderte die Reisenden bis aufs Hemd aus. Wenig später stürmte die Bande die Bahnstation von Sedalia in Missouri und überfiel den haltenden Zug der »Missouri-&-Pacific-Railroad«.

Jesse James war nicht zu bremsen. Die Prämien auf seinen Kopf stiegen. Eisenbahngesellschaften setzten hohe Belohnungen aus, wie die »St. Louis-Midland-Railroad«, die allein 25000 Dollar für seine Ergreifung bot.
Aber der Erfolg, Jesse James unschädlich gemacht zu haben, der weder den Behörden, noch den Pinkertons zuteil wurde, sollte einer Gruppe von mutigen Bürgern vorbehalten bleiben, die in Jesse James nicht länger den »Rächer der Enterbten«, sondern einen Verbrecher sahen, der sich an ihrem schwer erarbeiteten Eigentum vergriff und das Land mit Terror überzog, dem Einhalt geboten werden mußte.

*

»Ende August 1876 tauchte im südlichen Minnesota eine geheimnisvolle Gruppe von Männern auf und besuchte mehrere Städte in diesem Teil des Staates. Die Bürger begegneten ihnen mit instinktivem Mißtrauen, denn die Männer sahen verteufelt hart aus. Aber sie benahmen sich wie Gentlemen, waren stets höflich und zurückhaltend. Sie waren zu Pferde unterwegs und ritten wie Männer, die es gewöhnt waren, im Sattel zu leben. Sie besaßen erstklassige Pferde, die sie teilweise erst in Minnesota erworben hatten. Sie verfügten über viel Geld und gingen großzügig damit um.
In welcher Stadt sie auch auftauchten, niemals konnte man den Eindruck gewinnen, daß sie zu einer organisierten Bande gehörten. Meist traten sie nur paarweise auf, höchstens mal zu viert. Wenn sie gleichzeitig in einer Stadt auftauchten, wohnten sie in verschiedenen Hotels. Sie gaben sich als Landvermesser aus, die einen neuen Weg für eine Eisenbahngesellschaft suchten, als Landspekulanten und Viehhändler. Nirgends stießen sie auf Schwierigkeiten.«
George Huntington in ROBBER AND HERO, 1895

Am 7. September 1876 ritten die Mitglieder der James-Bande nach wochenlangen Recherchen und Vorbereitungen auf verschiedenen Wegen in Northfield, Minnesota, ein, um die »First-National-Bank« der Stadt zu überfallen.
Jesse James drang mit zwei Kumpanen in den Schalterraum der Bank ein, in dem sich keine Kunden, nur der Kassierer Joseph L. Heywood und die beiden Angestellten Frank Willcox und A. B. Bunker aufhielten.

Jesse James forderte die Angestellten auf, den Geldschrank zu öffnen. Heywood versuchte, den Gangster hinzuhalten. Er entgegnete, der Schrank habe ein Zeitschloß und ließe sich nicht öffnen. Dann versuchte er, durch einen Hinterausgang zu flüchten.
Jesse James eröffnete ohne zu zögern das Feuer. Von einer Kugel in den Kopf getroffen stürzte Heywood zu Boden. Verwundet blieben Frank Willcox und A. B. Bunker zurück, als die Banditen ohne Beute das Bankgebäude verließen.
Inzwischen waren auf der Straße einige Bürger auf die schwerbewaffneten Männer vor der Bank aufmerksam geworden. Sie hatten ihre Waffen geholt, und als aus dem Gebäude Schüsse zu hören waren, liefen sie auf die Straße.
Das mutige, unerschrockene Eingreifen der Bürger war der Beginn einer heftigen Schießerei, die mit einem Fiasko für die James-Bande endete. In nur fünfzehn Minuten wurden die gefürchteten Banditen von den Männern von Northfield zusammengeschossen.
Jesse und Frank James entkamen, gejagt von einem gnadenlosen Aufgebot. Ihre Kumpane Clel Miller, Bill Chadwell und Charlie Pitts verbluteten auf der Hauptstraße von Northfield. Die drei Gebrüder Younger wurden verwundet gefangengenommen. Es gab keine James-Bande mehr.

»Die Schlacht zwischen Desperados und friedlichen Bürgern steht als Beispiel für die Tapferkeit, den Mut, die tödliche Entschlossenheit und die Fähigkeit einer Gemeinschaft, sich gegen skrupellose Halunken zu verteidigen, die sich einbilden, die Ordnung zerschlagen zu können.
Auf der einen Seite stand eine Bande von organisierten, schwerbewaffneten und ausgekochten Verbrechern, die sich seit Wochen auf ihren Überfall vorbereitet hatten. Auf der anderen Seite standen gute, gesetzestreue Männer, mit Kampf und Gewalt nicht vertraut, aber fest entschlossen, ihre Ordnung und ihre Gesetze mit aller Härte zu verteidigen.«
George Huntington in ROBBER AND HERO, 1895

*

Der Nimbus der Unbesiegbarkeit des Jesse James war eindrucksvoll zerstört worden. Jesse und Frank wurden nach ihrer Niederlage in Northfield zu Gejagten, die kaum noch Ruhe fanden, die immer weniger Freunde fanden, von denen sie Unterstützung erhoffen konnten.

Während die Younger-Brüder vor Gericht gestellt und zu jeweils fünfundzwanzig Jahren Zuchthaus verurteilt wurden – Bob Younger starb im Gefängnis an seinen Wunden, Jim beging später Selbstmord –, versuchte Jesse James, seine Bande erneut zu formieren. Aber über den Schock von Northfield kam er nicht mehr hinweg.

Erst im Oktober 1879 schlug er wieder zu. Mit neuen Leuten überfiel er die Bahnstation von Glendale, Missouri, und fing einen ankommenden Zug ab. Die Beute: 35000 Dollar. Im Juni 1881 raubte die Bande die Bank von Riverton, Iowa, aus. Am 15. Juli 1881 überfiel Jesse James in Winston einen Zug der »Chicago-Rock-Island-&-Pacific-Railraod«. Am 7. September 1881 wurde wieder ein Zug in der Bahnstation von Glendale gestoppt.

Das war der letzte Raubzug des Jesse James. Er fühlte sich nicht mehr wohl in seiner Haut, fand immer weniger Freunde, die ihm ein Versteck boten, und mißtraute jedem, auch den Mitgliedern seiner Bande, die von den hohen Belohnungen, die für die Ergreifung ihres Anführers ausgesetzt waren, nervös gemacht wurden. Jesse James löste die Bande auf. Einige Männer, die zuviel über sein Inkognito, das er sich im Laufe der Zeit aufgebaut hatte, wußten, verschwanden auf unerklärliche Weise. Dann war von Jesse James plötzlich nichts mehr zu hören. Er war untergetaucht, hatte den Namen gewechselt, war in eine andere Haut geschlüpft und versuchte, sich als ehrbarer Bürger zu etablieren.

Bereits 1874 hatte er geheiratet, und am 31. August 1875 hatte seine Frau ihm einen Sohn geboren. Jesse James wollte ihnen nach den Jahren der ewigen Flucht von der Beute seiner Raubzüge ein halbwegs gesichertes Leben aufbauen. Unter dem Namen Howard kaufte er in St. Joseph, Missouri, ein Haus und lebte hier mit seiner Familie zurückgezogen und unauffällig wie ein wohlhabender Bürger.

Die Behörden aber hatten noch nicht aufgegeben, ihn zu suchen, und die Belohnungen auf seinen Kopf bestanden nach wie vor.

Das viele Geld reizte die Brüder Bob und Charly Ford, entfernte Verwandte von Jesse. Der Bandit vertraute ihnen blind und ließ sie am 3. April 1882 arglos in sein Haus. Als er ihnen den Rükken zuwandte, zog Bob Ford seinen Revolver und streckte Jesse James mit einem Schuß in den Hinterkopf nieder.

Noch einmal überzog, als dieser heimtückische Mord bekannt wurde, eine Sympathiewelle für Jesse James das Land. Die Geburt der nahezu unsterblichen Jesse-James-Legende war vollzogen.

Frank James stellte sich, sofort nachdem die Ermordung seines Bruders bekannt wurde, den Behörden, erkennend, daß nun auch er endgültig am Ende war. Sein Schritt war ein geschickter Schachzug. Unter dem Druck der mit den James-Brüdern sympathisierenden Öffentlichkeit – eine auflagenstarke Presse bastelte eifrig am Heldenbild des Jesse James –, sah sich der Gouverneur von Missouri genötigt, Frank James zu amnestieren, während die Brüder Ford, angefeindet von jedermann, Missouri verlassen mußten.

Überraschenderweise sagte Frank James dem Banditenleben wirklich ade. Er gründete eine Farm in Texas, heiratete, und zog als alter Mann mit einer Wild-West-Show durch das Land. Am 18. Februar 1915 starb er, seine Nachkommen leben noch heute, genauso wie die Nachfahren seines Bruders Jesse.

Der 1875 geborene Sohn des Banditen besuchte gute Schulen, studierte, und wurde Rechtsanwalt. In Los Angeles im Staate Kalifornien wurde er ansässig und brachte es zu großem Ansehen und erheblichem Reichtum, auf ehrliche Weise. Er hatte vier Töchter, die alle das College besuchten und in prominente Familien Kaliforniens einheirateten. Ihre Kinder sind noch heute stolz darauf, Jesse James zum Urgroßvater zu haben. Von den Opfern dieses Mannes allerdings spricht heute kaum noch jemand. Das weltweit verbreitete Epos vom Helden, der keiner war, hatte keinen Platz für ein paar hilflos Ermordete, die eine andere, nicht so rührende und schöne Geschichte von Jesse James hätten erzählen können.

Als der Gouverneur von Missouri persönlich Steckbriefe herausgab, mit denen nach Frank und Jesse James gefahndet wurde, war das Schicksal der Banditen besiegelt.

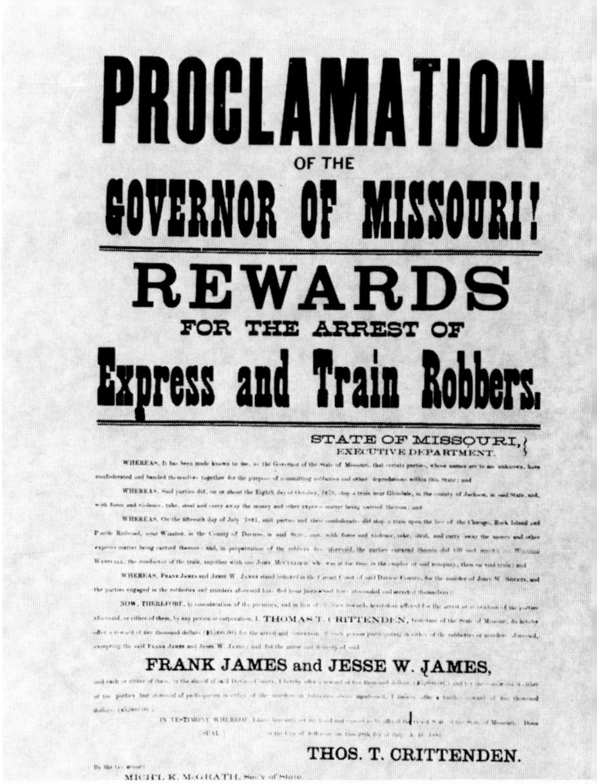

PROCLAMATION
OF THE
GOVERNOR OF MISSOURI!

REWARDS
FOR THE ARREST OF
Express and Train Robbers.

STATE OF MISSOURI,
EXECUTIVE DEPARTMENT.

WHEREAS, It has been made known to me, as the Governor of the State of Missouri, that certain parties, whose names are to me unknown, have confederated and banded themselves together for the purpose of committing robberies and other depredations within this State; and

WHEREAS, Said parties did, on or about the Eighth day of October, 1879, stop a train near Glendale, in the county of Jackson, in said State, and, with force and violence, take, steal and carry away the money and other express matter being carried thereon; and

WHEREAS, On the fifteenth day of July, 1881, said parties and their confederates did stop a train upon the line of the Chicago, Rock Island and Pacific Railroad, near Winston, in the County of Daviess, in said State, and, with force and violence, take, steal, and carry away the money and other express matter being carried thereon; and, in perpetration of the robbery [illegible] the parties engaged therein did kill and murder [illegible] William Westfall, the conductor of the train, together with one John McCulloch, who was at the time in the employ of said company, then on said train; and

WHEREAS, Frank James and Jesse W. James stand indicted in the Circuit Court of said Daviess County, for the murder of John W. Sheets, and the parties engaged in the robberies and murders aforesaid have fled from justice and have [illegible] themselves;

NOW, THEREFORE, in consideration of the premises, and in lieu of [illegible] rewards heretofore offered for the arrest or conviction of the parties aforesaid, or either of them, by any person or corporation, I, THOMAS T. CRITTENDEN, Governor of the State of Missouri, do hereby offer a reward of five thousand dollars ($5,000.00) for the arrest and conviction of each person participating in either of the robberies or murders aforesaid, excepting the said Frank James and Jesse W. James; and for the arrest and delivery of said

FRANK JAMES and JESSE W. JAMES,

and each or either of them, to the sheriff of said Daviess County, I hereby offer a reward of five thousand dollars ($5,000.00) and for the conviction of either of the parties last aforesaid of participation in either of the murders or robberies above mentioned, I hereby offer a further reward of five thousand dollars ($5,000.00).

IN TESTIMONY WHEREOF, [illegible] of the State of Missouri. Done [SEAL.] at the City of Jefferson on this 28th day of July, A. D. 1881.

THOS. T. CRITTENDEN.

By the Governor:
MICH'L K. McGRATH, Sec'y of State.

Der Mörder ist tot: Jesse James wurde von einem Komplizen erschossen. Die Legende aber lebte weiter.

Robert Ford. Er ermordete Jesse James. Die hohen Belohnungen auf Jesses Kopf reizten ihn. Verachtet von jedermann mußte er nach dem Mord Missouri verlassen.

Billy the Kid. Der junge Revolvermann wurde im »Lincoln County Krieg« das Opfer mächtiger Interessengruppen, denen es um Geld, Macht und Einfluß ging.

John S. Chisum. Er war der größte Rancher New Mexicos. Billy the Kid kämpfte in seinem Auftrag. Als es ernst wurde, ließ der Rancher ihn im Stich.

Pat Garrett, Sheriff im Lincoln County, New Mexico. Er erschoß Billy the Kid von hinten. Jahre später starb auch er in den Stiefeln.

BILLY THE KID UND PAT GARRETT

»Eine der legendärsten Figuren in der Westerngeschichte war William Bonney, besser bekannt als Billy the Kid. Während einer Phase des Terrors in Texas, Arizona und New Mexico, gewann er eine Reputation als eine der rücksichtslosesten und blutbeflecktesten Personen des amerikanischen Südwestens.«

George E. Virgines in SAGA OF THE COLT SIX-SHOOTER, 1969

»Die frühen Legenden zeichnen Billy als furchtlosen Revolvermann, Totschläger, erstklassigen Reiter und glänzenden Pokerspieler – noch bevor er den kurzen Hosen entwachsen war. Drei Wochen, nachdem er Silver City verlassen hatte, massakrierte er ein Apachentrio aus der Chiricahua-Reservation in Arizona, um den Kriegern Pferde, Waffen und Pelze abzunehmen. In Camp Bowie tötete er einen farbigen Schmied, der ihn, seiner vorstehenden Zähne wegen, »Billy Ziegenbock« genannt hatte.«

J. D. Horan und P. Sann in PICTORIAL HISTORY OF THE WILD WEST, 1954

Der Himmel war bewölkt, und von Westen strich ein kühler Wind über die Savanne, als vier staubbedeckte Reiter die Mainstreet von Fort Sumner hinunterritten und vor dem Postoffice des kleinen Ortes anhielten. Sie stiegen aus den Sätteln und betraten hintereinander das Gebäude. Sie waren wie Cowboys gekleidet, hatten große mexikanische Sporen an den Stiefeln und trugen breite, mit Silberconchos verzierte Lederchaps an den Beinen.

Die Schwingarme der Tür pendelten hinter ihnen hin und her, als sie durch den einfach eingerichteten Aufenthaltsraum des Postoffices schritten, in dem gleichzeitig ein Store und ein Whiskyausschank untergebracht waren.

An den Tischen saßen zwei oder drei Männer, die den Eintreten-

den grüßend entgegennickten. An der Theke lehnte ein hagerer, wettergegerbter Mann, an dessen rechter Hüfte ein tiefgeschnalltes Revolverholster baumelte.
»Hallo, Jim.« Der Anführer der Reiter nahm seinen Hut ab, legte ihn auf die Theke und reichte dem beleibten Keeper hinter dem Tresen die Hand. Er war der Jüngste der Männer, nur mittelgroß und sehr schlank, beinahe schmächtig. Sein Gesicht war schmal und weich, ohne jede scharfe Linie.
»Tag, Billy.« Der Keeper nickte erfreut. »Wieder mal in der Stadt?«.
»Wir wollen nur hören, ob Post für uns da ist.«
»Ich seh gleich mal nach, Billy.« Der Keeper drehte sich um und bewegte sich watschelnd zu einem nach vorn offenen Schrank mit vielen kleinen Fächern, in denen sich Briefe und kleine Päckchen stapelten.
»Billy?« fragte der Fremde an der Theke plötzlich. Er lehnte noch immer am Tresen. Seine Haltung hatte sich kaum merklich gestrafft.
Der junge Mann wandte den Kopf und schaute den anderen freundlich an. »Ja.«
»Billy the Kid?«
»Manche Leute nennen mich so.«
»Ich bin Joe Grant«, sagte der Mann. »Hast du meinen Namen noch nicht gehört?«
»Nein.«
»Pech für dich, Junge. Ich bin hier, um dich zu töten.«
In den sanften, freundlichen Augen des jungen Mannes blitzte es kurz auf. Er rührte sich nicht und sagte kein Wort. Seine Begleiter rückten unauffällig von ihm ab. Es wurde still in dem kleinen Handelsposten. Die Männer an den Tischen hatten ihre Gespräche eingestellt und blickten abwartend zur Theke. Der Keeper stand wie angewurzelt vor dem Schrank mit den Postfächern.
»Ich habe dich lange gesucht«, sagte Joe Grant. »Ich hätte nicht gedacht, dich hier zu treffen. Du sollst sehr schnell sein.«
Billy schwieg.
»Ich glaube, du bist nur ein großmäuliger Milchbart, ein Rotzjunge, und so siehst du auch aus. Na los, zieh deinen Revolver!«
Der junge Mann rührte sich noch immer nicht. Er blickte sein Gegenüber nur unverwandt an. Als Grant plötzlich zum Revolver

griff, zuckte die Rechte Billys gedankenschnell zum Gürtel. Die Bewegung seiner Hand war mit dem bloßen Auge nicht zu verfolgen. Der schwere Revolver schien von allein aus dem Holster zu springen. Der Lauf von Joe Grants Peacemaker-Colt zeigte noch schräg auf den Boden, als es an Billys Hüfte bereits aufblitzte. Das belfernde Krachen der Schußdetonationen erfüllte den engen Raum. Stinkend wallte Pulverrauch auf.

Joe Grant wurde vom Aufprall der Geschosse fast aus den Stiefeln gehoben. In seinen Augen lag der Ausdruck grenzenloser Verwunderung, als er rücklings gegen die Theke stürzte und langsam daran hinunterrutschte. Der Revolver entglitt seiner Faust und polterte zu Boden. Aus zwei großen Wunden in Grants Oberkörper pulste das Blut. Einen Moment verharrte er in sitzender Haltung an der Theke, dann kippte er jäh zur Seite und war tot.

Der junge Mann wandte sich ab, stieß rasch die abgeschossenen Patronenhülsen aus der Trommel und lud die Waffe neu auf.

»Was ist nun, Jim, gibt es Post für uns?« Seine Stimme klang freundlich und ruhig wie zuvor.

Der Keeper tupfte sich mit einem geblümten Taschentuch den Schweiß von der Stirn. Seine Hände zitterten, und seine Stimme klang hell vor Nervosität.

»Nein, Billy, keine Post.«

»Danke, Jim.« Der junge Mann drehte sich um und nickte seinen Gefährten zu. Gemeinsam gingen sie hinaus und stiegen auf die Pferde. Als ein paar Bürger des Ortes, von den Schüssen angelockt, auf die Poststation zuliefen, jagten die vier Reiter bereits westwärts aus der Stadt.

*

Die amerikanische Pioniergeschichte ist reich an malerischen, bizarren und meist auch umstrittenen Gestalten. Zu ihnen zählt ein junger Mann, der, als ihn mit einundzwanzig Jahren eine Revolverkugel tötete, bereits eine Legende war. Seine Zeitgenossen nannten ihn »Billy the Kid«, und während die einen in ihm die Personifizierung von Tapferkeit, Zivilcourage und Gerechtigkeit sahen, wünschten andere ihn an den Galgen. Er wurde noch zu seinen Lebzeiten in die Rolle eines Helden gedrängt, wurde idealisiert. Dabei war er nur ein nicht unintelligenter aber wenig gebildeter und naiver Junge, versehen mit der tödlichen Begabung, seinen Revolver schneller ziehen zu können als andere Männer. Man kann es Schicksal, besser aber Zufall nennen, daß er zur herausragenden Persönlichkeit in einem Weidekrieg wurde, der von mächtigen Interessengruppen ausgefochten wurde, in dem es um Geld, Macht, Geschäft und Politik ging, einem Konflikt, der ihm keine persönlichen Vorteile brachte, dem er am Ende auch nicht gewachsen war. Trotzdem erwarb er durch diese Fehde ewigen Nachruhm. Ein David, der von zwei Goliathen zermalmt wurde. Ein einzelner, der die Ohnmacht des Underdog gegenüber dem Intrigenspiel einflußreicher Giganten von Geburt an zu fühlen bekommen hatte, der dennoch nicht aufsteckte. So sahen die meisten Menschen seiner Zeit ihn. Die Glorifizierung dieses jungen Mannes war unzutreffend, seine Kriminalisierung aber auch.

Henry McCarty war sein Name, als er am 23. November 1859 in den Slums von New York geboren wurde. 1862 zog die Familie nach Coffeyville in Kansas, um eine Farm zu erwerben. Die McCartys schufteten von früh bis spät auf einem kargen Stück Land, um eine Existenz aufzubauen. Für Billys Vater erfüllte sich der Traum von der eigenen Farm nicht mehr. Die schwere Arbeit bei Wetter und Wind setzte seiner Gesundheit so sehr zu, daß er noch im gleichen Jahr starb.

Catherine McCarty, die Mutter, sah sich jäh in die Rolle des Familienoberhaupts gedrängt. Sie war gezwungen, unter schwierigsten Bedingungen ihre Kinder durchzubringen. Eine Zeit der Armut und Entbehrungen brach für die Familie an. Unstet und entwurzelt zog sie umher, zunächst zu Verwandten nach Colorado, dann, als man dort die hungrigen Mäuler der McCarty-Kinder nicht länger stopfen wollte, nach New Mexico.

Hier schien sich das Schicksal für die Familie noch einmal zu wenden. Catherine McCarty lernte einen Mann kennen, William Antrim, den sie 1873 in Santa Fe heiratete. Noch im gleichen Jahr ließ sich die frischgebackene Familie Antrim in der Silberboomstadt Silver City nieder. William Antrim arbeitete in den Silberminen, Catherine Antrim suchte sich Arbeit als Schneiderin.

Aber das geordnete, bürgerliche Leben der Antrims währte nicht lange. William Antrim war ein notorischer Faulenzer, der immer wieder seine Arbeit verlor, schließlich gar keine mehr fand und

auch keine mehr suchte. Er begann zu trinken und ließ sich kaum noch bei seiner Familie sehen. Die geringen Einkünfte Catherines wurden völlig zur finanziellen Basis der Antrims.
Der junge Henry hatte seit seiner Geburt immer auf der Schattenseite des Lebens gestanden, und auch jetzt änderte sich das nicht. Die Bedingungen, unter denen er aufwuchs, waren erbärmlich. Ein richtiges Zuhause kannte er nicht. Früh trieb er sich in den zahlreichen Saloons und Spielhallen der Stadt herum. Hier lernte er rasch den Umgang mit Spielkarten, Messer und Revolver und begriff sehr schnell die einfache Philosophie vom Recht des Stärkeren, und der Stärkere war, wer seinen Revolver schneller zog und besser schoß als andere.
In Minenstädten wie Silver City herrschte das Faustrecht.
Auch ein Halbwüchsiger wie Henry Antrim mußte sich diesen ungeschriebenen Regeln anpassen, um zu überleben. Aus dieser Zeit gibt es die Legenden, daß er als Zwölfjähriger einen Mann tötete, der seine Mutter belästigt hatte, und daß er einen Falschspieler hinterrücks erstach. Beide Geschichten sind unbeweisbar. Wahr ist dagegen, daß der Junge mehrfach im Gefängnis saß, und zwar wegen des Diebstahls von Lebensmitteln, was ein bezeichnendes Licht auf seine Situation in Silver City wirft.
Catherine Antrim arbeitete Tag und Nacht, um nicht zu verhungern. William Antrim verfiel vollends dem Alkohol. Psychisch und physisch überfordert erkrankte Catherine Antrim an Schwindsucht und starb 1875.
Der junge Henry mußte für das Begräbnis seiner Mutter sorgen, während sein Stiefvater betrunken in der Ausnüchterungszelle des städtischen Gefängnisses lag. Knapp sechzehn Jahre war Henry jetzt alt. Er mußte sein Leben in die eigenen Hände nehmen. Er verließ Silver City, wo es für ihn keine Zukunft gab, und tauchte ein paar Wochen später in Nordwest-Texas auf, wo er als Cowboy arbeitete und als Rinder- und Pferdedieb von sich reden machte. Er nannte sich nun William Antrim, nach seinem Stiefvater, manchmal aber auch William Bonney, nach einem Onkel.
Aber nicht nur als Viehdieb machte sich der Sechzehnjährige einen Namen. Es gab niemanden, der seinen Revolver schneller zog als der schmächtige, kindlich wirkende »Billy«. In Kämpfen mit Indianern bewies er seine Kaltblütigkeit. Er tötete ohne Skrupel, denn ihm war nie Respekt vor dem Leben beigebracht worden. Als er

mit siebzehn Jahren nach New Mexico zurückkehrte und 1877 ins Lincoln County kam, besaß er bereits den Ruf eines Mannes, mit dem man sich besser nicht auf einen Streit einließ.

*

»Im Lincoln County gab es in den 70er Jahren über 27000 Quadratmeilen bestes Grasland, unberührt von den großen Eisenbahnlinien, frei von Stacheldrahtzäunen, aber auch bar jeglichen Gesetzes und jeglicher Ordnung. Der größte Teil des Landes gehörte zur »öffentlichen Domäne«, war Regierungseigentum. Die Viehzüchter kümmerten sich nicht darum. Sie ließen ihre Rinderherden überall weiden, betrachteten das Weideland als »frei«... Kriminelle aus dem benachbarten Texas zog es in den südöstlichen Teil New Mexicos, Viehdiebe, Spieler, Räuber und Mörder. So wurde das Lincoln County gleichzeitig zum Land für rechtschaffene Siedler und für Revolverhelden.«

J. D. Horan und P. Sann in PICTORIAL HISTORY OF THE WILD WEST, 1954

Der größte Viehzüchter des Lincoln Countys war der Rancher John S. Chisum. Mit einer Rinderherde von fast 100000 Tieren besaß er die größte Rinderzucht der Vereinigten Staaten. Chisum war der erste Siedler im Lincoln County gewesen. Er hatte sein Imperium mit Blut und Schweiß aufgebaut. Mit einer Handvoll entschlossener Cowboys hatte er die Indianer, die Anspruch auf das Land erhoben, niedergekämpft und verdrängt. Er hatte somit die Grundlagen für eine halbwegs friedliche Besiedlung des Gebiets geschaffen, und nachdem Chisum sich etabliert hatte, zogen weitere Kleinrancher und Farmer in das Land an der mexikanischen Grenze.

Chisum war der mächtigste Mann im County, wenn nicht im ganzen Staat. Er verkörperte in gewisser Hinsicht das Gesetz. Wer als Politiker in New Mexico etwas werden wollte, mußte sich seine Unterstützung sichern, dann war er ein gemachter Mann.

Da streckte Anfang der 70er Jahre eine von Santa Fe aus gesteuerte Handelsgesellschaft ihre Fühler ins Lincoln County aus. Ein Konsortium von kapitalkräftigen Geschäftsleuten, deren Kopf ein rücksichtsloser, eiskalter und machtgieriger Mann namens Law-

rence Murphy war, wollten ihrem Dollarimperium, das sie sich im Laufe weniger Jahre mit gewissenlosen Methoden geschaffen hatten, das Lincoln County als neue Provinz einverleiben.
Chisum, ein alter Pionier von echtem Schrot und Korn, der immer nur nach den ungeschriebenen Gesetzen des Westens gelebt und gehandelt hatte, war den Praktiken und Winkelzügen des Santa-Fe-Rings nicht gewachsen. Ihm fiel gar nicht auf, wie Murphy und sein Unternehmen mehr und mehr die Macht im Lincoln County an sich zogen. Kleinere Betriebe wurden an die Wand gedrückt, und nach wenigen Jahren besaß Murphy ein Handelsmonopol im gesamten Grenzgebiet New Mexicos, das ihm fast unbegrenzte Macht verlieh.
Er verfügte über Niederlassungen im ganzen Land, beherrschte das Bankwesen, bestimmte die Preise und übte Druck auf die Wirtschaft des ganzen Landes aus. Murphy gründete ein Frachtfuhrunternehmen, das schnell zum größten seiner Art in New Mexico anwuchs. Mit Hilfe dieses Unternehmens bestimmte der Santa-Fe-Ring die gesamte Zulieferung von Waren ins Ranch- und Farmland, und den Abtransport von Gütern. Eine gut bewaffnete Garde von skrupellosen Revolvermännern sorgte dafür, daß kleinere Konkurrenten rasch ihre Sachen packten und das Land verließen, und daß Lawrence Murphy die Kontrolle über die Kleinsiedler und Heimstätter im Grenzgebiet behielt. Wer sich gegen dieses totale Regiment auflehnte, wurde nicht alt im Lincoln County.
Chisum wurde bald klar, daß er überrumpelt worden war. Mißtrauisch registrierte er, daß der Einfluß Murphys auf Politik und Verwaltung mehr und mehr wuchs. Aber er verhielt sich ruhig, solange die Machenschaften des Santa-Fe-Rings ihn nicht direkt betrafen. Das änderte sich 1876, als Lawrence Murphy offen daran ging, John Chisum zu ruinieren, um die letzte Bastion, die der absoluten Herrschaft des Santa-Fe-Rings noch widerstand, zu schleifen.
Murphy hatte sich einzigartige Machtpositionen geschaffen:
Der County-Sheriff Brady stand auf seiner Lohnliste. Vertreter der Justiz erhielten »Zuwendungen« von ihm. Bestechungsgelder kassierte auch Colonel Dudley, der Kommandant von Fort Stanton. Hohe Politiker, darunter der Gouverneur von New Mexico, Samuel Axtell, gingen bei Murphy ein und aus.

Chisum stand somit auf verlorenem Posten, als Murphy versuchte, Viehzucht und -handel im Lincoln County unter seine Kontrolle zu bringen:

Murphy korrumpierte in gewohnter Manier sämtliche Behörden, die ihm nützlich sein konnten. Er jagte Chisum auf diese Weise zunächst die lukrativen Regierungsaufträge für Fleischlieferungen an die Armee ab. Sodann holte er Kriminelle aller Schattierungen ins Lincoln County und ließ Chisum systematisch Vieh stehlen.

Aber Murphy hatte den Großrancher unterschätzt. Chisum hatte sein Leben lang gekämpft. Er dachte nicht daran, sich diesmal widerstandslos an die Wand drängen zu lassen.

Chisum holte zwei Freunde ins Land, den kapitalkräftigen Engländer John H. Tunstall und den Rechtsanwalt Alexander McSween. Während McSween in Lincoln City eine Anwaltspraxis eröffnete, baute Tunstall mit Chisums Unterstützung einen Store und eine Bank auf. Während McSween die rechtliche Absicherung vornahm, brachen Chisum und Tunstall mit ihren Geschäften das Monopol des Santa-Fe-Rings. Mit niedrigen Preisen für Waren und Transporte eröffneten die drei Männer den Kampf gegen Murphy und seine Hintermänner und zogen damit sämtliche Farmer und Kleinsiedler, die jahrelang vom Santa-Fe-Ring wirtschaftlich terrorisiert worden waren, auf ihre Seite.

Murphy sah seine Felle davonschwimmen, und als es Chisum, Tunstall und McSween gelang, Beweise für Murphys kriminelle Praktiken zu erbringen, für seine Bestechnungen, seine politischen Winkelzüge, seine Mordaufträge, glaubten die Hintermänner des Santa-Fe-Rings, sich nur noch mit Gewalt retten zu können.

In dieser Situation lernte der junge Billy John H. Tunstall kennen, der nahe bei Lincoln City auch noch eine kleine Ranch gekauft hatte. Es war Winter. Der junge Cowboy war arbeitslos, aber er besaß den Ruf eines Kämpfers, und so einen Mann benötigten Tunstall, Chisum und McSween dringend. Eine gewalttätige Eskalation stand bevor, für die der Santa-Fe-Ring entschieden besser gerüstet war.

Tunstall stellte den Achtzehnjährigen als Vormann auf seiner Ranch ein. Darüber hinaus entwickelten sich tiefe menschliche Bindungen zwischen den beiden Männern, und Billy war sicher, in dem wohlhabenden, kultivierten Engländer einen wahren Freund gefunden zu haben.

Da eröffnete Murphy den Kampf. Am 18. Februar 1878 erreichte ein Aufgebot unter dem korrupten County-Sheriff Brady die Tunstall-Ranch. Billy Bonney war nicht da. John Tunstall war allein, und er war unbewaffnet. Sheriff Brady ermordete den wehrlosen Mann, wie Lawrence Murphy es ihm aufgetragen hatte. Als Billy wenig später zur Ranch zurückkehrte und die Leiche des Mannes sah, den er verehrt hatte, schwor er Rache. Er griff nun in den Konflikt mit dem Santa-Fe-Ring ein und ließ sich von John Chisum als Revolvermann engagieren.

Chisum war selbst tief erschüttert über den Tod seines Geschäftspartners. Er mußte nun zurückschlagen, er hatte keine Wahl. Er unterstützte die Gründung von »Regulatoren«, die sich aus Kleinsiedlern rekrutierten und unter der Führung von Billy the Kid gegen den Santa-Fe-Ring vorgingen.

Am 1. April 1878 wurden die Mörder von John Tunstall, Sheriff Brady und sein Deputy George Hindman, auf offener Straße erschossen. Lawrence Murphy beschuldigte Billy the Kid und dessen Arbeitgeber Chisum der Tat und schickte seine Revolvermänner ins Lincoln County.

»Die öffentliche Sympathie stand hinter »Kid« und seinen Freunden, nachdem als Reaktion auf den Mord an Tunstall Billy, John Middleton und Henry Brown Sheriff Brady auf der Straße von Lincoln niederschossen. Die Schüsse wurden aus der Deckung einer Lehmziegelmauer eines Corrals abgefeuert. Deputy Hindman wurde von der Salve, die seinen Chef tötete, schwer getroffen und starb später. Die Ermordung von Brady war ein Grund, weshalb »Kid« gejagt wurde, obwohl nie ernsthaft untersucht wurde, ob er wirklich die Schüsse abgegeben hatte, die Brady und Hindman trafen.«

J. C. Dykes in THE AUTHENTIC LIFE OF BILLY THE KID, 1882

Eine blutige Fehde, die als »Lincoln County Krieg« in die amerikanische Geschichte einging, begann. Während Chisum und McSween immer mehr Belastungsmaterial gegen den Santa-Fe-Ring zusammentrugen, lieferte Billy the Kid mit seinen Regulatoren den Killern Murphys blutige Gefechte. Mehrere hundert Menschen ließen in jenen blutigen Jahren im Lincoln County ihr Leben, und schließlich standen die Geschäfte des Santa-Fe-Rings vor dem Zusammenbruch.

Verzweifelt mobilisierte Lawrence Murphy seine letzten Beziehungen. Der korrupte Kommandant von Fort Stanton setzte Soldaten gegen die Regulatoren ein, ohne zu beachten, daß er damit seine Kompetenzen erheblich überschritt.
Kavallerie marschierte in Lincoln City ein und umzingelte das Haus des Anwalts McSween, in dem sich Billy und einige Freunde aufhielten. Granatenbeschuß legte das Haus in Schutt und Asche. In einem Kugelhagel konnte Billy entkommen. Als einziger. McSween ergab sich waffenlos und mit erhobenen Händen. Vor seinem brennenden Haus wurde er, der gefährlichste Gegner des Santa-Fe-Rings, zusammengeschossen.

*

»Der Nachhall des Revolverfeuers im Lincoln County wurde bis ins Weiße Haus gehört. Präsident Rutherford B. Hayes enthob den unfähigen und selbst in die Auseinandersetzungen verwickelten Gouverneur Samuel B. Axtell seines Postens und ernannte Lewis Wallace zum Gouverneur von New Mexico. Wallace wurde später weltberühmt mit seinem Roman »Ben Hur«, an dem er gerade arbeitete, als der Präsident ihn in das Territorium schickte, damit er es von Gesetzlosigkeit und politischer Korruption befreie. Der neue Gouverneur erließ sofort eine Amnestie für alle Beteiligten am Lincoln-County-Krieg, sofern sie sofort alle Kampfhandlungen einstellten und die Waffen niederlegten. Aber die Amnestie erstreckte sich nicht auf Billy the Kid.«

J. D. Horan und P. Sann in PICTORIAL HISTORY OF THE WILD WEST, 1954

Nach dem Massaker in Lincoln griffen übergeordnete Behörden ein. Korrupte Beamte wurden ihrer Posten enthoben. Der neue Gouverneur Lew Wallace war entschlossen, die Ordnung in New Mexico wieder herzustellen. Aber er unterschätzte die politischen und wirtschaftlichen Verstrickungen, die das ganze Land an den Rand eines Abgrunds getrieben hatten.
Fast alle Beteiligten an dem Konflikt schwiegen eisern, um ihre Haut zu retten. Billy the Kid, der Chisums Kampf ausgefochten hatte, wurde von dem Großrancher im Stich gelassen. Mit dem Beweismaterial über die Machenschaften des Santa-Fe-Rings als

Trumpf, einigte sich Chisum mit Lawrence Murphy. Die Auseinandersetzung wurde eingestellt. Die einstigen Feinde wurden zu Partnern.
Der junge Revolvermann saß plötzlich zwischen sämtlichen Stühlen. Er war eine Schlüsselfigur für die Ermittlungen der Behörden gegen die Drahtzieher des Privatkrieges. Billy kannte die Hintergründe, und er kannte die Hintermänner. In einem Gespräch mit Gouverneur Wallace erklärte sich der junge Mann bereit, vor Gericht auszusagen. Einziges Problem für ihn war, bis zur Anberaumung des Prozesses am Leben zu bleiben. Denn sowie seine Absicht bekannt wurde, setzten hektische Bemühungen von seiten des Santa-Fe-Rings ein, den gefährlichen Zeugen unschädlich zu machen.
Die Zeitungen New Mexicos, die sich weitgehend unter Murphys Kontrolle befanden, begannen mit einer Diffamierungskampagne gegen Billy und die Regulatoren. Bezahlte Killer ritten auf der Fährte des jungen Mannes, wie der Revolvermann Joe Grant, den Billy the Kid am 15. Januar 1880 in der Poststation von Fort Sumner im Duell niederschoß.
Im Dezember 1880 sah Billy ein, daß er auf Dauer keine Chance hatte, den gnadenlosen Verfolgungen seiner Gegner zu entgehen. Im Vertrauen auf das Wort des Gouverneurs stellte er sich den Behörden und wurde eingesperrt. Aber der Santa-Fe-Ring war nicht untätig gewesen. Still und heimlich hatte Murphy seine alten Machtpositionen zurückerobert. Zeugen verschwanden, Beweise und Akten wurden vernichtet. Die Beseitigung Billy the Kids sollte legal vor sich gehen. Staatsanwälte, von Lawrence Murphy bestochen, klagten Billy des Mordes an und beantragten die Todesstrafe.
Der junge Mann fühlte sich betrogen. Er wurde zum reißenden Tier. Am 28. April 1881 brach er aus dem Gefängnis aus und erschoß dabei zwei Beamte. Gnadenlos wurde er nun vom Gesetz gejagt, unter anderem auch von einem Mann, mit dem er einmal befreundet gewesen war.
Der County-Sheriff Pat Garrett, der einst auf Chisums Seite gestanden hatte, vertrat inzwischen das Gesetz dessen, bei dem das meiste Geld zu verdienen war. Gouverneur Wallace, der von den Intrigen und der Korruption, die hinter seinem Rücken wucherten, nichts ahnte, fühlte sich durch den Ausbruch Billys aus dem

Gefängnis von dem jungen Mann betrogen und gab einen Steckbrief heraus, mit dem er Garrett die legale Basis für seine Jagd auf Billy lieferte.
Am 14. Juli 1881 lauerte Pat Garrett Billy im Haus des Händlers Pete Maxwell, einem Freund Billys, in Fort Sumner auf. Aus dem Hinterhalt tötete er den gefährlichen jungen Revolvermann.
Einer der letzten Zeugen des Lincoln-County-Krieges war für immer zum Schweigen gebracht. So sind viele Hintergründe des blutigsten Privatkrieges der amerikanischen Geschichte noch heute unklar, denn die, die noch lebten, schwiegen, um weiterleben zu können.

*

»Was hatte Pat Garrett davon, daß er Billy the Kid niederschoß? Zunächst verlor er seinen Sheriffsposten. Im Lincoln County hatte die Demokratische Partei die Macht, der auch Garrett angehörte. Sie war nicht glücklich darüber, den Mann in ihren Reihen zu haben, der Billy the Kid aus dem Hinterhalt ermordet hatte. Die Demokraten entzogen Garrett bei der nächsten Wahl ihre Unterstützung. Statt seiner, nominierten sie John Poe, der Garrett bei seiner Jagd auf Billy unterstützt, sich aber später rasch von ihm abgesetzt hatte. Poe gewann gegen Garrett die Sheriffswahl.«

J. D. Horan und P. Sann in PICTORIAL HISTORY OF THE WILD WEST, 1954

Der Mann, der Billy the Kid gnadenlos hetzte und schließlich hinterrücks ermordete, war ein Opportunist und ein Profiteur von hohen Gnaden. Der Lincoln-County-Krieg machte ihn bekannt, Glück brachte ihm sein Ruhm nicht.
Patrick Floyd Garrett wurde am 5. Juni 1850 in Alabama geboren. Er wuchs auf einer Farm in Louisiana auf und verließ mit neunzehn Jahren das Elternhaus, um auf eigenen Füßen zu stehen. In Texas arbeitete er als Cowboy, machte mehrere große Rindertrails nach Kansas mit und erwarb sich einen Ruf als guter Reiter und hervorragender Schütze. Von 1875 bis 1877 verdiente er sich seinen Lebensunterhalt als Häutejäger in Süd-Texas. Er folgte den großen Büffelherden und arbeitete zwischen der Jagdsaison 1876/77 als Fleischlieferant für die Armee in Fort Griffin.

1878 tauchte er in New Mexico auf und traf in den Bars und Spielhallen von Lincoln und Fort Sumner häufig auf einen jungen Mann, der sich William »Billy« Bonney nannte und überall, wegen seines kindlichen Aussehens, als »Billy the Kid« bekannt war. Die Männer freundeten sich an, was nahe lag, da sie beide die gleichen Förderer hatten. Garrett arbeitete auf den Ranches längs des Pecos River und lernte über Billy den Großrancher John Chisum und andere hervorragende Persönlichkeiten des Lincoln Countys kennen. Im Gegensatz zu Billy aber, der aus Überzeugung und verhaftet in naiven Idealen auf der Seite der Siedler und Rancher gegen den Santa-Fe-Ring kämpfte, schlug sich Garrett jeweils auf die Seite derer, von denen er am meisten zu erwarten hatte. Konsequenz war seine Sache nicht. Ihm ging es darum, Karriere zu machen und gute Dollars zu verdienen.

Am 14. Januar 1880 heiratete Pat Garrett in Fort Sumner Polinaria Guitierrez, die Tocher einer angesehenen Familie im Lincoln County. Die Beziehungen, die er sich geschaffen hatte, begannen, Früchte zu tragen, und im Herbst des gleichen Jahres wurde Garrett zum Sheriff des Lincoln Countys gewählt.

Seine Wahl zum Polizeichef war ein Votum für Chisum gewesen, der Garrett stark unterstützt hatte, was Garrett die Stimmen sämtlicher Siedler und Kleinrancher eingetragen hatte, die mit Chisum eine Front gegen den Santa-Fe-Ring bildeten.

Aber Garrett dachte nicht daran, den Erwartungen seiner Wähler gerecht zu werden. Er taktierte zurückhaltend, hielt sich weitgehend aus dem Weidekrieg heraus und ließ es zu, daß sich die Vertreter der rivalisierenden Gruppen gegenseitig niederschossen. Er wartete ab, bis erkennbar war, wer am Ende den Sieg davontragen würde. Als klar wurde, daß trotz starker Anfeindungen der Santa-Fe-Ring die größere Potenz hatte, um ungeschoren aus den Auseinandersetzungen hervorzugehen, unterstützte Garrett Lawrence Murphy und dessen Hintermänner und scheute nicht davor zurück, obwohl er die Zusammenhänge kannte, seinen ehemaligen Freund Billy the Kid umzubringen.

Der Mord trug Garrett viel Geld aber wenig Anerkennung ein. Billy the Kid hatte große Sympathien genossen. Er war das Symbol des Widerstandes gegen den Santa-Fe-Ring gewesen.

Garrett konnte sich nach dem Mord nicht länger im Lincoln County halten. Er verlor die nächste Sheriffswahl und verließ verbittert New Mexico. Vergeblich versuchte er, sich in Zeitungsartikeln zu rehabilitieren. Er versuchte, Billy als skrupellosen Killer hinzustellen, hängte ihm Verbrechen an, die der junge Revolvermann nachweislich nicht begangen hatte. Aber es war alles sinnlos: Man glaubte ihm nicht. Garrett hatte hoch gespielt, und er hatte verloren.

Er versuchte, als Rancher Fuß zu fassen, arbeitete für kurze Zeit als Texas-Ranger, wobei er wieder in Verdacht geriet, bestechlich zu sein, züchtete Pferde und kehrte 1890 noch einmal nach New Mexico zurück. Trotz seiner vielen Gegner gelang es ihm, Sheriff des Dona Ana County zu werden. Vier Jahre später verließ Garrett New Mexico für immer.

Es wurde still um ihn. Er verfügte über viel Geld. Niemand fragte ihn je, wie er es verdient hatte. 1901 traf Garrett mit Präsident Roosevelt zusammen, der die Freundschaft von Männern suchte, deren Lebensinhalt der Revolver gewesen war. Er ernannte Garrett zum Zolleinnehmer von Texas. 1905 setzte Garret sich als wohlhabender Mann auf einer großen Pferderanch im Mesilla Valley zur Ruhe. Große Ländereien, die er im Laufe der Zeit hinzuerwarb, verpachtete er.

Am 29. Februar 1908 ließ Garrett sich von seinem Kutscher Carl Adamson nach Las Cruces fahren. Unterwegs überfiel ihn sein Pächter Wayne Brazil, mit dem Garrett sich kurz zuvor wegen der Pacht gestritten hatte. Brazil schoß Garrett von hinten in den Kopf und tötete auch Carl Adamson.

Garrett starb so, wie Billy the Kid, durch einen Schuß aus dem Hinterhalt, mit den Stiefeln an den Füßen...

X.

CLAY ALLISON – DER ROWDY MIT DEM KLUMPFUSS

»Allison ist jähzornig und leicht reizbar. Er ist ein zwiespältiger Charakter. Er leidet zuweilen unter Epilepsie und ist partiell geistesgestört.

Aus dem Befund eines Armeearztes in Bowling Green, Kentucky, vom 10. Januar 1862.

»Es wurde gesagt, daß Clay Allison ein »Pfundskerl« war, wenn er nüchtern war. Aber nach ein paar Drinks war er verrückt genug, um in die Hölle zu springen.«

William Waters in A GALLERY OF WESTERN BADMEN, 1954

»Clay Allison war in allen Dingen eine paradoxe Persönlichkeit. Er war athletisch gebaut und stand sechs Fuß und zwei Zoll groß in seinen Stiefeln. Er wog über 175 Pfund. Sein Haar war dicht und schwarz, und er hatte finster blickende blaue Augen. Seine einzige körperliche Deformation war der von Geburt an verkrüppelte rechte Fuß ...
Es scheint so, daß Allison unter dem Einfluß von manisch-depressiven Anfällen unmäßig trank, eine häufige Erscheinung bei schweren seelischen und geistigen Erkrankungen.«

Dale T. Schoenberger in THE GUNFIGHTERS, 1971

Der große, dunkelhaarige Mann stand am Hauklotz auf dem Hof der kleinen Ranch, als sich von Süden ein Reiter dem Anwesen näherte. Der Mann schaute von der Arbeit auf und schlug die Axt in den Klotz. Abwartend blieb er stehen, bis der Reiter die ersten Corrals der Ranch passierte. Dann ging er ihm entgegen. Den rechten Fuß schleifte er nach.

Finster musterte er den Reiter, der sein Pferd unmittelbar vor ihm zügelte, sich im Sattel vorbeugte und sich mit beiden Fäusten auf

das breite Knot-Iron-Horn des Hamley-Sattels stützte.
»Tag, Clay«, sagte der Mann.
»Was willst du, Johnson?«
»Das fragst du doch? Du gräbst mir das Wasser ab und fragst mich, was ich will?«
»Das Wasser ist frei, Johnson. Das Wasserloch gehört nicht dir.«
»Dir aber auch nicht. Wieso hast du das Wasser aus dem Loch abgeleitet?«
»Meine Rinder auf der Westweide wollen trinken. Ich habe keine Lust, sie jeden Tag bis zum Wasserloch zu treiben.«
»Und meine Tiere sollen verdursten, wie?«
»Deine Sache, Johnson. War es das, was du sagen wolltest?«
»Das war es. Ich lasse den Graben zuschütten, und wenn ich noch einmal Schwierigkeiten mit dir habe, kannst du was erleben.« Das Gesicht des Ranchers war rot angelaufen. Er wollte sein Pferd herumziehen. Die scharfe Stimme Allisons hielt ihn zurück.
»Was kann ich erleben, Johnson?«
»Laß mich in Ruhe, Clay. Jeder weiß, daß du gern Streit suchst. Nicht mit mir.«
»Du glaubst wohl, du kannst auf meine Ranch kommen und mich anschnauzen, Johnson? Du glaubst, mir Vorschriften machen zu können? Du denkst wohl, weil ich ein Krüppel bin, kannst du das, wie?«
»Rede keinen Blödsinn.« Der Reiter wirkte auf einmal nicht mehr so sicher.
»Komm 'runter, Johnson, und sag mir, was du tun willst, wenn ich nicht mache, was du mir sagst.« Allison humpelte heran, packte unvermittelt nach dem linken Hosenbein des Reiters und riß ihn aus dem Sattel. Der Rancher stürzte hart in den Staub und wälzte sich fluchend herum.
»Bist du wahnsinnig?« Er stemmte sich hoch. Da stand Clay Allison breitbeinig über ihm. Er hielt ein Messer in der rechten Faust, und in seinen Augen lag ein bösartiges Flackern.
»Du denkst, ein Krüppel muß sich alles gefallen lassen, wie?«
»Steck das Messer weg, Clay.« Der Rancher richtete sich auf. Clay Allison schnitt ihm den Weg zu seinem Pferd ab. Da griff der Rancher zum Gürtel und zog ein Bowie-Messer mit breiter Klinge heraus. »Laß mich durch«, sagte er. »Geh zur Seite, Clay.«

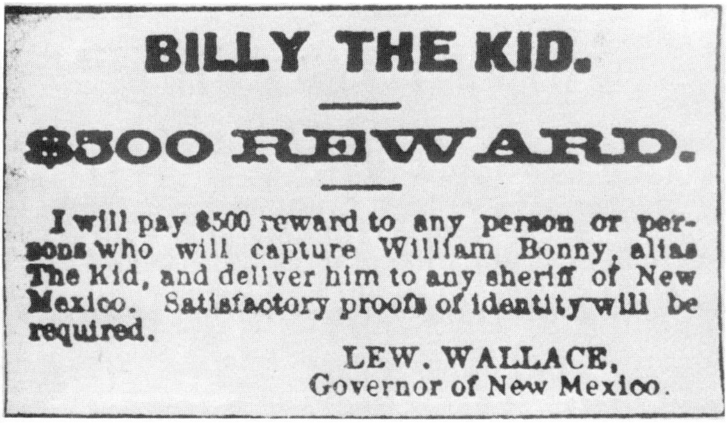
BILLY THE KID.

$500 REWARD.

I will pay $500 reward to any person or persons who will capture William Bonny, alias The Kid, and deliver him to any sheriff of New Mexico. Satisfactory proofs of identity will be required.

LEW. WALLACE,
Governor of New Mexico.

Der Gouverneur von New Mexico, Lewis Wallace, glaubte den Intrigen der Männer, denen Billy the Kid mit seinem Wissen gefährlich werden konnte. Als er einen Steckbrief herausgab und 500 Dollar auf Billys Kopf aussetzte, war der junge Revolvermann verloren.

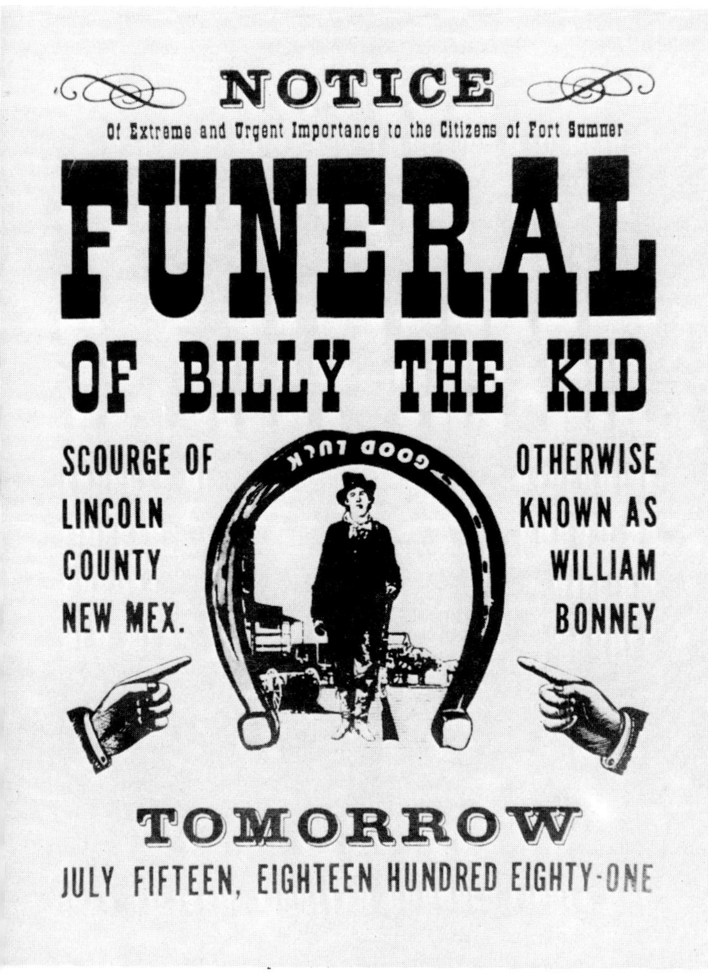

Skrupellose Geschaftsleute vermarkteten den Tod von Billy the Kid. Das Begräbnis des jungen Revolvermannes wurde zu einer öffentlichen Veranstaltung umfunktioniert. Wer zur Beerdigung der »Geißel des Lincoln Countys« kam, mußte Eintritt zahlen.

Clay Allison, Western-Rowdy und Killer.

Las Animas, Colorado. Eine typische Kistenbretterstadt der Pionierzeit. Hier erschoß Clay Allison 1876 den Deputy-Sheriff Charles Faber.

Bundesrichter Isaac Charles Parker. Mit Bibel und Strick wollte er Recht und Gesetz in Oklahoma herstellen. Er fällte über 175 Todesurteile.

US-Deputy-Marshal Chris Madsen. Der gebürtige Däne war der berühmteste Banditenjäger Richter Parkers.

Bill Tilghman als Polizeichef von Oklahoma City.

US-Deputy-Marshal Tilghman während eines Feuergefechts mit Banditen.

Ein Revolverduell des Marshals Bill Tilghman hielt der berühmte Western-Maler Frederic Remington in seiner Federzeichnung »Fight in the Street« fest. (C. P. Hornung Collection).

US-Deputy-Marshal Heck Thomas (links) mit einem Kollegen, kurz vor dem Aufbruch ins Indianerterritorium zur Banditenjagd.

Er starb in den Stiefeln: Ned Christie, nach heftigem Feuergefecht von US-Marshals unter Heck Thomas erschossen. Ein Foto für die Gerichtsakten.

Die »C. M. Condon Bank« in Coffeyville, Kansas. Am 5. Oktober 1892 war sie das Ziel eines Überfalls der Dalton-Bande.

Die Dalton-Bande ist zerschlagen: Der Bankraub von Coffeyville brachte ihnen den Tod. Von links nach rechts: Bill Powers, Bob Dalton, Grat Dalton und Dick Broadwell. – Emmett Dalton, ein weiteres Mitglied der Familienbande, wurde von 21 Schrotkugeln verletzt.

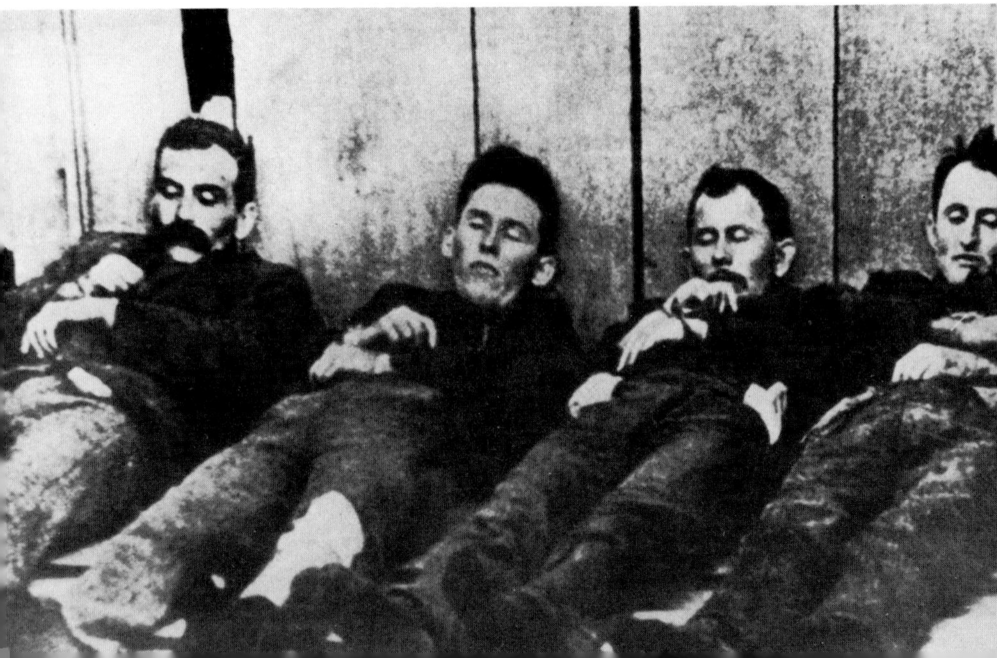

Allison lachte. Es war ein böses, wildes Lachen. Er ließ den Mann herankommen, wich geschickt aus, als Johnson unbeholfen sein Messer vorstieß, und stach dem Mann tief in die Brust.
Rob Johnson taumelte und stürzte auf den Rücken. Er röchelte noch ein wenig, dann war er tot.
Zwei Männer kamen vom Haus gelaufen. Allison starrte mit dumpfbrütender, etwas hilflos wirkender Miene auf den Toten. Sein Wutanfall war vorbei.
»Packt ihn auf einen Wagen«, sagte er, die beiden erschrockenen Cowboys keines Blickes würdigend. »Ich bringe ihn selbst in die Stadt.« Das blutige Messer noch in der Hand hinkte er schwerfällig zum Haus hinüber.

*

Ein Armeearzt bescheinigte ihm »partielle Geistesgestörtheit«. Menschenleben standen bei ihm nicht hoch im Kurs. Trotzdem machte Hollywood ihn zum texanischen Pulverdampfheroen ohne Furcht und Tadel. Dokumente beweisen, daß er kein Held war, sondern ein labiler, zwielichtiger Rabauke, der zeitweise unter epileptischen Anfällen litt und seinen verkrüppelten Fuß als dauernden Komplex mit sich durchs Leben schleppte.
Robert A. Clay Allison wurde im Jahre 1840 auf einer schäbigen Farm nahe der Stadt Waynesboro in Tennessee geboren. Seine Eltern waren Baumwollpflücker und lebten mehr schlecht als recht. Seine Zukunftsaussichten waren alles andere als rosig. Er wuchs in Armut auf, mußte immer schwer arbeiten, konnte aber häufig genug seinen Hunger nicht stillen.
Dann brach der Bürgerkrieg aus, und Allisons Leben änderte sich. Trotz seines verkrüppelten Fußes meldete er sich am 15. Oktober 1861 freiwillig zur »Tennessee Light Artillery«.
Seine Körperbehinderung machte ihn aggressiv und rücksichtslos. Er fühlte sich minderwertig und versuchte ständig, seine Behinderung durch waghalsige Alleingänge wettzumachen. Er war ein tapferer, aber undisziplinierter Soldat. Zudem wurde er in zunehmendem Maße von epileptischen Anfällen heimgesucht, und am 15. Januar 1862 wurde er aus diesem Grund aus der Armee entlassen.
Allison empfand es als Schmach, daß er den grauen Uniformrock

der Südstaatenarmee wieder ausziehen mußte. Verbittert und in sich gekehrt, fast völlig isoliert von seiner Umwelt und hadernd mit dem Schicksal lebte er auf der elterlichen Farm. Er sah weder ein Ziel in seinem Leben, noch einen Sinn für seine Existenz.
Da drangen im März 1862 Einheiten der Nordarmee plündernd und raubend in Tennessee ein. Ein Trupp der 3. Illinois Kavallerie kam auf die Allison-Farm. Als ein Corporal die Mutter Clays belästigte, schoß der junge Mann den Soldaten nieder.
Diese Tat schien neuen Lebensmut in ihm zu wecken. Der Krieg strebte seinem Höhepunkt zu, die Front rückte immer näher. Allison wollte ins Feld, wollte kämpfen und beweisen, daß er trotz seines verkrüppelten Fußes ein ganzer Mann war, sich und anderen wollte er es beweisen, vor allem aber wohl sich selbst.
Trotz des negativen ärztlichen Befundes von seiner ersten Entlassung aus der Armee, fand er am 22. September 1862 Aufnahme in die F-Company des 19. Regiments der Tennessee Kavallerie. Allison biß die Zähne zusammen, schien seine Epilepsie überwunden zu haben und erlebte den Bürgerkrieg bis zum bitteren Ende mit. Vom 17. November 1864 bis zum 4. Mai 1865 diente er als Scout unter dem Lieutenant-General N. B. Forrest und ging nach der Kapitulation zusammen mit dem Regiment in die Gefangenschaft. Sie dauerte nur wenige Tage, dann konnte Allison die graue Uniform, diesmal endgültig, ablegen und nach Hause zurückkehren.
Während des Krieges war er viel herumgekommen und hatte viel gesehen. Tennessee erschien ihm jetzt eng, er glaubte, hier keine Zukunft zu haben. Clay sammelte seine Geschwister um sich, warf seine wenige Habe auf einen Wagen und zog nach Texas.
Im Brazos County ließ sich die Allison-Familie nieder. Clay war ein erstklassiger Reiter und fand rasch Arbeit als Pferdefänger und Cowboy. Er arbeitete härter als andere, denn er wollte besser sein, wollte alle »Gesunden« übertrumpfen. Schon bald hatte er sich zum Mannschaftsboß emporgearbeitet und wurde zur Leitung von Rindertrails nach Kansas angeheuert.
Allison verdiente gut und ging 1870 nach New Mexico, wo es noch große Gebiete unbesiedelten Weidelandes gab. In der Nähe von Cimarron baute er mit seinen Ersparnissen seine erste Ranch auf. Noch im gleichen Jahr erstach er im Streit um Wasserrechte einen Nachbarrancher namens Rob Johnson. Jetzt war sein Name in al-

ler Munde. Seine Umgebung, die seinen Jähzorn, seine unvermittelten Wutausbrüche und seine Brutalität von nun an immer öfter erleben sollte, begann ihn zu fürchten.
Am 7. Januar begründete Clay Allison seinen Ruf als Revolverheld. An diesem Tag erschoß er im Colfax County den als notorischen Desperado bekannten Chunk Colbert, einen mordlustigen Schießer, der bereits sieben Menschen auf dem Gewissen hatte. Colbert war ein Rowdy, der Allison in nichts nachstand.
Er war blutgierig und skrupellos und stets auf der Suche nach Gegnern, an denen er seine Schnelligkeit mit dem Revolver beweisen konnte. Einen triftigeren Grund für seine Gewalttätigkeiten brauchte er selten.
Genau wie er hatte Allison einen Namen als Schläger und Rüpel, und es war damit zu rechnen, daß sein gewaltsamer Tod Schlagzeilen machen würde. Das dürfte der Grund dafür gewesen sein, daß Colbert versuchte, ihn umzubringen.
Die beiden kannten sich flüchtig, und als Colbert Clay zu einem Pferderennen einlud, nahm Allison an. Man startete beim »Clifton House«, einem Handelsposten am Canadian River. Hier war auch der Endpunkt des wilden Ritts.
Colbert und Clay lieferten sich ein totes Rennen, und unbefriedigt über diesen Ausgang betraten sie gemeinsam den Handelsposten.
»Nach dem Pferderennen aßen Colbert und Allison gemeinsam im »Clifton House«. Allison und Colbert beendeten ihre Mahlzeit und saßen bei einem Kaffee, als die Schießerei begann.
Colbert bestellte eine zweite Tasse Kaffee und zog unter dem Tisch seinen Revolver. Allison bemerkte, was vor sich ging und griff seinerseits zur Waffe. Die Pulverladung in Chunks Revolver war jedoch zu schwach. So flog das Geschoß nicht in gerader Linie auf Allison zu, sondern schlug auf die Tischplatte und prallte davon ab. Allison feuerte und tötete Colbert auf der Stelle mit einem Schuß ins rechte Auge.«
Dale T. Schoenberger in THE GUNFIGHTERS, 1971

Zwei Wochen später verschwand auf mysteriöse Weise ein Freund Colberts, ein Mann namens Charles Cooper. Er war zuletzt mit Allison gesehen worden, danach hörte man nie wieder etwas von ihm.

Mitte der 70er Jahre strahlten die Ereignisse im Lincoln County auch auf das Colfax County aus, in dem Clay Allison beheimatet war. Der Santa-Fe-Ring baute auch in diesem Gebiet Niederlassungen und schaffte sich Machtpositionen. Dagegen bildete sich eine starke Opposition, deren Kopf der Methodistenprediger F. J. Tolby wurde. Allison gehörte zu seinen Anhängern.
Am 20. September 1875 wurde Tolby aus dem Hinterhalt erschossen. Der Reverend Oscar McMains behauptete, der Santa-Fe-Ring habe den Mörder seines Amtsbruders angeworben und gut bezahlt, und er beschuldigte einen Mexikaner namens Cruz Vega der Tat. Vega wurde verhaftet, aber das genügte dem streitbaren Reverend nicht. Zusammen mit Clay Allison und einigen anderen Männern holte Reverend McMains Cruz Vega mit Gewalt aus dem Gefängnis und hängte ihn an einem Telegraphenmast auf. Clay Allison spielte dabei den Part des Henkers. Er zog den bedauernswerten Mann am Mast hoch, bis er erstickte.
Kurz darauf stellte sich heraus, daß Vega völlig unschuldig war. Das sollte für Allison ein Nachspiel haben. Ein Freund Vegas, ein als »Pistolero« bekannter Mexikaner namens Francisco Griego, hörte von dem Mord und kam nach Cimarron, um den Freund zu rächen. Allison schoß ihn über den Haufen.

»In der Nacht des 1. November 1875 wurde Francisco Griego von R. C. Allison niedergeschossen. Beide Männer trafen sich an der Tür des St. James Hotels und betraten es mit einigen Freunden, um einen Drink zu nehmen. Sie begaben sich an einen Tisch in einer Ecke des Schankraumes und begannen eine Unterhaltung. Plötzlich brach Streit aus. Allison zog seinen Revolver und schoß dreimal auf Griego. Wenig später gingen alle Lichter aus. Die Gäste flohen aus dem Hotel. Griegos Leiche wurde erst am nächsten Morgen gefunden.
Francisco Griego war gut bekannt in Santa Fe, wo seine Mutter wohnt. Er hat eine beträchtliche Anzahl von Männern getötet und wurde als außergewöhnlich gefährlicher Mann angesehen. Kaum jemand wird seinen Tod bedauern.«
»THE DAILY NEW MEXICAN«, 5. November 1875

Von da an uferte Allisons Hitzköpfigkeit und sein unbeherrschtes Rowdytum aus. Immer häufiger kam es zu Übergriffen und zu offener Verhöhnung des Gesetzes. Als die Zeitung »Cimarron News and Press« ihn angriff, lieferte er ein anschauliches Beispiel seines desperaten Charakters. Nach ein paar Whiskys stürmte er am 19. Januar 1876 mit einigen Freunden in einem Anfall wilder Raserei in die Redaktion des Blattes, zerschlug die Setzkästen und warf die Druckerpresse in den Fluß. Am nächsten Tag kehrte er ernüchtert zurück und bezahlte den Schaden, um einer Anklage zu entgehen.

Im März 1876 jedoch fand sich Allison in der Arrestzelle von Cimarron wieder. In »Lambert's Saloon« waren drei farbige Soldaten ermordet worden. Allison stand unter dringendem Tatverdacht. Er war unschuldig, was sich rasch herausstellte. Trotzdem erhob der Bezirksanwalt Anklage gegen Allison wegen Mordes an Chunk Colbert, dessen Freund Charles Cooper und Francisco Griego.

Es war nicht möglich, exakte Beweise zu beschaffen. Es fanden sich keine Zeugen, die gegen Allison ausgesagt hätten. Erhobenen Hauptes konnte er im Juni 1876 als freier Mann auf seine Ranch zurückkehren.

Aber er war gefürchtet. Man ging ihm aus dem Weg, und er buhlte nicht um Freundschaften. Er schien im Gegenteil seinen düsteren Ruhm zu genießen.

Am 21. Dezember 1876 ritt er mit seinem Bruder John nach Las Animas in Colorado. Hier besaß er einen Freund, Frank Fagley, dem die »Olympic Dance Hall« gehörte. Bei ihm wollten die Allisons das Weihnachtsfest feiern.

Sheriff Spiers und seinem Deputy Charles Faber waren die wilden Allisons angekündigt worden. Die Beamten beschlossen, die »Olympic Dance Hall« besonders im Auge zu behalten.

Tatsächlich schien Clay Allison es wieder einmal auf Streit angelegt zu haben. Nachdem er ein wenig getrunken hatte, pöbelte er die Gäste des Etablissements an, beleidigte die Tänzerinnen und suchte nach Gegnern, die bereit waren,sich mit ihm zu schlagen.

Der Deputy Charles Faber betrat am späten Abend, begleitet von zwei Helfern, die Tanzhalle. Bewaffnet mit einer Schrotflinte steuerte er John Allison an, der gerade auf der Tanzfläche stand. Faber verwechselte die Allison-Brüder. Er glaubte, den gefährlicheren Glay vor sich zu haben, forderte John auf, seine Waffe abzulegen und schoß sofort, als dieser nicht schnell genug Folge leistete.

John Allison konnte sich zur Seite werfen und wurde daher nur in Schulter und Hüfte getroffen. Dann humpelte bereits Clay Allison, völlig betrunken und blind vor Wut, über die Tanzfläche heran. Er schoß wild um sich und streckte Charles Faber mit vier Schüssen nieder. Fabers Helfer flüchteten aus der Tanzhalle. Clay folgte ihnen und schoß weiter. Dann kehrte er zu seinem Bruder zurück, der blutend am Boden lag. Der Anfall war vorüber. Clay Allison ließ sich widerstandslos festnehmen.

Vor dem Distriktgericht in Pueblo wurde Anklage gegen die Allison Brüder erhoben. Clay wurde im Januar gegen Kaution freigelassen, ging nach New Mexico und engagierte einen guten Rechtsanwalt. Er verkaufte seine Ranch, um seinen Verteidiger und die ärztliche Behandlung für seinen schwerverletzten Bruder bezahlen zu können, und kehrte nach Colorado zurück.

Die Sache der Allisons stand schlecht. Als Mitte März 1877 die Verhandlung gegen sie eröffnet wurde, gab es viele, die die Brüder schon am Galgen sahen. Es kam anders. Kein Augenzeuge fand sich, der gegen die Brüder aussagte. Clay Allison behauptete, in Notwehr gehandelt zu haben. Das Gericht akzeptierte seine Version. Clay Allison war wieder frei.

Aber der Prozeß hatte ihn finanziell ausgeblutet. Er mußte noch einmal von vorn anfangen, wurde Cowboy und arbeitete als Trailboß für Viehzüchtervereinigungen, in deren Auftrag er Rinderherden nach Dodge City trieb. Er arbeitete hart. Er war tief gefallen, aber er hatte den eisernen Willen, wieder hochzukommen.

1880 war er bereits wieder soweit, im Texas Panhandle eine Ranch aufzubauen zu können. Ein Jahr später heiratete er die Bürgertochter Dora McCullough. Der Rowdy war bürgerlich geworden.

Zwei Töchter gingen aus der Ehe hervor, eine davon wurde verkrüppelt geboren, was Allison tief verbitterte. Jahre vorher hätte er darauf gewalttätig gegen seine Umwelt reagiert. Inzwischen hatte er gelernt, Schicksalsschläge hinzunehmen und zu ertragen. Noch immer nannte man ihn einen »wilden Wolf«, aber er war ruhiger geworden, arbeitete und sorgte für seine Familie.

Im Mai 1886 zog Allison mit Frau und Kindern nach New Mexico und kaufte eine große Ranch im Lincoln County.

Seine Energie war noch immer groß, aber je älter er wurde, um so größer wurden die Schmerzen, die sein verkrüppelter Fuß ihm beim Laufen bereitete. Trotzdem zwang er sich noch immer dazu,

selbst in den Sattel zu steigen und persönlich Rindertrails zu leiten. Er ließ es nicht zu, daß ein anderer ihm half.
Allison fiel es schwer, sich der sich rasch verändernden Zeit anzupassen. Die Epoche des Faustrechts ging zu Ende. Ein neuer Menschentypus kam in den Westen, Pioniere anderer Art, Menschen, die die Zivilisation der Oststaaten mitbrachten. Für sie war ein Mann wie Clay Allison ein lebendes Relikt aus grauer Vorzeit. Sein Ende war undramatisch und hatte nichts von den sensationellen Zeitungsberichten, die in früheren Jahren über ihn geschrieben worden waren.
Am 1. Juli 1887 war er mit einem Wagen von Pecos in Texas aus zu seiner Ranch unterwegs. Auf halbem Weg fiel ein Sack Mehl von der Ladefläche. Clay zügelte das Gespann, stieg ab und lud den Sack wieder auf. Dabei stolperte er und stürzte unter den Wagen. Im gleichen Moment setzte sich das Gespann in Bewegung, und das schwere Gefährt überrollte den einstigen Revolvermann. Unter großen Qualen starb Clay Allison eine Stunde später an seinen inneren Verletzungen.
Auf dem Friedhof von Pecos wurde er beigesetzt. Kein Stein, kein Kreuz, nicht einmal eine einfache Tafel zierte seinen Grabhügel. Schon wenige Jahre später wußte niemand mehr, wo Allison bestattet worden war. Noch heute ist der Platz unbekannt ...

XI.

RICHTER PARKER UND SEINE GARDE – DAS ENDE DES WILDEN WESTENS

»An einem Punkt im Indianerterritorium, wo eine Trailstraße durch das Niemandsland den Nordarm des Canadian River kreuzte, stand, so erzählt die Legende, ein Schild mit der Aufschrift:

FORT SMITH
500 MEILEN

Im Jahre 1882, als das Bundesgericht unter Richter Parker bereits berühmt war und Furcht und Schrecken unter den Gesetzlosen des Territoriums verbreitete, verfolgte ein Aufgebot unter US-Marshals in dieser Gegend eine Gangsterbande… Die Männer stießen nach ein paar Tagen auf das Schild. Es war von Wind und Wetter zerfressen, von Geschossen gezeichnet. Ein Unbekannter hatte, mit einer Portion Galgenhumor versehen, die Aufschrift ergänzt. Mit einem Messer hatte er in das Holz geschnitzt: »ZUR HÖLLE.«

S. W. Harmon in HELL ON THE BORDER, HE HANGED EIGHTYEIGHT MEN, 1898

Die Straßen rings um das düstere Gerichtsgebäude von Fort Smith, Arkansas, waren schwarz von Menschen. Mehr als dreitausend drängten sich vor dem Eingang des Gefängnishofes und versuchten, einen Blick auf das überdachte Gerüst des großen Galgens zu werfen, der in der Mitte des Hofes aufgerichtet worden war. Männer standen auf den umliegenden Häuserdächern, waren an den Telegraphenmasten in der Nähe des Gefängnisses hochgeklettert. Ein Aufschrei ging durch die Menge, als eine schmale Hintertür des wuchtigen Backsteingefängnisses aufgestoßen wurde. Eingerahmt von schwerbewaffneten US-Deputy-Marshals traten sechs Männer mit auf den Rücken gefesselten Händen heraus. Sie wurden über den Hof zum Galgen geleitet.
Auf der Plattform des Gerüstes wartete ein kleiner, schmächtiger Mann mit gebeugtem Rücken, dessen zottiger Ziegenbart in der

Septembersonne weiß wie Schnee schimmerte. Er trug zwei große Revolver an den Hüften und streifte den sechs Gefangenen rasch hintereinander die sorgfältig geknüpften Schlingen über die Köpfe. Die Menge schrie und tobte jetzt. Frauen hoben ihre Kinder hoch. Männer suchten nach einem besseren Ausblick auf den Galgen.
Da standen sie nebeneinander. Sechs Mörder. Die Weißen Daniel Evans, John Whittington und James Moore, der Neger Edmund Campbell, und die Indianer Smoker Man Killer und Samuel Fooy. Als der schmächtige Henker einen Hebel betätigte, stürzten die sechs Körper gleichzeitig durch die Falltür. Gleichzeitig strafften sich auch die Stricke. Reglos baumelten die Männer in den Schlingen.
Oberhalb des Galgens, an einem Fenster des Gerichtsgebäudes, stand ein großer, stattlicher Mann mit sauber gestutztem Kinnbart, die schlanken, gepflegten Hände auf dem Rücken übereinandergelegt. Sein Gesicht war aschfahl als er sich vom Fenster abwandte. Draußen johlte die Menge. Ein Gerichtsarzt stieg unter dem Galgengerüst hervor und verkündete den Tod der sechs Männer. Danach wurde es still.
Über das Gesicht des Richters, der die Exekution vom Fenster aus verfolgt hatte, rannen ein paar Tränen. Mit hängenden Schultern und müden Schritten ging er zur Tür seines Arbeitszimmers. Es war der 3. September 1875. Der Bundesrichter Isaac Parker hatte der Ausführung seiner ersten sechs Todesurteile beigewohnt.
Man sah ihn in den folgenden Jahren noch oft am Fenster stehen und dabei zusehen, wie von ihm verurteilte Mörder starben. Von Mal zu Mal wirkte er mehr gealtert. Nach nur wenigen Jahren war der stattliche junge Mann nur noch ein Schatten seinerselbst.

*

Es gibt in der amerikanischen Geschichte kaum eine widersprüchlichere Persönlichkeit als ihn. Humanist, eifernder Christ, paragraphengläubiger Fanatiker – nichts davon beschreibt ihn wirklich, aber keiner dieser Begriffe ist völlig falsch. Mit Bibel, Gesetzbuch und Strick schrieb er das letzte Kapitel der Pioniergeschichte, in die er selbst als ein menschliches Monstrum einging. Nur ungern erinnert man sich an der Stätte seines Wirkens, in dem kleinen Städtchen Fort Smith am Arkansas River, an ihn: Charles Isaac Parker.

Als Sohn eines Methodistenpriesters wurde er am 15. Oktober 1838 in Belmont, Ohio, geboren. Er wurde streng religiös erzogen, besuchte gute Schulen und konnte sich bereits mit einundzwanzig Jahren in Ohio als Rechtsanwalt niederlassen. Im Jahre 1860 ging er nach Missouri und eröffnete in St. Joseph eine Anwaltspraxis. Hier trat er zum erstenmal politisch in Erscheinung. Parker engagierte sich für die bedingungslose Abschaffung der Sklaverei, die seiner christlichen Überzeugung zutiefst widersprach. Er unterstützte Abraham Lincoln bei seiner Kandidatur um das Präsidentenamt. Im April 1861 wurde er zum Staatsanwalt von Missouri gewählt. Kurz nach Ausbruch des Bürgerkrieges folgte die Ernennung zum Provost Marshal (Kommandeur der Militärpolizei) des Staates. Am 12. Dezember des gleichen Jahres heiratete er.
Nach Ende des Bürgerkrieges folgten einige Jahre, in denen er als niedergelassener Rechtsanwalt arbeitete, bis er im November 1868 zum Richter im 12. Gerichtsdistrikt von Missouri gewählt wurde. Zwei Jahre später kandidierte Parker für den Kongreß, wurde Abgeordneter und schaffte es, 1872 wiedergewählt zu werden. In seinem Wahlkreis nahm man es ihm jedoch übel, daß er sich im Parlament stark für die Rechte der Indianer einsetzte. Das war der Grund, daß er 1874 nicht wiedergewählt wurde. Nach einem kurzen Gastspiel als oberster Richter des Staates Utah überreichte ihm Präsident Grant am 10. Mai 1875 die Ernennungsurkunde zum Bundesrichter für den westlichen Distrikt von Arkansas und das Indianerterritorium Oklahoma. Damit begann eine über zwanzigjährige Ära, in der Charles Isaac Parker versuchte, mit eiserner Faust Recht und Gesetz in eine Region zu tragen, in der absolutes Chaos herrschte und Mord und Totschlag an der Tagesordnung waren, in der sich der Wilde Westen in seiner extremsten Form präsentierte. Zwanzig Jahre, in denen er der mächtigste Mann der amerikanischen Kriminalgeschichte war, zu dem es bis heute keine Parallele gibt. Ein Mann, von dessen Wort Leben und Tod abhingen, der die kleine Stadt Fort Smith am Ufer des Arkansas in den Augen seiner Mitbürger in einen Vorposten des Jüngsten Gerichts verwandelte.

»Nach der Öffnung des Oklahoma Territoriums zur Besiedlung schwärmten die Heimstättensiedler im ganzen Land aus und bauten sich hier ein neues Zuhause. Die Ländereien der großen Ran-

ches schrumpften zusammen, da sich Farmer darauf niederließen, und die Cowboys, zumindest eine große Anzahl von ihnen, steckten sich Land ab und wurden selbst Farmer. Andere versuchten, sich mit Geschäften jedweder Art durchzuschlagen, aber sehr viele der hartgesottenen Reiter wurden zu Gesetzlosen. Die Outlaws überrannten das Territorium in kaltschnäuziger Verachtung von Recht und Gesetz, ohne Rücksicht auf das Leben braver, friedlicher Bürger.

Richard S. Graves in OKLAHOMA OUTLAWS, 1915

Um 1828 war Oklahoma, das karge, unkultivierte Land zwischen Texas und Kansas, zu einer großen Indianerreservation gemacht worden. Die Reste der geschlagenen, von ihren angestammten Heimatgebieten verdrängten Stämme wurden hier angesiedelt und isoliert. Man gestattete ihnen, das riesige Gebiet selbst zu verwalten. Bald schon entstanden eigenständige Indianerparlamente, Schulen und Geschäfte. Die sogenannten »fünf zivilisierten Stämme« – Choctaws, Creeks, Cherokees, Chickasaws und Seminolen –, die die Mehrheit in diesem Indianerterritorium bildeten, beherrschten schon bald die Szene, kultivierten das Land, bauten Farmen, gründeten eigene Gerichte und eine eigene Polizei. Mitte des vorigen Jahrhunderts begannen führende Indianerpolitiker dafür zu arbeiten, Oklahoma zu einem indianischen Staat zu machen, der den USA als eigenständiges Mitglied mit allen Rechten und Pflichten angegliedert werden sollte. Es gab nicht wenige Männer in Washington, die diesen Plan unterstützten. Die Mehrheit aber verhielt sich abwartend und ablehnend skeptisch.
Inzwischen schritt die Eroberung des Westens mit Riesenschritten voran. Weiße Siedler sickerten in das Indianerterritorium ein, wurden geduldet, ließen sich nieder und blieben. Die fortschreitende Zivilisierung machte es dem typischen Western-Banditen, dessen Welt die weiten, unbesiedelten Präriegebiete gewesen waren, in denen das Gesetz keine Basis gehabt hatte, immer schwerer, dem Arm der Behörden zu entgehen. So wurde Oklahoma zum Geheimtip für Gejagte im amerikanischen Westen. Hier gab es keine Sheriffs, keine Marshals, keine örtlichen Gerichte und Gefängnisse. Hier gab es nur die Indianerpolizei, deren Kompetenz sich auf indianische Angelegenheiten beschränkte. Zuständig für die Aufrechterhaltung von Recht und Gesetz unter der knapp 70000

Köpfe zählenden weißen Bevölkerung Oklahomas, waren Bundesbehörden, vertreten durch eine Handvoll US-Deputy-Marshals, die der Flut von Verbrechen, die über das Territorium schwappte, hilflos gegenüberstand. Kriminelle genossen in Oklahoma Narrenfreiheit. Die Gefahr für sie, gestellt zu werden, war minimal, und der Weg bis zum zuständigen Bundesgericht in Van Buren, Arkansas, war weit. Ein Beamter, dem es gelang, im Indianerterritorium einen Verbrecher zu fangen, konnte noch lange nicht sicher sein, den Mann auch vor Gericht stellen zu können. Ganze Verbrecherbanden schlugen in Oklahoma ihr Hauptquartier auf. Von hier aus unternahmen sie Raubzüge in benachbarte Staaten wie Kansas, Texas, Arkansas und Missouri, und kehrten dann ins Indianergebiet zurück, in das sie von kommunalen Behörden nicht verfolgt werden durften. Oklahoma wurde nicht nur der Staat der Indianer, sondern auch der Staat der Banditen, deren Unwesen sich mit der Zeit mehr und mehr auch gegen die weißen Siedler des Territoriums richtete.
Die Bekämpfung des Terrors blieb im Ansatz stecken, da eine schwache, unentschlossene Justiz nicht in der Lage war, dem Verbrechen Paroli zu bieten. Das änderte sich auch nicht, als das Kriminalgericht für das westliche Arkansas und Oklahoma von Van Buren nach Fort Smith verlegt wurde. Die Beamten des Gerichts waren korrupt, die Richter unfähig und faul. Akten blieben jahrelang liegen. Kriminalfälle verjährten, bevor ihre Klärung überhaupt in Angriff genommen wurde. Eine Reise per Postkutsche durch Oklahoma wurde zum Lotteriespiel. Es konnte geschehen, daß eine Kutsche auf einer Strecke mehrmals überfallen und ausgeraubt wurde. Es herrschte die nackte Anarchie. Mord wurde zum Kavaliersdelikt. Das Verbrechen triumphierte, an Recht und Gesetz glaubte niemand mehr.
In dieser Situation übernahm Richter Parker das Gericht in Fort Smith. Ihm stand eine Titanenarbeit bevor, und fast jedermann erwartete, daß er genauso scheitern würde, wie seine Vorgänger. Man hatte viele Richter kommen und wieder gehen sehen. Parker ging nicht. Er blieb und brachte zunächst Ordnung in die verrottete Verwaltung des Gerichts. Dann begann er, die alten Akten aufzuarbeiten. Am 26. Juni 1875, sechs Wochen, nachdem er seine Ernennungsurkunde erhalten hatte, fällte er die ersten sechs Todesurteile. Im Indianerterritorium horchte man auf. Ein Hoffnungs-

strahl fiel auf das unter der Knute des Verbrechens stöhnende Land. Tausende strömten zur ersten Hinrichtung nach Fort Smith. Sie wollten den Richter sehen, der die Herausforderung des Verbrechens angenommen, der den Gesetzlosen Oklahomas eine erste Antwort erteilt hatte. Und sie wollten seinen Scharfrichter sehen, den Henker von Fort Smith.

*

»Er exekutierte mehr Männer als jeder andere Henker in Amerika. Er vollstreckte mehr Todesurteile als jeder andere Henker in der Welt, mit Ausnahme des französischen Scharfrichters Deibler in Paris, von dem berichtet wird, er habe 437 Menschen geköpft.«

S. W. Harmon in HELL ON THE BORDER, HE HANGED EIGHTY - EIGHT MEN, 1898

Sein Name war George Maledon. Geboren worden war er am 10. Juni 1830 in Landau in Bayern. 1831 wanderten die Eltern mit ihm nach Amerika aus und bauten sich eine Farm in der Nähe von Detroit. Mit sechzehn Jahren lief der Junge von zu Hause fort und zog in den Westen. Hier schlug er sich mehr schlecht als recht durch, tauchte 1851 in Fort Smith auf und erhielt eine Anstellung als Policeman. Als zehn Jahre später der Bürgerkrieg ausbrach, meldete sich Maledon freiwillig zur Armee und überstand den Krieg, ohne sich sonderlich hervorzutun. 1865 kehrte er nach Fort Smith zurück und wurde als Deputy-Sheriff angestellt. 1866 wurde Fort Smith Sitz des Bundesgerichts für Arkansas und Oklahoma, und Maledon erhielt einen Posten als Gerichtsdiener und Gefängniswärter im Range eines US-Deputy-Marshals. Noch im gleichen Jahr bewarb er sich um das Amt des Henkers. Aus finanziellen Gründen. Neben seinem Gehalt als Deputy-Marshal von einhundert Dollar im Monat, erhielt er noch einmal einhundert Dollar für jede Hinrichtung. Reich wurde er dabei nicht, denn bevor Richter Parker kam, hatte Maledon nicht viel zu tun. Mit Parkers Amtsantritt aber begann seine große Zeit.

Parker versuchte, mit drakonischen Strafen der Flut des Verbrechens, mit der er konfrontiert wurde, Herr zu werden. Maledon vollstreckte die Urteile mit der Präzision einer Maschine. Während Parker unter der Kriminalität, der er begegnete, und unter den harten Strafen, die er verhängte, litt, ließ Maledon sich keinerlei Gefühlsregungen anmerken. Er tat seine Arbeit, und er nahm sie ernst. Wochen vor der Exekution probte er bereits mit Sandsäkken, die das Gewicht des Delinquenten hatten, um die Seile geschmeidig zu machen, so daß der Todeskandidat schnell starb und nicht qualvoll stranguliert wurde. Tag für Tag sah man ihn vor einer Hinrichtung mit geölten Seilen durch die Straßen von Fort Smith gehen, und die Mütter holten ihre Kinder von der Straße, wenn der schmächtige, bärtige Henker auftauchte. Er wurde im Laufe der Zeit dämonisiert, genau wie Richter Parker, der wie ein unumschränkter Herrscher über Leben und Tod schaltete und waltete.

Es gelang Parker nicht, das Verbrechen einzudämmen, aber er schaffte es binnen kurzer Zeit, dem Gesetz wieder Achtung zu verschaffen, dem Gesetz und seinen Vertretern, den US-Deputy-Marshals, die dem Richter direkt unterstellt waren. Parker erhöhte die Zahl dieser Beamten, die im Laufe der Jahre zu ebenso legendärem Ruhm gelangten wie er selbst, binnen kurzer Frist auf über neunzig.

Diese rauhe Mannschaft, die in das Indianerterritorium zog, um das Verbrechen mit Stumpf und Stiel auszurotten, bestand aus den härtesten Männern, die es zu jener Zeit im Westen gab. Viele waren Abenteurer und Revolverhelden, ehemalige Kopfgeldjäger und Männer, die in den wilden Rinderstädten von Kansas den Stern getragen hatten. Im Verlauf von Parkers Amtszeit wurden über sechzig von ihnen ermordet, davon zwei Drittel in ihrem ersten Dienstjahr. So gewöhnten sich viele der Männer, die Parkers Stern trugen, an, erst zu schießen und dann zu fragen. Sie übten nicht den normalen Dienst eines Ordnungshüters aus, sie führten Krieg, einen verbissenen, blutigen Krieg gegen das Verbrechen, das Oklahoma beherrschte.

Am 22. April 1889 wurde damit begonnen, das Indianerland Stück für Stück zur Besiedlung für weiße Farmer freizugeben. Die Hoffnungen der Indianer, einen eigenen Staat in Oklahoma zu errichten, schrumpften in sich zusammen. Die Lobby der Heimstättensiedler, der europäischen Einwanderer, für die Platz geschaffen werden mußte, war stärker als das Recht des roten Mannes. Hunderttausende von Neusiedlern überfluteten das Land, neue Opfer für die Banditen. Städte schossen über Nacht aus dem Boden. Wo heute noch Prärie war, standen am nächsten Tag Häuser für immer neue Bürger. Es wurde für die Beamten Richter Parkers, die immerhin ein Gebiet von mehr als 180000 Quadratkilometern zu überwachen hatten, immer schwerer, die Übersicht zu behalten. Im Grunde standen sie auf verlorenem Posten. Wenn sie einen Gesetzlosen stellten, nahmen zehn andere seine Stelle ein, raubten, plünderten und mordeten weiter. Die Marshals waren Tag und Nacht im Einsatz, denn die Neusiedler verlangten den Schutz des Gesetzes. Aber das Gesetz war selten genug in der Lage dazu.

Neben den vielen Einzelgängern unter den Outlaws, die Oklahomas neuen Bürgern und Richter Parkers Marshals das Leben sauer machten, bildeten sich die letzten großen Banditenbanden des Wilden Westens, die in ihrer Brutalität, Perfektion und Skrupellosigkeit alles bisher Dagewesene weit übertrafen. Zur berüchtigsten Bande des ausklingenden Wilden Westens gehörten die Daltons, deren Geschichte repräsentativ für die Oklahomabanditen ist.

»Unter den Neusiedlern, die sich in Oklahoma niedergelassen hatten, war auch die Dalton-Familie. Lewis Dalton, ein dem Alkohol ergebener Kentuckier, hatte 1851 Adeline Younger, Tante der berüchtigten Youngerbrüder, geheiratet. 1860 zog er nach Lawrence, Kansas, und später in die Nähe von Coffeyville. Fünfzehn Kinder – neun Söhne und sechs Töchter – gingen aus dieser Ehe hervor. Zwei, ein Junge und ein Mädchen, starben im frühen Kindesalter, während die anderen gediehen. 1862 hatte sich die Familie in der Cherokee Nation in der Nähe von Vinita niedergelassen. Während des großen Rennens um Land siedelten die Daltons in der Nähe von Kingfisher. Kurz danach starb Lewis Dalton, und die ältesten Söhne Charles, Henry und Littleton bewirtschafteten die Farm ... Frank Dalton wurde US-Deputy-Marshal unter Richter Parker, nach drei Jahren Dienst erschossen und von seinen Brüdern Gratton, Robert und Emmett im Dienst ersetzt. Nachdem die drei Daltons zwei Jahre später ihren Dienst für Richter Parker quittierten, hätten sie ohne weiteres ein Leben normaler Bürger führen können. Doch sie zogen es vor, ihr Geld schneller zu »verdienen« und gaben ihren Einstand als Banditen am 4. Juli 1890, als sie in der Osage Reservation siebzehn Pferde und zwei Maultiere stahlen. Der Erlös war mager: fünfzehnhundert Dollar für die Pferde, vierzig für die Maultiere. Als nächstes raubten sie in der Nachbarschaft von Claremore dreißig Pferde und verkauften sie

in Columbus, Kansas, an einen Pferdehändler Scott, der ihnen einen Scheck über 700 Dollar zahlte. Während sie den Scheck mit ihrem richtigen Namen einlösten, brachte Scott die Pferde nach Baxter Springs, wo sie von den Eigentümern, Frank Musgrove und Bob Rogers, entdeckt wurden. Kaum hatten die beiden Rancher erfahren, wer Scott die Pferde verkaufte, da trafen die Daltonbrüder mit einer anderen gestohlenen Pferdeherde in Baxter Springs ein. Mit einem Aufgebot jagten Musgrove und Rogers die Daltons vor sich her.«

Ch. S. Hagen in FAUSTRECHT UND STERNENBANNER, 1967

»Die Dalton-Bande verübte viele Überfälle und ermordete eine große Anzahl guter Männer. Die Bandenmitglieder erlangten einen höheren Bekanntheitsgrad als einst die James-Younger-Bande. Der Anführer war Bob Dalton, der gerade zweiundzwanzig Jahre alt war, als er zum Gesetzlosen wurde. Die anderen Mitglieder seiner Bande waren Grat Dalton, dreißig Jahre alt. Emmett Dalton, ein Junge von zwanzig, der nicht weniger skrupellos war wie die anderen. Bill Doolin, der später selbst Anführer einer gefährlichen Bande wurde. Charley Bryant, ein Texaner aus gutem Haus, und Bill Powers und Dick Broadwell, zwei Cowboys, die bereit waren, ihrem Anführer bei jeder Schandtat zu folgen.«

Richard S. Graves in OKLAHOMA OUTLAWS, 1915

Nach dem unrühmlichen Einstand der verbrecherischen Brüder als Desperados, flüchteten sie zu Verwandten nach Kalifornien, um dort in aller Ruhe ihre weitere Banditenlaufbahn vorzubereiten.

Am 6. Februar 1891 traten die Daltons wieder auf. Sie überfielen den Zug Nr. 17 der »Southern Pacific Railroad« bei Alila, Kalifornien, erbeuteten über 40000 Dollar und erschossen den Heizer des Zuges. Ein hohes Kopfgeld wurde für ihre Ergreifung ausgesetzt. Grat und Bill Dalton wurden festgenommen, Bob und Emmett setzten sich nach Oklahoma ab und bauten hier systematisch eine Bande auf, der sich Grat und Bill sofort anschlossen, nachdem sie aus dem kalifornischen Gefängnis ausgebrochen und ihren Brüdern nach Oklahoma gefolgt waren.

Unter Führung des ebenso intelligenten wie brutalen Bob Dalton startete die Bande eine Serie von Überfällen, die sie mit einem

Schlag in dem an Verbrechen nicht armen Indianerterritorium bekannt machte und zur Geißel des Landes werden ließ.
Am 9. Mai 1891 stoppte die Bande einen Personenzug der »Santa Fe Railroad Company« in der Station von Wharton, raubte die Passagiere aus und sprengte den Güterwaggon in die Luft. Der Telegraphist der Station, der um Hilfe morste, wurde kaltblütig ermordet. Drei Monate später hatten die Banditen eine Spur von Blut und Leid kreuz und quer durch Oklahoma gelegt. Fünf Menschen, darunter ein Sheriff, waren erschossen, Postkutschen und Züge waren angehalten und ausgeplündert worden. Parkers Garde setzte sich auf ihre Fährte, aber die Daltons kannten aus der Zeit, in der sie selbst den Stern getragen hatten, das Land wie ihre Westentasche. Es erwies sich als fast unmöglich, sie zu fassen. Aufgebote durchstreiften das Land, fanden die Verstecke der Daltons aber nicht. Die Großfahndung nach ihnen stieß ins Leere. Es war mehr ein Zufall, daß am 3. August 1891 in Hennessey Charley Bryant gestellt und erschossen werden konnte.
Bereits am 15. September 1891 schlugen die Banditen wieder zu. Bei Lillietta überfielen sie einen Zug der »Missouri, Kansas und Texas Railroad Company«. Am 1. Juni 1892 stoppten sie den Expreßzug der »Santa Fe Eisenbahn« bei Red Rock und raubten die Fahrgäste aus.
Ab sofort wurden Geldtransporte nur noch mit Armeebegleitung durchgeführt. Die Wells-Fargo-Kutschengesellschaft heuerte schwerbewaffnete Begleitmannschaften für ihre Transporte an. Versicherungsgesellschaften weigerten sich, die finanzielle Garantie für wertvolle Frachten nach Oklahoma zu übernehmen, denn die Daltons waren nicht zu stoppen.
Am 15. Juli besetzten sie die Bahnstation von Adair und enterten den ankommenden Katy-Expreß, der mit Indianerpolizei und bewaffneten Expreßagenten besetzt war, die sofort das Feuer eröffneten. Die Daltons schossen sich brutal den Weg frei, verletzten mehrere Polizisten und Fahrgäste schwer und ermordeten einen Arzt.
Die US-Marshals schlugen zurück. Blitzschnell wurden in allen Orten, die per Telegraph unterrichtet werden konnten, Aufgebote zusammengestellt. Ein Kesseltreiben setzte ein. Die Daltons schienen am Ende zu sein. In die Enge getrieben, gelang es ihnen jedoch abermals, durch die Maschen des Netzes zu schlüpfen, das

ihre Häscher ausgeworfen hatten. Und während noch fieberhaft nach ihnen gefahndet wurde, raubten sie bereits die Bank von El Reno aus und tauchten wieder unter.

*

In Fort Smith hielt Isaac Charles Parker, während seine Deputy-Marshals sich in den Ebenen des Indianerterritoriums mit den zahllosen Banditen blutige Feuergefechte lieferten, weiter Gericht. Ohne sich von Emotionen leiten zu lassen, urteilte er die Angeklagten ab, hielt sich buchstabengetreu an Gesetzbuch und Bibel und hielt eine Todesmaschinerie in Gang, die einzigartig in der amerikanischen Justizgeschichte dasteht. Kein Richter schickte mehr Männer an den Galgen als er. Er tat es nicht aus innerster Überzeugung, sondern aus fanatischem Pflichtbewußtsein. Und diese inneren Konflikte, die Parker mit sich selbst ausfocht, zwischen dem Privatmann, dem Humanisten, und dem Richter, der Institution von Recht und Gesetz, der, nach Parkers Verständnis, nicht anders handeln durfte, als er handelte, zerfraßen ihn gesundheitlich. Von Jahr zu Jahr verfiel er mehr. Sein Haar wurde weiß. Als Fünfzigjähriger sah er aus wie achtzig. Wenn er ausging, brauchte er einen Stock. Seine Frau verwand die gesellschaftliche Isolierung, in die die Parkers mehr und mehr gerieten, nicht, und begann zu trinken. Doch unbeirrt fällte Parker weiter seine Urteile, die Schlagzeilen im ganzen Land machten. Sein Gericht wurde als »Schlachthaus« bezeichnet. Er selbst erhielt von den Zeitungen Amerikas, deren Redakteure sich von den Zuständen in Oklahoma keinen Begriff machen konnten, den Schimpfnamen »Hängerichter«. Parker blieb äußerlich unbeeindruckt. Regelmäßig fanden Massenhinrichtungen in Fort Smith statt. Regelmäßig stand er dann am Fenster seines Arbeitszimmers und verfolgte die Exekutionen mit steinerner Miene, und regelmäßig verschlechterte sich danach sein Gesundheitszustand.
Im Indianerterritorium wuchs das Vertrauen zum Gesetz. Aber die Mißerfolge der gefürchteten Marshals aus Fort Smith bei der Jagd auf die Dalton-Bande, brachten dieses Vertrauen wieder ins Wanken. Parker, der sich bemühte, ein gewisses Maß an Rechtssicherheit im Lande herzustellen, zumindest den Bürgern den Eindruck zu vermitteln, daß die Behörden mit aller Kraft daran ar-

beiteten, die Verbrecher zurückzudrängen, erkannte durchaus die Gefahr, die von den Daltons ausging. Seine besten Beamten setzten sich auf die Fährte der Bande, ließen sie nicht mehr zur Ruhe kommen, ohne jedoch auch nur ein Mitglied der Gruppe stellen zu können. Die Marshals Heck Thomas, Chris Madsen und Bill Tilghman, die zu den berühmtesten Gesetzesvertretern des Westens zählten, bissen sich die Zähne an Bob Dalton und seinen Mannen aus, und Parker, der hoffte, die Banditen vor die Schranken seines Gerichts zu bekommen, wartete vergeblich.

Bob Dalton selbst war der Boden in Oklahoma zu heiß unter den Füßen geworden. Er beabsichtigte, sich mit einem spektakulären Überfall, von dem man noch lange reden sollte, zu »verabschieden«. Der tollkühne Plan Daltons sah vor, zwei Banken auf einmal zu überfallen. Stattfinden sollte das Verbrechen in dem kleinen Kansas-Städtchen Coffeyville, nahe der Oklahomagrenze gelegen. Innerhalb der Bande gab es heftigen Widerstand gegen diese Idee. Auch die Brüder Bob Daltons waren nicht sehr begeistert. Der junge Bandit vermochte sie aber redegewandt zu überzeugen. Er beabsichtigte, sämtliche Taten des Jesse James in den Schatten zu stellen.

Am Morgen des 3. Oktober 1892 verließen die Banditen ihr Versteck und ritten zur Kansas-Grenze. Am 5. Oktober vor Sonnenaufgang sprach Bob Dalton den Plan noch einmal mit seinen Leuten durch. Dann ritten sie auf die Stadt zu. Es gab kein Zurück mehr.

Nur Bill Doolin war nicht dabei. Sein Pferd hatte plötzlich gelahmt, so daß er nicht hatte mitreiten können. Es gibt Anhaltspunkte dafür, daß Doolin nicht zufällig zurückgeblieben war. Er besaß nicht die Intelligenz Bob Daltons, war dafür aber nüchtern und berechnend und hatte die Wahnwitzigkeit des Plans zweifellos erkannt.

Am frühen Vormittag erreichten die übrigen fünf Banditen den Ort. Bob und Emmett Dalton zügelten ihre Pferde vor der »First National Bank«, Grat Dalton, Dick Broadwell und Bill Powers ritten weiter zur »C. M. Condon Bank«.

Sie fielen erst auf, als sie ihre Pferde mit hängenden Zügeln auf der Straße stehenließen und die Banken betraten, und während sie im Innern der Gebäude die Kassierer zwangen, die Kassen zu leeren, zog sich bereits das Verhängnis über ihnen zusammen.

»Der Alarm wirkte wie ein elektrischer Schlag. Es ging von Mund zu Mund, überall in der Stadt: »Die Bank wird beraubt!« Alles lief los, um Gewehre und Revolver zu beschaffen, und in unglaublich kurzer Zeit waren eine Menge Männer bewaffnet und feuerten die ersten Schüsse auf die Tür und die Fenster der »First National Bank« ab, in der man die Banditen wußte ... Als die Outlaws die Bank verließen, hämmerte ihnen heftiges Gewehrfeuer von allen Seiten entgegen. Trotzdem schafften sie es, ihre Winchester-Gewehre in den Händen, unverletzt auf die Straße zu gelangen und sich in Deckung zu bringen.«

Richard S. Graves in OKLAHOMA OUTLAWS, 1915

Der Kampf dauerte keine zehn Minuten. Die Bande, die an Berühmtheit Jesse James hatte übertreffen wollen, endete so wie ihr Vorbild. Von zornigen und entschlossenen Bürgern in die Enge getrieben, kämpften die Daltons verzweifelt ums Überleben. Am Ende waren vier Bürger und Bob Dalton, Grat Dalton, Dick Broadwell und Bill Powers tot. Emmett Dalton wälzte sich schwerverwundet im Staub. Es gab keine Dalton-Bande mehr.

*

Während Emmett Dalton mit dem Tode rang, wie durch ein Wunder seine schweren Verletzungen überlebte, vor Gericht gestellt und für fünfzehn Jahre ins Zuchthaus geschickt wurde, vergaßen die Bürger von Oklahoma, die die Zeitungsberichte über die Vernichtung der Dalton-Bande verschlangen, völlig, daß ein Mann der Schießerei entgangen war.

Bill Doolin, der Sohn eines armen Arkansas-Farmers, der nie eine Schule besucht und erst in späteren Jahren Lesen und etwas Schreiben gelernt hatte, hatte den Stadtrand von Coffeyville erst erreicht, als der Kampf schon vorüber gewesen war. Ihm war Zeit genug geblieben, die Situation zu überblicken und sich dann wieder davonzustehlen, ohne daß ihn jemand beachtete. Der Schock des Fiaskos von Coffeyville steckte ihm in den Gliedern, während er davonritt, auch wenn er im Grunde von Beginn der Aktion an nie etwas anderes erwartet hatte. Trotzdem hatte auch er, wie die meisten Banditen seiner Epoche, auf die Feigheit der Bürger spekuliert und nicht damit gerechnet, daß es den unerfahrenen Städtern gelingen würde, seine Kumpane so total niederzukämpfen.

Doolin zog daraus den Schluß, daß das Menetekel von Coffeyville dazu führen mußte, in Zukunft noch brutaler und härter aufzutreten, um jeden möglichen Widerstand der Opfer im Keim zu ersticken. Denn Doolin betrachtete Coffeyville nur als einen Erfahrungswert, nicht als Anstoß, sein Banditenleben aufzugeben.

Er zog sich in eines der vielen Verstecke der alten Dalton-Bande zurück und dachte über den Aufbau einer neuen Bande nach, einer Bande, die seinen Namen tragen sollte. Der erste Mann, der sich zu ihm gesellte und seinen Plan unterstützte, war Bill Dalton, der in den letzten Jahren auf der elterlichen Farm gearbeitet hatte, den aber das Verlangen nach Rache für seine in Coffeyville getöteten Brüder nun ebenfalls auf den Weg der Gesetzlosigkeit trieb. Doolin suchte sich weitere Männer zusammen, die vorher schon als Einzelgänger zu den berüchtigsten und gefährlichsten Verbrechern im Indianerterritorium gehört hatten. Es handelte sich um Red Buck Waightman, einen kaltblütigen Killer, und »Bitter Creek« Newcomb, Little Bill Raidler, Ol Yountis und Dick West, ehemalige Cowboys, die durch die Landbesiedlung ihre Arbeit verloren hatten. Später stießen noch Dynamite Dick Clifton, Roy Daugherty, alias Arkansas Tom, und Tulsa Jack Blake zu Doolin.

In dieser Formation trat die Doolin-Bande zum erstenmal im November 1892 auf und zeigte den geschockten Bürgern und entsetzten Gesetzesbeamten, daß die Taten der Dalton-Bande noch in den Schatten gestellt werden konnten. Binnen weniger Tage erfolgten Überfälle auf einen Zug der »Missouri Pacific Railroad« bei Caney, auf einen Zug bei Wharton und auf die »First National Bank« in Spearville, Kansas. Die Orte der Überfälle lagen so weit auseinander, daß fälschlicherweise zunächst angenommen wurde, Doolin habe seine Bande geteilt. Bevor die US-Marshals Richter Parkers zur Stelle waren, hatte bereits der nächste Raub stattgefunden, und dann tauchten Bill Doolin und seine Leute unter.

In den Jahren zuvor waren Hunderte von neuen Ortschaften entstanden, die auf keiner Karte verzeichnet waren. Es gab tausend Möglichkeiten für die Desperados, sich dem Arm des Gesetzes zu entziehen. Fast ein Jahr lang verhielt die Bande sich still. Dann schlug Doolin am 26. Mai 1893 wieder zu. Mit seinen Männern raubte er den »Santa-Fe-Expreß-Zug« aus und erbeutete 13000 Dollar.

Aufgebote unter Führung des gefürchteten US-Deputy-Marshals Chris Madsen ritten drei Monate kreuz und quer durch das Land, ohne auch nur den Hemdzipfel eines Doolin-Banditen zu sehen. Dann wurde die Verfolgung abgebrochen. Madsen hatte andere Aufgaben. Es gab zuviele Verbrechen in Oklahoma, aber zuwenig Marshals. So war Madsen auf der Jagd nach Viehdieben, als das Versteck der Doolin-Bande ermittelt wurde.
Heute ist der Ort eine Geisterstadt, verfallen und unbewohnt: Ingalls, ein winziges Nest im nordwestlichen Indianerterritorium, war Bill Doolins Hauptquartier. Hier lebten die Banditen monatelang unter falschen Namen von der Beute ihrer Raubzüge, vergnügten sich mit Kartenspielen, Whisky und Mädchen. Bill Doolin brachte es sogar fertig, ein bürgerliches Leben in Ingalls zu führen. Er heiratete die bildhübsche Edith Ellsworth, die Tochter eines Pfarrers, und benahm sich wie ein solider Familienvater.
Monatelang störte niemand die Ruhe der Banditen in dem kleinen, abgelegenen Ort, während im umliegenden Land fieberhaft nach ihnen gefahndet wurde.
Chris Madsens Mitarbeiter warteten nach Bekanntwerden des Verstecks die Rückkehr des bulligen Marshals nicht ab. Sie trommelten ein Aufgebot zusammen und ritten bis an die Zähne bewaffnet nach Ingalls.

»Am 1. September 1893 führten die Marshals Nixon, Masterson, Shadley, Speed und Houston ein Aufgebot nach Ingalls, um die Doolin-Bande auszuheben. Die Beamten fuhren in einem unauffälligen Farmwagen in die Stadt und bemühten sich, keinen Argwohn zu erregen. Sie schauten sich nach guten Deckungsmöglichkeiten um und schickten dann einen Boten zu Bill Doolin. Sie forderten ihn auf, sich zu ergeben, da die Stadt umstellt sei. Der Bote kehrte mit der Information zurück, daß Doolin sich weigere und den Mitgliedern des Aufgebots empfehle, lieber zu verschwinden und sich friedlichere Gegenden auszusuchen. Einen Moment später begannen Winchestergewehre und Sechsschüsser zu krachen, und die Schlacht von Ingalls hatte begonnen.«

Richard S. Graves in OKLAHOMA OUTLAWS, 1915

Die Doolin-Bande lieferte den Beamten Richter Parkers ein Feuergefecht, das in der Kriminalgeschichte der USA seinesgleichen sucht. Die Banditen entkamen alle, mit Ausnahme von Arkansas Tom, aus der Stadt. Sie hinterließen drei tote US-Deputy-Marshals, Lafe Shadley, Tom Houston und Dick Speed. Zwei unbeteiligte Bürger blieben gleichfalls tot auf der Strecke. Nur Roy Daugherty, genannt Arkansas Tom, wurde verletzt festgenommen. Ein mageres Ergebnis.

»Der Kampf in Ingalls endete mit einem klaren Sieg für die Doolin-Bande. Bill Doolin, Bitter Creek und Bill Dalton wurden verwundet, aber der einzige Mann, den die Bande verlor, war Arkansas Tom, der gefaßt, verurteilt und für Jahre ins Zuchthaus geschickt wurde.«

H. S. Drago in OUTLAWS ON HORSEBACK, 1964

Eine weitere Verfolgung Doolins verlief im Sand. Die Bande blieb für Monate in einem Versteck und leckte ihre Wunden. Derweil wurde Bill Doolins Sohn geboren, aber Doolin vermied es, seine Familie aufzusuchen, so daß auch die beharrliche Beobachtung von Doolins Frau ergebnislos blieb.
Anfang 1894 tauchten die Banditen dann mit einem Schlag wieder aus der Versenkung auf. Am 23. Januar überfielen sie die »Farmers-&-Citizens-Bank« in Pawnee, im März raubten sie die Bahnstation von Woodward aus. Am 29. März überfielen sie die Überlandstation von E. H. Townsend und ermordeten kaltblütig den Besitzer, am 1. April beraubten sie den Store von Tom H. Carr, der in einer Blutlache zurückblieb, als die Banditen davonsprengten. Im Mai folgten Überfälle auf eine Bank in Southwest City, Missouri, zwei Tote, und die »First National Bank« in Longview, Oklahoma, drei Tote. Unter den Bank- und Geschäftsbesitzern Oklahomas brach Panikstimmung aus. Hufschlag in der Nacht ließ Männer schweißgebadet aus dem Schlaf aufschrecken. Überall, wo fremde Reiter auftauchten, leerten sich rasch die Straßen. Oklahoma zitterte vor der Doolin-Bande, und der US-Deputy-Marshal, der schon die Dalton-Bande erfolglos gejagt hatte, der auch von Bill Doolin bisher immer wieder überlistet worden war, schwor, nicht eher zu ruhen, bis die Mitglieder der Doolin-Bande hinter Schloß und Riegel sitzen würden: Chris Madsen.

»Chris Madsen war eine größere Persönlichkeit als Wyatt Earp. Es ist eine Tatsache, daß Earp die meiste Zeit seines Lebens an Spieltischen verbrachte. Er sorgte weder für Recht noch Gesetz in seinem Land. Chris stellte mehr Verbrecher, als Earp je gesehen hatte. Er jagte sie und holte sie aus ihren Verstecken, aus Heuschobern und Erdhütten in Oklahoma. Er tat seinen Dienst ohne den großen publizistischen Aufwand der Beamten in Dodge City oder Tombstone ... Chris Madsen war über fünfundzwanzig Jahre lang Gesetzesbeamter. Seine Geschichte wurde im Gegensatz zu Earps Story nie erzählt, von einigen Zeitungsartikeln über ihn abgesehen.«

Homer Croy in TRIGGER MARSHAL, THE STORY OF CHRIS MADSEN, 1958

»Chris Madsen hat länger im aktiven Dienst für das Gesetz gestanden, als jeder andere »Field-Marshal«. Er opferte die besten Jahre seines Lebens der Jagd auf Gesetzlose. Madsen war ein Kosmopolit, ein Weltbürger. Seine Geschichte als Soldat, Scout und Marshal ist lang und farbig.«

Richard S. Graves in OKLAHOMA OUTLAWS, 1915

Der Mann, der auszog, Bill Doolin das Fürchten zu lehren, war ein Haudegen und Abenteurer, im positiven Sinn, wie er im Buche steht. Chris Madsen war am 25. Februar 1851 im dänischen Schleswig geboren worden. Als Vierzehnjähriger diente er bereits in der dänischen Armee und kämpfte auf den Düppeler Schanzen gegen die Deutschen. Chris Madsen fand Gefallen am Soldatenleben. Nach Ende des deutsch-dänischen Krieges meldete er sich in die französische Fremdenlegion und stand bei Sedan 1871 wieder preußischen Truppen gegenüber. Er überstand auch diesen Krieg unbeschadet, sah dann aber in Europa kein Betätigungsfeld mehr für seinen Tatendurst. Er schiffte sich nach Amerika ein und meldete sich sofort nach seiner Ankunft in der neuen Welt, 1876, in die amerikanische Armee.
Chris Madsen brachte es zum Sergeant (Feldwebel) und kämpfte in fast allen Indianerschlachten der nächsten fünfundzwanzig Jahre. Im Dezember 1887 heiratete Chris und gründete am 22. April 1889 eine Farm, sieben Meilen nordöstlich von El Reno in Oklahoma. Am 20. Januar 1891, genau fünfundzwanzig Jahre nach sei-

nem Eintritt in die US-Armee, zog er die Uniform aus und steckte sich einen Tag später den Stern eines US-Deputy-Marshals am Bundesgericht in Fort Smith unter Richter Parker ans Hemd.
Er war ein Kämpfer vom Scheitel bis zur Sohle, der kleine, vierschrötige Däne mit dem mächtigen Schnauzbart. Binnen weniger Monate wurde sein Name in Oklahoma berühmt. Gesetzlose fürchteten ihn, Oklahomas Siedler achteten ihn, er war einer von Richter Parkers besten Beamten. »Madsen bringt immer seinen Mann«, hieß es, wenn er das Gericht in Fort Smith mit einem Bündel neuer Haftbefehle verließ. Nur bei Bill Doolin hatte er bisher keinen Erfolg gehabt. Als er im Frühjahr 1894 die Fährte der Doolin-Bande aufnahm, war er entschlossen, sie nicht mehr kalt werden zu lassen.
Er intensivierte die Jagd derart, daß die Bande nervös wurde. Bill Dalton war der erste, der beschloß, sich nach der Genesung von seinen Wunden aus dem Kampf in Ingalls aus dem Banditenleben zurückzuziehen. Das Risiko wurde ihm zu groß. Er trennte sich von Bill Doolin, der auch nicht mehr in bester Verfassung war. Das harte Banditenleben, die ständige Flucht, die Nächte auf feuchtem Boden, in Wind und Wetter, forderten ihren Tribut. Der gefährliche Bandit litt unter immer heftigeren Anfällen von Rheumatismus.
Bill Dalton beabsichtigte, sich mit seiner Frau und seinen beiden Kindern nach Kalifornien abzusetzen. Am 7. Juni 1894 war sein Weg zu Ende. Chris Madsen stellte den ersten Mann der Doolin-Bande. Bill Dalton starb unter den Kugeln von Madsens Aufgebot.

*

Madsens Hartnäckigkeit lähmte schon bald die Aktivitäten der Bande, die sich kaum noch aus ihrem Versteck traute. Wie nahe Chris Madsen den Banditen bereits gekommen war, zeigte sich am 4. April 1895. An diesem Tag schlug Bill Doolin wieder zu. Er überfiel einen Zug der »Rock Island Railroad« in der Station von Dover. Nur zwei Stunden nach dem Überfall war Chris Madsen mit seinem Aufgebot zur Stelle. Er stellte den ehemaligen Cowboy Tulsa Jack Blake, dessen Pferd gelahmt hatte, so daß er den Anschluß an die Bande verloren hatte.
Tulsa Jack schoß. Chris Madsen feuerte zurück und traf den Pa-

tronengurt des Mannes. Mehrere Geschosse explodierten, und Tulsa Jack war tot.

Das Aufgebot dicht auf den Fersen, flüchtete der Rest der Doolin-Bande durch die Savanne. Mit völlig erschöpften Pferden erreichte sie eine einsame Farm, wo die Gangster frische Pferde kaufen wollten. Der Bruder des Farmbesitzers, ein Priester, weigerte sich, die Pferde herauszugeben. Da schoß Red Buck Waightman dem unbewaffneten Mann eine Kugel in den Kopf.

Die ohnehin von dem schnellen Gegenschlag der US-Deputy-Marshals geschockten Banditen reagierten hysterisch. Der eiskalte und völlig sinnlose Mord wurde von »Bitter Creek« Newcomb und dem erst kurze Zeit bei der Bande befindlichen Halbindianer Charlie Pierce zum Anlaß genommen, sich sofort von Bill Doolin zu trennen.

Wenig später jagte Bill Doolin Red Buck davon. Aber er konnte den Zerfall der Bande nicht mehr verhindern. Seine Autorität war verschlissen. Hinzu kamen die immer heftiger werdenden rheumatischen Schmerzen, unter denen der Bandenchef litt. Doolin hatte das Glück verlassen.

Ende April 1895 klopften Newcomb und Pierce bei alten Bekannten, den Brüdern Dunn, an, bei denen sie in früheren Jahren immer ein sicheres Versteck gefunden hatten. Die Brüder Dunn aber sahen selbst einer Anklage wegen Unterstützung der Doolin-Bande entgegen und wollten ihre Haut retten. Sie erschossen ihre ehemaligen Freunde aus dem Hinterhalt und lieferten die Leichen im Office des US-Marshals in Guthrie ab, um sich die Freiheit zu erkaufen. Nun war es für jeden ersichtlich: Das Ende der Doolin-Bande war gekommen.

Im September 1895 stellte Chris Madsen Little Bill Raidler, erhielt selbst einen Streifschuß, konnte den Banditen dennoch überwältigen und ins Gefängnis transportieren. Im November des gleichen Jahres fand der eisenharte Marshal die Spur von Ol Yountis und tötete ihn nach kurzem Schußwechsel. Chris Madsen hatte den Nimbus der Doolin-Bande zerschlagen. Er saß Tag und Nacht im Sattel, um seinen Schwur wahrzumachen, auch den letzten Mann der Bande aufzuspüren. Längst aber verfolgte er nicht mehr allein die zahlreichen Spuren der in alle Winde verstreuten Banditen. Weitere US-Deputy-Marshals hatten sich eingeschaltet. Unter ihnen Bill Tilghman.

*

»Am Abend des 3. Juli begann sich der in der Stadt bekannte Ed Prather zu betrinken, um sich auf die Feiern anläßlich des Unabhängigkeitstages am nächsten Tag »vorzubereiten«. Einige gute Bürger von Farmer City sprachen ihn an und forderten ihn auf, weniger zu trinken, um den friedlichen Tag nicht zu verderben. Er verließ daraufhin mit einigen Freunden die Stadt. Als er zwei Stunden später zurückkehrte, waren seine Hände, sein Gesicht und seine Kleidung blutig. Er bedrohte William Tilghman, den Deputy-Sheriff, randalierte, trat Haustüren ein und rannte mit einem Revolver in der Faust herum. Mehrmals feuerte er Schüsse ab, die die Bürger gefährdeten. Niemand hatte ihn herausgefordert, und auch Mr. Tilghman sprach ihn nur an, um ihn zu beruhigen. Es gab einen Wortwechsel, danach griff Prather zum Revolver. Mr. Tilghman zog schneller und zielte mit dem Revolver auf Prathers Kopf. Mr. Tilghman forderte ihn dreimal auf, seine Waffe fallenzulassen und versuchte dann, ihn zu entwaffnen. Aber Prather gehorchte nicht, sondern versuchte, seinen Revolver auf Tilghman zu richten. Da zog Tilghman den Abzug durch, und Prather war ein toter Mann.«

»Western Farmer«, 5. Juli 1888

William »Bill« Tilghman war ein Revolvermann der guten Sorte, der auf der Seite des Rechts stand und zu den ehrenhaftesten und fairsten Gesetzesvertretern gehörte, die es in der Pionierzeit Amerikas gab.

Im Jahre 1854 wurde er auf einer Farm in der Nähe von Atchison, Kansas, geboren. Schon als Siebzehnjähriger schloß er sich professionellen Büffeljägern an und hatte soviel Erfolg, daß er schon ein Jahr später einen Vertrag als Fleischlieferant mit der Armee in Fort Dodge erhielt und einen eigenen Hilfstrupp aus Abhäutern, Ausschlachtern und Fuhrleuten beschäftigte. Als ihm die Büffeljagd nicht mehr lohnend erschien, suchte er sich Arbeit als Cowboy und gründete Mitte der 70er Jahre eine kleine Ranch am Bluff Creek nahe bei Dodge City. 1877 heiratete er die Witwe Flora Kendall und adoptierte deren Kind.

Trotz der schweren Arbeit auf der Farm trat er häufig in öffentlichen Versammlungen auf und wurde bekannt im Ford County. Aus diesem Grund holte ihn Bat Masterson nach seiner Wahl zum County-Sheriff als Deputy nach Dodge City. Bill Tilghman nahm

den Stern und trug ihn vier Jahre. 1882 ernannte der Stadtrat von Dodge City ihn zum City Marshal. Bill Tilghman blieb es bis 1884 und zog sich dann auf seine stark vernachlässigte Farm zurück. Kurz darauf wurde er wieder zum Deputy-Sheriff ernannt. Er blieb es nur für kurze Zeit. Im Jahre 1886 zerstörte ein Blizzard die Früchte seiner Arbeit. Tilghman mußte die Farm aufgeben und zog 1889 mit seiner Familie nach Oklahoma, wo es genug freies Land für einen tatkräftigen Mann gab. Er gehörte zu den Gründern der Stadt Guthrie, wurde von seiner Vergangenheit als Gesetzeshüter auch hier wieder eingeholt und genötigt, erster Marshal der Stadt zu werden. Zwei Jahre später war Tilghman US-Deputy-Marshal in der Garde Richter Parkers und neben Chris Madsen der berühmteste und effektivste Beamte.
Als Madsen die ersten Erfolge im Kampf gegen die Doolin-Bande verzeichnen konnte, schaltete sich auch Bill Tilghman in die Fahndung ein. Während Chris Madsen durch das verschneite Indianerterritorium auf der Fährte von Red Buck Waightman ritt, erhielt Tilghman die Information, daß Bill Doolin sich unter falschem Namen in den Kurort Eureka Springs in Arkansas zurückgezogen habe, um seinen Rheumatismus behandeln zu lassen. Tilghman beriet sich mit anderen Beamten. Niemand mochte auch nur einen Cent auf diese Mitteilung verwetten. Tilghman aber vertraute auf seine Nase. Er bestieg einen Zug und fuhr nach Arkansas. Zwei Wochen lang wanderte er durch die Badehäuser von Eureka Springs, dann stieß er auf einen glattrasierten, elegant gekleideten Gentleman, dem der Rheumatismus fast das linke Bein gelähmt hatte. Tilghman war sicher, Bill Doolin vor sich zu haben. Am 15. Januar 1896 nahm er den Gangster, der seine Identität sofort gestand, fest.
Umjubelt und von der Presse gefeiert kehrte Bill Tilghman nach Fort Smith zurück und lieferte den gefürchteten Banditen in Richter Parkers Gefängnis ein. Die Bevölkerung faßte wieder Vertrauen in das Gericht am Arkansas River und in die rauhen Marshals.
Derweil jagte in den Ebenen Oklahomas Chris Madsen die Überreste der Doolin-Bande. Er hetzte den kaltblütigen Killer Red Buck quer durch das Land, trieb ihn in die Enge und stellte ihn schließlich:

»Red Buck war ein Straßenräuber, der auch Poststationen überfiel und zur Plage für Reisende im Indianerterritorium wurde. Als er schließlich einen Mann ermordete, setzte Chris Madsen sich auf seine Fährte. Er stellte Red Buck am 5. März 1896 in einer Erdhütte nahe bei Cheyenne, Oklahoma. Er forderte ihn auf, herauszukommen. Red Buck kam, wild um sich feuernd. Chris schoß zurück, traf besser und schickte Red Buck auf den Weg in bessere Gefilde.«

Homer Croy in TRIGGER MARSHAL, THE STORY OF CHRIS MADSEN, 1958

Selbst schwer verletzt von den Kugeln Red Bucks, brachte Chris Madsen die Leiche des Banditen in die nächste Stadt. Dort erfuhr er, daß in der gleichen Stunde, da er mit Red Buck gekämpft hatte, Bill Doolin einen Gefängnisausbruch in Fort Smith inszeniert hatte.

Mit zwölf weiteren Gefangenen, die alle samt und sonders schnell wieder eingefangen worden waren, war der Gangster entkommen. Bill Doolin hatte westlich der Stadt einen Wagen gestohlen und war in die Nacht geflohen. Einer der gefährlichsten Verbrecher des ausklingenden Wilden Westens war wieder frei.

*

»Von den vielen tapferen Männern, die sich für Recht und Gesetz engagierten, die ihr Leben Tag und Nacht auf der Jagd nach Desperados riskierten, gewannen nicht viele ein so hohes Ansehen, über den Tod hinaus, wie Heck Thomas. Er war knapp achtzehn, als der Bürgerkrieg zu Ende ging. Er erhielt eine Anstellung als Policeman in Atlanta, Georgia, und blieb von da an bis zur Jahrhundertwende immer auf irgend eine Weise dem Dienst für Recht und Gesetz verbunden. Er war Expreß-Reiter in Texas und gehörte zu den Texas-Rangers, die Sam Bass in Round Rock stellten. Er arbeitete als Privatdetektiv in Fort Worth und jagte und tötete im Revolverduell die berüchtigten Lee-Brüder.«

Glenn Shirley in HECK THOMAS, FRONTIER MARSHAL, 1962

Mit dem spektakulären Ausbruch Bill Doolins aus dem Gefängnis richtete sich das Interesse der Öffentlichkeit auf einen weiteren

Beamten, der in Oklahoma einen hervorragenden Ruf besaß und einige der gefährlichsten Verbrecher des Staates gestellt hatte. Sein Name war Heck Thomas. Er, Bill Tilghman und Chris Madsen waren befreundet und im Indianerterritorium landauf, landab unter dem Spitznamen »die drei Musketiere« bekannt. So dürfte es kein Zufall gewesen sein, daß gerade Heck Thomas den Auftrag erhielt, den geflüchteten Bill Doolin wieder einzufangen und damit als letzter des berühmten Trios seinen Anteil an der Unschädlichmachung des brutalen Banditen zu leisten.

Heck Thomas war am 5. Juni 1850 in Atlanta, Georgia, geboren worden. Sein Vater war ein hoher Offizier in der Armee der Südstaaten, und als Zwölfjähriger schon schrieb sich der Junge als Kurier in die Armee ein. Nach dem Krieg folgte für Heck Thomas ein abenteuerliches Leben als Expreßreiter, Polizeibeamter und Texas-Ranger. 1886 zog er wie viele andere mit seiner Familie nach Oklahoma, um ein Stück Land abzustecken. Im gleichen Jahr wurde er Mitglied in der US-Marshal-Truppe Richter Parkers. Thomas wurde an der Seite Chris Madsens und Bill Tilghmans berühmt als einer der Männer, die in dem von Kriminellen beherrschten Territorium den anständigen Bürgern den Glauben an die Stärke des Gesetzes und eine bessere Zukunft erhielten.

Am 2. November 1892 machte Heck Thomas Schlagzeilen, als er mit einem Aufgebot den Mörder Ned Christie stellte, der für Monate ganze Landstriche in Angst und Schrecken versetzt hatte. In einer mehrere Tage dauernden Schießerei kämpfte Thomas den Verbrecher nieder.

1894 wurde er Marshal der Stadt Perry, kehrte aber bald wieder in Richter Parkers Garde zurück.

Als Thomas mit der Aufgabe betraut wurde, Bill Dollin erneut einzufangen, begann er, systematisch Informationen über den Banditen einzuholen.

Doolin war krank, isoliert, einsam, ohne Freunde. Seine Gangsterlaufbahn war beendet. Es würde sich niemand mehr finden, der unter seiner Führung neue Raubzüge begehen würde. Auf seinen Kopf standen hohe Belohnungen. Doolin hatte von keiner Seite mehr Hilfe zu erwarten. Wenn er noch einmal versuchen wollte, sein Leben neu zu ordnen, mußte er Oklahoma verlassen. Zu diesem Schluß kam Thomas und ordnete eine scharfe Beobachtung von Doolins Familie an.

Edith Doolin war nach der Schlacht von Ingalls mit ihrem Sohn nach Lawson zu ihrem Vater, Reverend Ellsworth, gezogen. Sie lebte hier zurückgezogen, hatte sich von ihrer Umgebung nahezu völlig abgekapselt. Wochenlang lagen Heck Thomas' Gehilfen auf der Lauer, verfolgten jeden ihrer Schritte. Ohne Ergebnis. Doolin ließ sich nicht sehen. Viele waren überzeugt, daß er längst nicht mehr in Oklahoma war, nur Thomas war sicher, daß der Bandit seine Familie nicht im Stich lassen würde, und – obwohl es keinen Beweis gab – Kontakt mit seiner Frau unterhielt.
Am 23. August 1896 wurde ihm gemeldet, daß Edith Doolin Abreisevorbereitungen traf. Heck Thomas lud seine Schrotflinte, sattelte sein Pferd und ritt nach Lawson. Am Abend des 25. August stand er am Rand der Stadt und beobachtete einen großen, hageren Mann in langem Staubmantel, der im Schutz der Dämmerung in den Ort ritt und hinter dem Haus von Reverend Ellsworth verschwand. Heck Thomas ließ die Stadt umstellen. Wenig später tauchte der Reiter wieder auf. Thomas sah das hagere, bärtige Gesicht des Mannes und war nun sicher, Bill Doolin vor sich zu haben. Er ließ Doolin, der sein Pferd am Zügel führte, sich dem Stadtrand nähern, bis er nicht mehr weit von den letzten Häusern des Ortes entfernt war. Dann trat Thomas aus seiner Deckung. Er hatte Doolin seitlich vor sich und rief ihn an.
»Heb die Hände hoch, Doolin! Du bist verhaftet!«
Der Bandit duckte sich und warf sich herum. Die Winchester, die er locker in der Rechten getragen hatte, peitschte. Heck Thomas sah direkt in den roten Mündungsblitz und spürte den heißen Luftzug des Geschosses, als er den Abzug seiner Schrotflinte durchzog. Bill Doolin stürzte, von der Ladung gehackten Bleis voll getroffen, neben seinem Pferd zu Boden und war sofort tot.

*

Bill Doolins Ende war ein Symbol. Die Tage des Wilden Westens waren vorbei. Die Indianer waren verdrängt und als Rechtlose in karge Reservationen verbannt. Ihre Jagdgründe waren von weißen Siedlern besetzt und in Ackerland verwandelt worden. Die Büffel waren ausgerottet. Ein riesiges Eisenbahnnetz überzog das Land. Die technische und industrielle Revolution hatte auch vor dem amerikanischen Westen nicht Halt gemacht. Der Beginn einer neuen Zeit stand bevor, einer Zeit, in der Revolverhelden, berittene Marshals und der spezifische Typ des Western-Banditen keinen Platz mehr hatten. Die Morgendämmerung des 20. Jahrhunderts zog herauf, die Pionierzeit der USA war abgeschlossen.

Auch die Ära Richter Parkers war damit zu Ende. Mehr als zwanzig Jahre lang hatte er über die letzten Banditen des Wilden Westens zu Gericht gesessen. Der »Todesrichter« der amerikanischen Justizgeschichte hatte mehr als einhundertfünfundsiebzig Todesurteile verhängt. Achtundachtzigmal war sein Spruch vollstreckt worden. Mehr als sechzig der Hinrichtungen hatte der weißbärtige George Maledon durchgeführt, bis er 1894 aus dem Dienst geschieden war.

Zu diesem Zeitpunkt hatte Charles Isaac Parker bereits einen Gutteil seiner absoluten Macht verloren. Neue Gesetze waren geschaffen worden, die Parkers Urteilen die Endgültigkeit, die seiner Stellung Stück für Stück die Allmacht genommen hatten. Der Richter hatte sich durch seine Unbeugsamkeit immer mehr Feinde geschaffen. Das oberste Bundesgericht der USA hob immer häufiger seine Urteile auf und untergrub damit seine unumschränkte Autorität. Parker, der sich bei seinen Urteilen weder von Gnade, noch von Rache hatte leiten lassen, scheiterte an seinem illusionären Ziel, die absolute Gerechtigkeit herzustellen. Hinzu kam, daß die Kriminalität Oklahomas unter seiner Amtsführung zwar schärfer bekämpft wurde, aber nicht sank, sondern im Gegenteil noch zunahm.

Einflußreiche Anwälte, die Parkers Rechtspraktiken scharf ablehnten, bildeten eine starke Lobby, die für eine Beschneidung von Parkers Herrschaft plädierte. Das Gericht in Fort Smith wuchs sich in den Augen der amerikanischen Regierung zu einer Peinlichkeit aus, die man vor dem Eintritt in ein neues Jahrhundert endgültig beseitigen wollte.

Nur wenige Tage nach dem Feuergefecht, das Bill Doolin das Leben kostete, am 1. September 1896, erhielt Charles Isaac Parker aus Washington den Bescheid, daß er pensioniert und das Bundesgericht in Fort Smith für immer geschlossen sei.

Für Parker bedeutete diese Nachricht nicht nur beruflich, sondern auch physisch das Ende. Er wußte, daß die Schließung des Gerichts ohne jede Begründung eine indirekte Verurteilung seiner bisherigen Arbeit darstellte. Die Mißachtung der Regierung ver-

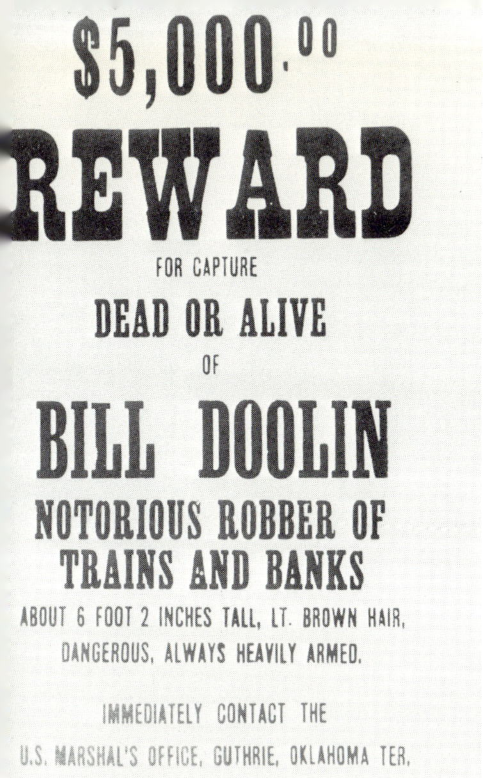

$5,000.00

REWARD

FOR CAPTURE

DEAD OR ALIVE

OF

BILL DOOLIN

NOTORIOUS ROBBER OF
TRAINS AND BANKS

ABOUT 6 FOOT 2 INCHES TALL, LT. BROWN HAIR,
DANGEROUS, ALWAYS HEAVILY ARMED.

IMMEDIATELY CONTACT THE
U.S. MARSHAL'S OFFICE, GUTHRIE, OKLAHOMA TER.

Bill Doolins Steckbrief. Er trat mit seinen Kumpanen die Nachfolge der Dalton-Bande an.

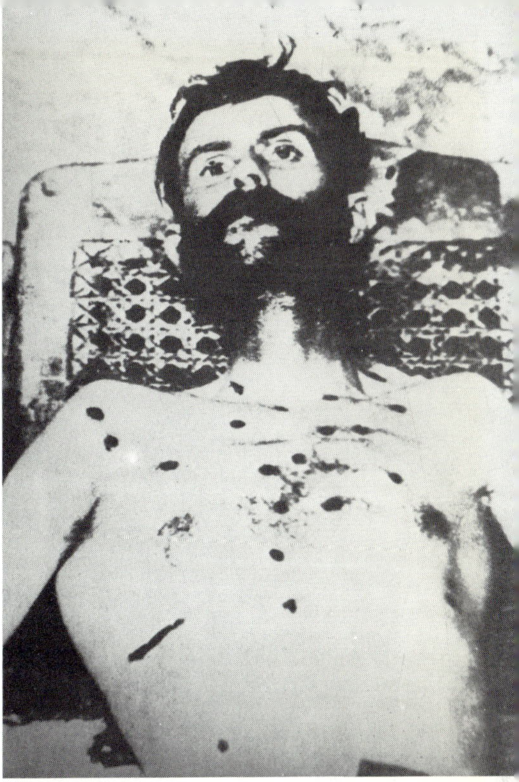

Bill Doolin, einer der letzten Westernbanditen. Auch er starb in den Stiefeln. US-Deputy-Marshal Heck Thomas streckte ihn im Duell nieder.

George Maledon, der Henker von Fort Smith. Er betrieb sein grausiges Handwerk mit wissenschaftlicher Präzision und erhenkte über 60 Männer.

Verschiedene County-Abzeichen. Von links nach rechts: Deputy-Constable des San Diego County, Kalifornien, ca. 1880. Deputy-Constable des Brozaria County, Texas, ca. 1890. Deputy-Sheriff, ca. 1890.

US-Deputy-Marshal-Abzeichen, ca. 1890.

Großes US-Marshal Abzeichen aus purem Silber, ca. 1885.

Abzeichen eines Angehörigen der privaten Weidedetektiv-Truppe einer texanischen Viehzüchtervereinigung. Mit solchen Abzeichen operierten häufig Revolvermänner, die von Großranchern gegen Heimstättensiedler eingesetzt wurden, ca. 1880.

setzte ihm den Todesstoß. Nur wenige Wochen nach Auflösung des Gerichts, dessen Zuständigkeiten auf mehrere Distriktgerichte im Indianerterritorium verteilt worden waren, war Parker nicht mehr in der Lage, sich von seinem Bett zu erheben. Am 17. November 1896 war der berühmteste Richter Amerikas tot, nicht ganz achtundfünfzig Jahre war er alt geworden.

Noch immer ritten seine US-Deputy-Marshals durch Oklahoma, aber ihre große Zeit war vorbei. Was nach dem Tod Bill Doolins folgte, waren Nachhutgefechte, war der Todeskampf einer Epoche. Amerika stürmte mit Riesenschritten ins 20. Jahrhundert, suchte nach neuen Grenzen, die es zu überwinden galt, zog aus, um Weltmacht zu werden, und ließ den Wilden Westen hinter sich zurück, der für immer im Staub der weiten Prärien versank.

*

»Das Leben der Deputy-Marshals änderte sich. Sie verloren ihre Existenzberechtigung, als das Indianerterritorium Oklahoma zum Staat der USA erklärt wurde. Präsident Theodore Roosevelt unterzeichnete die Proklamation am 16. November 1907. Mit diesem Akt ging die Vertretung des Gesetzes von den Bundesbehörden auf kommunale Behörden, Sheriffs, City-Marshals, Constables und örtliche Gerichte über. Einst hatte das Territorium über neunzig US-Deputy-Marshals gehabt, jetzt behielten nur noch sechs ihren Posten.«

Homer Croy in TRIGGER MARSHAL, THE STORY OF CHRIS MADSEN, 1958

Der Henker von Fort Smith, George Maledon, konnte in der neuen Zeit nicht mehr Fuß fassen. Sein trauriger Ruhm ließ ihn zum Außenseiter der Gesellschaft werden. Was er auch anfing, er scheiterte. Ein Store in Fort Smith, eine Farm in Arkansas – nichts brachte Maledon Befriedigung. Er fristete sein Leben schließlich damit, daß er in einem Wohnwagen mit den Henkersschlingen aus Fort Smith und den Bildern der Männer, die er exekutiert hatte, von Jahrmarkt zu Jahrmarkt reiste und sich gegen Eintrittsgeld öffentlich als menschliches Monstrum, als wandelndes Museumsstück einer Epoche bestaunen ließ, die dem Zivilisationsmenschen des neuen Jahrhunderts wohlige Schauer über den Rücken jagte.

Am 6. Mai 1911 starb George Maledon in einem Altersheim in Tennessee, vergessen und allein.
Auch für die »drei Musketiere« aus Richter Parkers Garde änderte sich vieles. Sie selbst waren nicht mehr jung. Neue Männer kamen, die in ihren Kollegen nur Relikte aus einer versunkenen Zeit sahen. Daß diese altmodisch gekleideten, von Ehrbegriffen durchdrungenen Männer die gefährlichsten Verbrecher des 19. Jahrhunderts in Amerika niedergekämpft hatten, zählte nicht.
Heck Thomas, der Mann, der Bill Doolin erschossen hatte, behielt den Marshal-Stern bis zur Jahrhundertwende. Dann zog er sich in die kleine Stadt Lawton zurück, in der seine Familie lebte. Hier bekleidete der berühmte Marshal noch sieben Jahre lang das Amt des örtlichen Polizeichefs. Am 15. August 1912 starb Heck Thomas, nicht in einem Feuergefecht, sondern friedlich im Bett.
Bill Tilghman verließ im Jahre 1900 die US-Marshal-Truppe und wurde Sheriff des Lincoln Countys. Seine erste Frau war an Tuberkulose gestorben. Tilghman heiratete 1903 zum zweitenmal, die Rancherstochter Zoe Stratton. Kurz darauf erhielt er die Ernennung zum Polizeichef von Oklahoma City. Zwei Jahre später ging er als Senator Oklahomas nach Washington. Tilghman hatte damit alles erreicht, was im Bereich seiner Möglichkeiten gelegen hatte. Er genoß höchstes Ansehen, und wo er auftrat, begegnete man ihm mit Respekt und Bewunderung.
Im Jahre 1924, er hatte sich bereits als wohlhabender Mann auf seine Ranch zurückgezogen, traten die Honoratioren der Stadt Cromwell in den Ölfeldern Oklahomas an ihn heran und baten ihn händeringend, das Sheriffsamt in ihrem von Verbrechern regierten County noch einmal zu übernehmen. Tilghman fühlte sich geehrt, und er wollte es noch einmal wissen. Er akzeptierte das Angebot und reiste nach Cromwell. Hier traf er auf eine andere Kriminalität, als er sie aus den Tagen der Pionierzeit gewöhnt war. Alkoholschmuggler und Rauschgifthändler trieben ihr Unwesen. Aber der siebzigjährige Tilghman ließ sich davon nicht beirren. Er tat mit souveräner Gelassenheit seine Pflicht. Als er auf die Spur einiger Rauschgiftgangster kam, die mit korrupten Beamten der Justizverwaltung unter einer Decke steckten, war sein Schicksal besiegelt. Der Prohibitionskommissar Wiley Lynn, der in den Rauschgifthandel verwickelt war, schoß Bill Tilghman am 1. Dezember 1924 auf offener Straße nieder.

Und was wurde aus Chris Madsen, dem kleinen, bulligen Dänen, dessen Eifer und Zähigkeit dazu geführt hatten, daß die Doolin-Bande zerschlagen worden war?
Nach Schließung des Bundesgerichts in Fort Smith war er zum Town-Marshal von Kansas City ernannt worden. Im März 1897 kehrte er nach Oklahoma zurück und wurde erneut US-Deputy-Marshal im südlichen Distrikt des Territoriums. Er behielt dieses Amt bis zum 30. April 1916, mit einer Unterbrechung von einem halben Jahr, als er 1898 in Roosevelts Rough Riders diente. Madsen gehörte noch immer zu den effektivsten und geachtetsten Beamten Oklahomas. Aber die Verteilung hoher Polizeiposten war mittlerweile völlig in die Hände der politischen Parteien Amerikas übergegangen. Chris Madsen gehörte keiner Partei an, so mußte er den Stern ablegen.
Inzwischen war in Kalifornien eine expandierende Filmindustrie entstanden, die begann, die wilden Jahre Amerikas geschäftlich auszuschlachten. Filmproduzenten holten Madsen als Berater für Western-Filme nach Hollywood. Doch die flitternde Scheinwelt der Traumfabrik, in der die Pioniergeschichte, an der Chris Madsen selbst mit kräftiger Hand mitgeschrieben hatte, zu einer rosaroten Heldenballade verfälscht wurde, taugte nicht für ihn. Er kehrte 1917 nach Oklahoma zurück und erhielt eine Anstellung als Schriftführer und Gerichtsdiener in Tulsa. Von 1918 bis 1922 arbeitete er als Sicherheitsagent für den Oklahoma-Gouverneur J. B. A. Robertson.
Mit sechsundsiebzig Jahren, 1927, setzte er sich endlich zur Ruhe – für zwei Monate. »Ich muß wieder etwas tun«, sagte er. »Das ist das einzige, was das Leben eines Mannes ausfüllt und glücklich macht.« Bis 1933 übte der einst gefürchtete, eisenharte Marshal leichte Hilfsarbeiten an verschiedenen Gerichten aus. Dann endlich setzte sich der alte Kampfhahn hin und begann, seine Erinnerungen niederzuschreiben. Er arbeitete fast zehn Jahre, solange, bis er nicht mehr in der Lage war, die Feder zu halten. Seine Energien waren aufgebraucht. Zum erstenmal in seinem Leben wurde er krank.
Anfang 1944 wurde Chris Madsen in das Masonic Hospital in Guthrie eingeliefert. Kurz vor seinem dreiundneunzigsten Geburtstag, am 9. Januar, starb er, fast ein halbes Jahrhundert nach dem Ende des Wilden Westens. Kaum jemand erinnerte sich noch

an den Mann, der fünfundzwanzig Jahre lang für Recht und Gesetz in Amerika, und damit für die Zivilisierung des Landes Kopf und Kragen riskiert hatte. Vierzehn Jahre nach seinem Tod, als über die meisten seiner Zeitgenossen, die im Grunde keine Publizität verdient hatten, bereits zahllose Bücher geschrieben worden waren, fand sich auch für ihn ein Biograph. Der Historiker Homer Croy beschließt sein Buch »TRIGGER MARSHAL, THE STORY OF CHRIS MADSEN«, mit den Sätzen:

»Der Schnee lag so hoch, daß der Leichnam Madsens neun Tage lang aufgebahrt werden mußte, bis er auf dem Frisco Cementery, nahe der Zinnminenstadt Yukon, zwischen El Reno und Oklahoma City, neben seiner geliebten Frau Maggie beigesetzt werden konnte. Dort liegt er noch heute, mit einem schlichten Stein, auf dem nur sein Name steht. Er hinterließ zehntausend Dollar und eine Farm – ein sehr geringer Besitz für einen Mann, der soviel für sein Land getan hatte, für den letzten großen Gesetzesvertreter der amerikanischen Pioniergeschichte.«

XII.

DER STERN DES GESETZES

»City-Marshal Tilghman erhielt am Freitagabend von seinen zahlreichen Freunden in Dodge City ein prachtvolles Abzeichen überreicht. Es ist schildförmig und aus purem Gold, geschmackvoll und zierlich gestaltet, und stellt ein wertvolles und kostbares Geschenk dar. Die Vorderseite des Abzeichens ist mit der Gravierung »Wm. Tilghman, City Marshal« versehen. Auf der Rückseite kann man lesen: »Überreicht von seinen vielen Freunden, 2. Mai 1884«.

»THE FORD COUNTY GLOBE«, 6. Mai 1884

Die Abzeichen der Hüter von Recht und Gesetz in der amerikanischen Pionierzeit hatten ihren Ursprung in den heraldischen und mystischen Symbolen des Mittelalters. Nicht von ungefähr haben noch heute sehr viele Polizeiabzeichen die charakteristische Wappenform, während die sternförmigen Abzeichen interessanterweise auf das Pentagramm oder den Drudenfuß des Altertums zurückgehen, der als Bannsymbol gegen böse Geister eingesetzt wurde.

Das Polizeisystem der USA hat seine Wurzeln im mittelalterlichen England. So geht die Amtsbezeichnung »Sheriff« zurück auf den englischen Grafschaftsvogt »Shire-Reeve«, der auf direkte Weisung des Königs die Durchführung der Gesetze in einem Bezirk des Landes zu überwachen hatte. Auch der Titel »Constable« (Schutzmann) stammt aus dem Mittelalter und hat seinen Ursprung in der lateinischen Bezeichnung für Pferdemeister, »Comes-Stabuli«.

Genauso stammten die Grundlagen der Kompetenzverteilungen unter den verschiedenen Beamten aus dem alten England. Sie sind größtenteils von der Pionierzeit bis heute unverändert geblieben. Danach ordneten und ordnen sich Titel und Zuständigkeitsbereiche der amerikanischen Gesetzesbeamten wie folgt:

1. Der *Marshal* (Town/City-Marshal) war ein städtischer Beamter, dessen Befugnisse an der Stadtgrenze endeten. Er konnte von den Bürgern eines Ortes gewählt, oder aber, wie es meistens geschah, vom Stadtrat ernannt werden. Ihm zur Seite standen Deputives (Gehilfen) und Policemen, die er selbst auswählte.
2. Der *Sheriff* war, wie sein historisches Vorbild, der Grafschaftsvogt, Polizeichef eines Countys (Bezirk). Er wurde für eine Amtszeit von zwei oder vier Jahren von der Bevölkerung gewählt. Seine Kompetenzen endeten an der Countygrenze. Er hatte nicht das Recht, in den Amtsbereich des Town-Marshals einzugreifen. Er ernannte seine Deputies und Constables selbst. Neben der polizeitypischen Arbeit fungierte er als Steuereinnehmer, wobei er 5 % der Steuereinnahmen des Countys als sein Gehalt zurückhalten durfte. Er war dem zuständigen, ebenfalls von der Bevölkerung gewählten Bezirksrichter als Vollstreckungsbeamter unterstellt.
3. Der *US-Marshal* war Beamter der Bundesjustizbehörden, der ausschließlich Verbrechen verfolgte, die den Staat betrafen (z. B. Landfriedensbruch), und der für den Schutz von US-Post, für Transporte von Regierungsgeldern, für Staatsgefängnisse, u. ä. zuständig war. Er war Vollstreckungsbeamter des zuständigen Bundesrichters.
In Territorien, die zwar unter der Regierungsgewalt der Vereinigten Staaten standen, die aber nicht als Staaten den USA angegliedert waren, wie es in Oklahoma der Fall war, übten US-Marshals die vollständige Polizeigewalt aus und ersetzten sowohl Town-Marshals als auch County-Sheriffs. Die Bewerber für dieses höchste Polizeiamt, das es in einem US-Staat zu vergeben gab, wurden von den Gouverneuren der Staaten und Territorien vorgeschlagen und vom Innenminister der USA ernannt. In jedem Staat gab es nur einen US-Marshal, der im Einvernehmen mit dem zuständigen Bundesgericht seine Vertreter, die US-Deputy-Marshals, auswählte und ernannte.
Die Abzeichen dieser Beamten waren vielgestaltig in Form, Größe und Material.

»Man kann heute Abzeichen von Polizeibeamten in jeder Größe, Form und Gestalt finden. Sterne können fünf, sechs, sieben und sogar acht Zacken haben, mit oder ohne Kugelköpfe an den Spitzen. Einige Sterne sind von einem Kreis oder Kranz umgeben oder

in einen Schild graviert, oder haben die Form eines Strahlenkranzes. Eine andere häufige Form ist das Schild.
Verschieden wie die Muster der Abzeichen ist das Material, aus dem sie hergestellt sind. Es gibt Abzeichen aus Gold, Silber, Stahl Kupfer, Messing, Leder, und – als niedrigste und billigste – solche aus Blech ... Eine besonders interessante Gruppe sind Abzeichen aus Münzen.«

G. E. Virgines in »BLECHSTERNE...« im »Old West Jahrbuch 1970«

Die ersten Abzeichen wurden im Auftrag von örtlichen Behörden privat gefertigt, oder bei Juwelieren oder Metallhandwerkern bestellt. Bereits in den 60er Jahren des vorigen Jahrhunderts jedoch entstanden die ersten Abzeichenfabriken in den USA, die vereinzelt sogar Reisevertreter mit Musterkoffern und Prägestempeln ausgerüstet zu den örtlichen Behörden schickten, die in der Lage waren, die gewünschten Abzeichen an Ort und Stelle herzustellen.
Neben den offiziellen Gesetzesvertretern gab es eine Reihe von privaten Polizeiorganisationen, die ebenfalls reguläre Abzeichen trugen, etwa die »New-Mexico-Territorial-Mounted-Police«, die Miliztruppen verschiedener Staaten, die direkt dem jeweiligen Gouverneur unterstanden, die Eisenbahnpolizei, die Wells-Fargo-Detektive, die Indianerpolizei in den Reservationen, und die Texas-Rangers, die berühmteste Polizeitruppe der Welt.
In der Pionierzeit kauften sich die Beamten ihre Abzeichen selbst. Heute ist ihnen das nicht mehr gestattet. Nur das Justizministerium der USA ist zur Ausgabe von Polizeiabzeichen berechtigt.
George Virgines, Autor und selbst Deputy-Sheriff im berühmten Ford County, Kansas, schrieb:
»Die Bedeutung eines Abzeichens liegt nicht in seiner Form oder seinem Material, sondern im Eifer und Mut des Mannes, der es trug. Die Abzeichen sind Symbol für vieles: Für die Erschließung der USA, die verschiedenen Polizeiorganisationen, die Gesetze, die unser Land zivilisieren halfen – und sie stehen für die Männer, die als »Badge Toters« (Sternträger) bis in unsere Zeit bekannt blieben.«

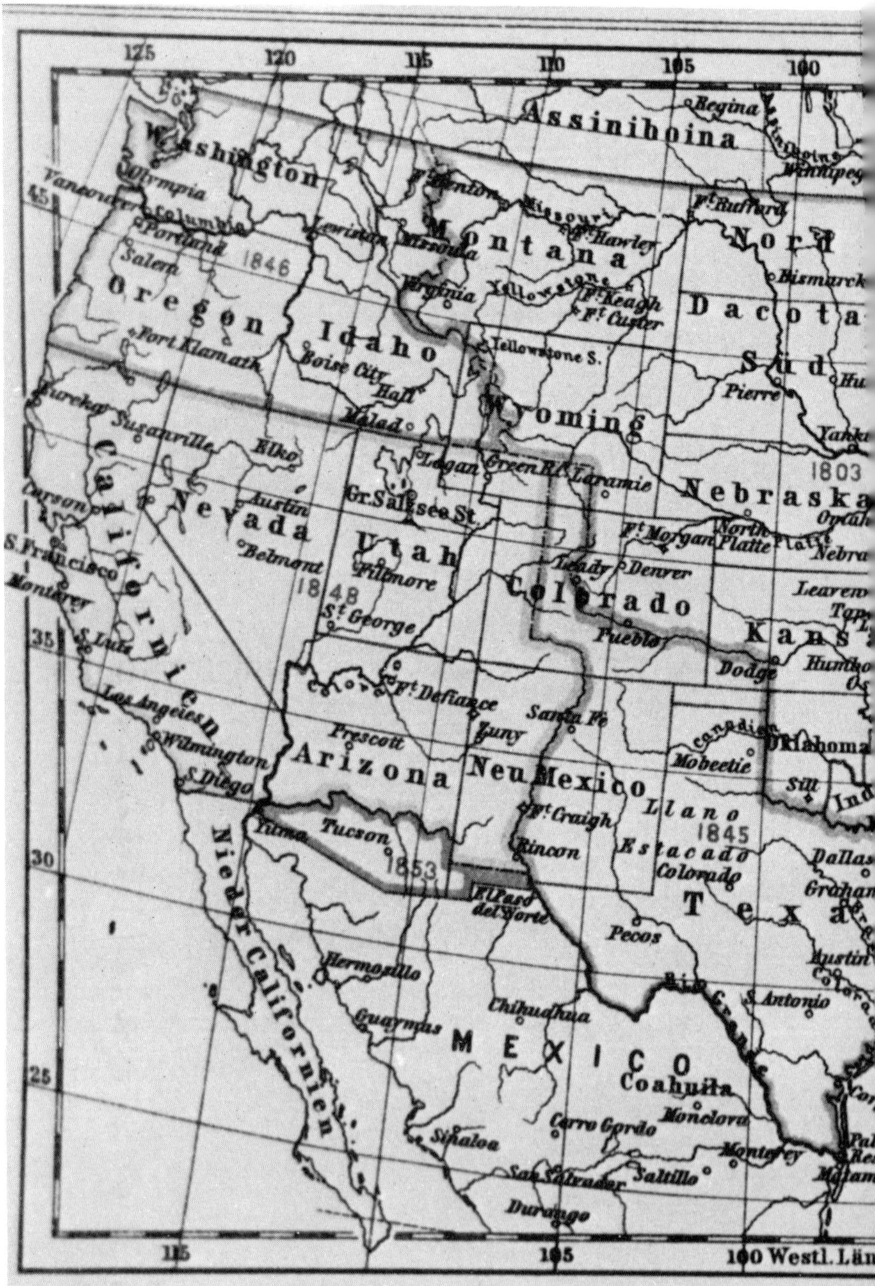

Assiniboina
Regina
Winnipeg
Washington
Olympia
Vancouver
Columbia
Portland
Salem
1846
Oregon
Fort Klamath
Montana
Missoula
Lewiston
Virginia
Yellowstone
Missouri
Fᵗ Buford
Nord
Bismarck
Dacota
Süd
Pierre
Idaho
Boise City
Hall
Malad
Yellowstone S.
Wyoming
Green R.
Laramie
Logan
Eureka
Susanville
Elko
Californien
Nevada
Austin
Carson
Belmont
Gr.Salzsee St.
Utah
Fillmore
1848
Sᵗ George
Nebraska
1803
Fᵗ Morgan
North Platte
Denver
Leadville
Colorado
Pueblo
Kans
Dodge
S.Francisco
Monterey
S.Luis
Los Angeles
Wilmington
S.Diego
Fᵗ Defiance
Prescott
Arizona
Zuny
Santa Fe
Neu Mexico
Mobeetie
Oklahoma
Sill
Yuma
Tucson
1853
Fᵗ Craigh
Rincon
Llano
Estacado
1845
Colorado
Texa
Dallas
Fᵗ Paso del Norte
Pecos
Austin
S.Antonio
Nieder Californien
Hermosillo
Guaymas
Chihuahua
MEXICO
Coahuila
Monclova
Carro Gordo
Sinaloa
Monterey
Saltillo
San Salvador
Durango
125
120
115
110
105
100
45
35
30
25
115
105
100 Westl. Län